中国自贸试验区（自贸港）制度与政策创新

——第六届中国自贸智库论坛文集

夏　旭◎主编

中国商业出版社

图书在版编目（CIP）数据

中国自贸试验区（自贸港）制度与政策创新 : 第六届中国自贸智库论坛文集 / 夏旭主编. -- 北京 : 中国商业出版社, 2025. 6. -- ISBN 978-7-5208-3485-8

Ⅰ. F752-53

中国国家版本馆 CIP 数据核字第 2025GF9425 号

责任编辑：王　彦

中国商业出版社出版发行

（www.zgsycb.com　100053　北京广安门内报国寺 1 号）

总编室：010-63180647　编辑室：010-63033100

发行部：010-83120835 / 8286

新华书店经销

廊坊市博林印务有限公司印刷

*

710 毫米 ×1000 毫米　16 开　12.5 印张　350 千字

2025 年 6 月第 1 版　2025 年 6 月第 1 次印刷

定价：75.00 元

* * * *

（如有印装质量问题可更换）

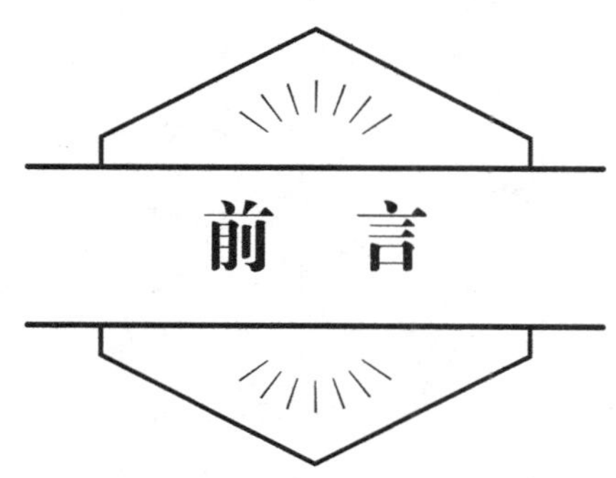

前言

本论文集聚焦于中国自贸试验区（自贸港）的制度创新、政策研究、经济建设、社会发展等多个维度，通过分析海南自由贸易港封关运作、数字乡村发展、自贸试验区中国化视角、国际知识产权对接策略等前沿议题，深入探讨了海南国际旅游消费中心建设、重点产业高质量发展、数字经济测度与分析等实践问题，内容涉及自贸港营商环境构建、外贸发展现状、贸易创造效应、民俗文化生产力等多元领域。本论文集内容丰富，既有理论探讨，也有实践分析，可为自贸港建设与开放型经济发展提供宝贵的参考与启示。

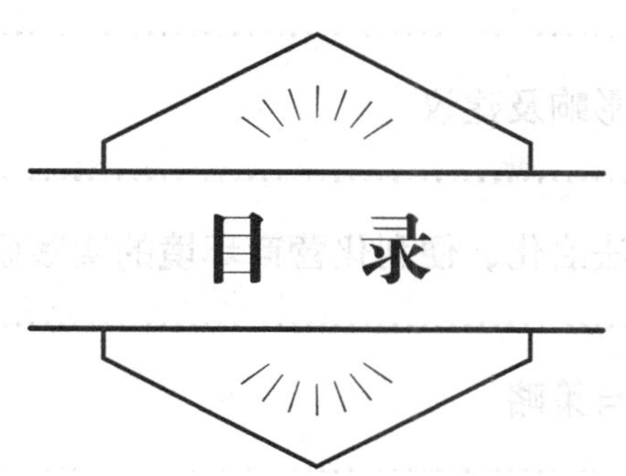

目 录

海南自由贸易港封关运作首创性集成式制度创新研究 …… 杨静 郭永泉 熊安静 1

技术创新赋能数字乡村新质生产力的发展 …… 吕文波 7

国际知识产权规则发展与中国对接策略 …… 刘晓宁 13

以完善互通机制为重点纵深推进三亚经济圈一体化——关于三亚经济圈一体化存在的问题及对策建议 …… 潘灵 符茂正 张小莹 夏锋 杨东琛 刘婕娜 李俊 19

海南国际旅游消费中心建设的产业影响因素 …… 袁国宏 24

以产业政策系统集成推动重点产业高质量发展——三亚市产业政策运行现状与优化研究 …… 张小莹 吕振磊 夏锋 杨东琛 代雅垒 巫彬 29

自贸港建设背景下海南省数字经济高质量发展水平测度与分析 …… 李荣华 蒋焕文 李晓楠 34

以花湖国际自由贸易航空港建设为契机加快建设武汉都市圈协同发展示范区 …… 湖北省社科联“中国调查”课题组 40

涉海领域健康服务能力的提升与创新发展海洋健康产业的思考（以海南自贸港建设为例） …… 龙文芳 黄海溶 梁文娟 44

海南黎族非遗传统文化助力自由贸易港数字经济高质量发展策略研究 …… 邱海东 傅麒瑜 林栋婷 49

海南自贸港建设背景下学术期刊发展策略研究 …… 严孟春 53

自贸试验区、自由贸易港社会治理体系与治理能力现代化研究 …… 陈政华 57

新质生产力推动海南自贸港高质量发展的理论逻辑与实践路径 …… 裴广一 林小钰 62

论自由贸易试验区提升对新质生产力发展的促进
…… 王征 65
新疆自贸区对甘肃向西开放的影响及建议
…… 梁海燕 杨波 69
海南自由贸易港构建国际化、法治化、便利化营商环境的实践研究
…… 陆璐 73
海南自由贸易港外贸发展现状与策略
…… 覃娜 张坚 76
海南自由贸易港的贸易创造效应研究：基于合成控制法的证据
…… 程正涛 彭旭辉 80
高水平制度型对外开放的安徽实践
…… 陈清萍 李颖 储昭斌 87
湖南对接粤港澳大湾区的深刻意蕴、现实困境及科学路径
…… 谢晶仁 92
新发展格局下海南自贸港吸引境外医疗消费研究
…… 周义龙 李安琪 95
发展自贸港民俗文化生产力的价值意蕴及有效路径探析
…… 贺东建 100
海南自由贸易港赋能职业教育
…… 黄文翔 104
自贸港建设对海南水产品出口的影响研究
…… 谭文华 麦洪勤 108
海南金融业增加值“两个占比”下降问题与对策建议
…… 徐建龙 陈剑 113
高等教育深度集聚赋能新质生产力的逻辑与路径
…… 崔友兴 118
中国自贸试验区高质量发展路径探析
…… 雷祖军 122
地缘经济关系下的海南自贸港国际传播话语体系建构
…… 阮毅 张一弛 128
自贸区（港）加快培养引进“高精尖缺”人才的对策建议
…… 王建明 133
山西申建自贸试验区的战略定位与区位布局研究
…… 黄桦 陈楠 137
面向海南自贸港物权数字化的分布式账本设计与一致性维护算法研究
…… 郑兵 王业统 141
海南自贸港新兴产业集群赋能新质生产力：基于风险投资视角
…… 熊凯军 145

数字赋能背景下海南体育旅游信息化建设调查研究
…………………………………………………………………………………… 林先乐　149
海南县域旅居养老服务现状与对策浅探
…………………………………………………………………………………… 金慧　154
海南自贸港物权数字化价值创新机制研究
…………………………………………………………………………… 邢孔多　李国章　160
海南自贸区建设中体育服务行业发展策略研究——基于上海自贸区经验参考
…………………………………………………………………………………… 陈斌　164
培育海南自贸港“时代新人”赋能新质生产力发展的策略研究
…………………………………………………………………………………… 李梦蕊　168
海南自贸港建设背景下国际医疗旅游发展研究
…………………………………………………………………………………… 张娜　172
海南自贸港提升数字贸易发展的路径与对策建议
…………………………………………………………………………………… 马家瑞　177
自贸试验区与自由贸易港企业高质量发展路径探索——以海南自贸港为例
…………………………………………………………………………………… 郭江涛　182
文艺产业助力海南自贸港经济建设发展研究
…………………………………………………………………… 林栋婷　傅麒瑜　刘悦　186

海南自由贸易港封关运作首创性集成式制度创新研究①

杨静　郭永泉　熊安静②

摘要：党的二十届三中全会对进一步扩大高水平开放作出重要部署，鼓励自由贸易试验区先行先试，开展首创性、集成式制度创新。建设海关监管特殊区域，实施“一线放开、二线管住”，是海南自由贸易港封关运作后的功能定位，也是贸易投资自由化便利化的基本条件和空间标准。这一重大开放平台制度不仅涉及海关监管制度和保税功能，还包括外贸、税收、外汇等各方面制度和多样化功能，需要进行制度集成创新，探索封关运作后边境内分线管理、分类管理、分区管理、分级管理和分步管理等“五分”管理制度集成创新[1，2]。

关键字：海南自由贸易港；首创性；集成式；制度创新

2024年8月29日召开的中央全面深化改革委员会第六次会议指出，党的十八大以来，党中央部署设立的22个自由贸易试验区，推出了一大批标志性、引领性制度创新成果，有效发挥了改革开放综合试验平台作用。贯彻落实党的二十届三中全会部署，要坚持以高水平开放为引领，以制度创新为核心，鼓励先行先试，开展首创性、集成式探索[3]。《海南自由贸易港建设总体方案》（以下简称《总体方案》）明确要求建设全岛封关运作的海关监管特殊区域，实施“一线放开、二线管住”。在自贸港条件下，“一线、二线”分别对接国际、国内两个市场，形成不同类型的经济贸易关系，为自贸港各项政策实施和功能配套提供了基本条件和空间标准，这一重大开放平台制度不仅涉及海关监管制度和保税功能，还包括外贸、税收、外汇等各方面制度和多样化功能，需要进行制度集成创新。本研究提出，海南自贸港应探索封关运作后边境内分线管理、分类管理、分区管理、分级管理和分步管理等“五分”管理制度集成创新[1]。

一、分线管理：界定清晰的“一线”“二线”

分线管理立足于将全岛自贸港区分一线和二线两个连接线，分别对接国际市场和国内市场，赋予自贸港建设以空间标准。全岛封关后，最根本的变化是海南岛将成为境内关外区域，与中国香港、中国澳门、中国台湾3个独立关税区不同的是，海南自贸港在国际上仍然同属于中国大陆关税区；与中国大陆其他地区不同的是，对境外进入海南自贸港的各种要素实行主动的、单边的便利自由开放。海南自贸港由散点的海关特殊监管区域变成连片的海关监管特殊区域，离不开封关运作和分线管理两大制度的支撑[4]。因此，海南自贸港封关后防范通道走私、越境是首要任务和国家的底线。因此，建议海南自贸港以海关卡口、“电子围栏”和信用额度三种方式[5]，通过有形的“线”和无形的“线”，对海南自贸港的所有货物、物品、交通运输工具、人员、投资行为和数据实现分线管理。具体情况可见分线管理流程图（图1）（为了方便分析，以货物一般贸易流程作为参照）[1，3]。

① 本文系2024年海南省哲学社会科学重点智库培育课题。

② 杨静，海南科技职业大学海南自由贸易港国际航运发展与物权数字化重点实验室副主任，教授；郭永泉，武汉海关统计分析处副处长；熊安静，海南省社会科学院副院长。

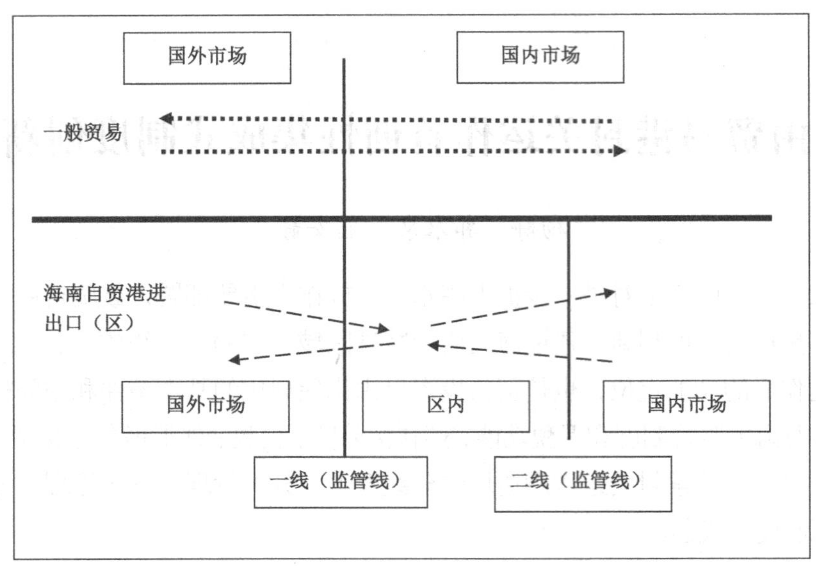

图 1　分线管理流程图

在经济关系上，分线管理实际上形成八个环节，并依托这些环节实现各类制度设计和业务运行。具体情况见表 1。

表 1　分线管理的环节

分线	序号	区域内外侧	经济流向	管理环节	管理主体
一线	1	区内	出口	一线区内出口至境外	区内海关
	2	区内	进口	一线区内自境外进口	区内海关
	3	境外	进口	一线境外自区内进口	外国海关
	4	境外	出口	一线境外出口至区内	外国海关
二线	5	区内	出区进境	二线区内出到境内	区内海关
	6	区内	出境进区	二线区内自境内进区	区内海关
	7	境内区外	出区进境	二线境内自区内进	区内海关
	8	境内区外	出境进区	二线境内出到区内	区内海关

资料来源：课题组汇总整理。

二、分类管理：出台明晰的禁限类目录清单

分类管理指的是监管（运行）主体、管理（申报）单证、禁（准）入事项的各项规范，其代表了特定区域的运行范围和监管方式。根据分线管理的强度不同以及区域定位不同，各区域的实体及制度要求也是不一样的。比如，海关特殊监管区域基于其面积小、海关驻场监管的特点，长期实行以“围网＋卡口＋账册”为标志的实体要求，而海南自贸港面积、监管主体和监管对象不同，不可能实行同样的实体要求，而是适用不同的管理制度。

（一）运输工具进出区制度。《总体方案》规定自贸港和内地间运输、通关便利化，推进琼州海峡港航一体化。运输工具的国际合规标准要高于国内合规标准，尤其是国际运输工具舱单需向第一入境地传输并遵循海关、海事部门关于停靠、装卸和信息的监管要求[1]。所以运输便利化主要在“二线”出区后内地的监管上，可以由海南发行港向内地接收港发送舱单，作为出区信息依据，内地针对海南来向的运输工具，实施特定的便利措施。至于内地运输工具“二线”进区，作为国内流通，无须执行国际合规标准。

（二）物品流通监管制度。物品经“二线”发内地，是参照货物的外贸属性管理，特指旅客行李物品

和寄递物品。我国海关参照国际惯例，对货物和物品征税实行差别管理，实施行邮物品简易税制。对于旅客携带进境的行李物品、寄递进境的邮件（B 类快件），在自用合理数量内，实行简化税目、分档税率和参考计税价格，同时实施寄递物品限值（国外 1,000 元、港澳台 800 元）和行李物品免税额（5,000 元）。国内流转环节不存在物品行邮税。目前海南离岛免税政策下的出岛物品所谓免税，也不是二线免税。自贸港封关运作后，为保持与货物征税的同步，出现了物品经二线流转需要征税的情况。物品征税涉及自然人纳税义务，且是在国内流通中参照进境管理征收行邮税，政策难度和技术难度极大[6]。自贸港封关运作后，无论是实行绝大多数进口商品都是免税的，离岛免税政策没有保留必要，还是采取“离岛免税＋免税日用品目录”，都涉及行邮物品限额管理优惠，可以适度放宽内地的进境寄递物品限值和行李物品免税额，适当将自贸港红利惠利于内地消费者。与货物征税环节保持一致，行邮税也在输出地征税，由自贸港海关开展出港物品监管，对物品所有人征税。

（三）人员进出制度。人不是物化因素，而是权益主体，与货物物品不能实施同等跨境认定标准。凡是中国国籍公民，以及已经完成入境签证验证义务的外国（地区）公民，在“二线”随交通工具通行自贸港和内地之间，全部视为国内来往，不应再实施出入境签证验证。当然，之于交通管理等管理事项的身份验核可纳入国内统一管理。对海南而言，59 国落地免签扩大到除留学、务工以外的商务活动等，在出入“二线”时自然人的流动属性本质上与旅游活动没有区别。

（四）服务贸易制度。自贸港“二线”出区到内地具有外贸属性，对于实体化的服务贸易也同样如此，服务贸易附着于商品之上，以货物物品方式在内地进口，执行同样的监管规则。但是，对于形式上的服务贸易，主要通过国际收支增减来实现服务的跨境移动，“二线”不是实际上的跨境线，所以实际上并不存在。数字贸易与服务贸易一样，仅有具备实体形态的数字订购交易才能在自贸港“二线”被识别并开展管理，数字产品、数字服务没有实际跨境，是国内流通。实体形态的数字订购交易是跨境电商，在自贸港由“二线”发往内地后，按内地的海关监管规则执行：其中，跨境环节是货物形式的跨境电商（B-B）纳入货物管理范畴，贸易管理和税收标准一致，避免影响整体贸易和统一税基；跨境环节是物品形式的跨境电商（B-C）与物品“二线”进内地一样，也应当如前所述，适当放开行邮物品监管限制并提高免税待遇，使内地消费者能得到自贸港外溢红利并促进自贸港消费市场发展[7]。

（五）金融外汇制度。自贸港“二线”出区虽然具备外贸属性，但本质上还是我国境内交易，应当使用人民币结算或支付。自贸港与内地之间在我国的金融账户间完成资金往来，不存在外汇收付，按照国内金融管理统一标准运行。

三、分区管理：划定不同功能的保税、特许经营区域

为解决国际周转货物流向国内消费市场的问题，新加坡在国内设立 60 多个保税区（仓库），采取不同功能的保税、特许经营措施，这一做法值得海南自贸港封关运作借鉴[8]。海南自贸港是全岛进行，而非单点区域，与行政区划重合，岸线绵长、区内主体众多，加之要对货物、物品、人员、交通运输工具、资金、数据等实施全面监管，不可能实行“围网＋卡口＋账册”，而是结合海南具体地理和经济形态进行标志，实施全岛综合治理，而非驻场监管，单以海关等机构无法实现全岛全行业监管，“一线、二线”通关是各部门联合管理和协同执法。

（一）以“零关税”为基本特征，而非保税监管。自贸港“一线”进出口大多数货物免关税，允许自由进出（负面清单除外），进口环节税简并为区内的销售税后不在“一线”征收，这意味着企业的合规成本和税收成本已经不复存在，保税功能不复存在[9]。过渡期内，由于实行了生产用原辅料、设备、运输工具等零关税政策，叠加了高端消费品离岛免税、消费品展会零关税等政策，对日用消费品以清单管理分步实施零关税政策也是可选方案。

（二）税收优惠更为普及。在封关运作前的早期收获阶段，对“一负三正”清单内商品实施“零关税”，封关运作后，自贸港将形成“一线”进口征税商品目录，目录外货物免征进口关税。同时，“二线”出区进入内地也有税收优惠，对符合海南版鼓励类产业目录[10]的企业生产的不含进口料件或者含进口料件在海南自由贸易港加工增值超过 30%（含）的货物，免征进口关税。

（三）贸易便利化制度更为多样。自贸港制定“一线”禁止、限制进出口的货物、物品清单，清单外货物、物品自由进出，海关依法进行监管。“二线”则根据流向不同实行内外贸差异管理。货物、物品、运输工具从自贸港进入内地，按外贸管理，由自贸港海关办理出岛监管（征税）手续；货物、物品、运输工具由内地进入自贸港，按内贸管理，办理国内流通手续。

（四）全产业导入和鼓励制度。自贸港比自贸试验区、海关特殊监管区域的产业包容度和吸引力要高上很多，是全产业导入和鼓励，不仅有货物等实体要素经由“一线、二线”，而且服务、资本、数据等非实体要素也经由“一线、二线”，分线管理的范围、主体和方式都有明显不同，对应实行更加包容、鼓励创新的边境后管理措施[11]。

四、分级管理：对市场评理和管理对象依信用来分级

新加坡企业分级管理制度鼓励企业通过保持良好的进出口合规记录，从而申请获得更高的企业评级，进而享受更高的贸易便利化措施。分级标准主要有五个方面：公司简介、库存管理和控制、程序和流程、安全、合规（见表2）。

表2　企业分级评估框架

序号	评估子项目	评估内容
1	公司简介	■ 基本背景 ■ 金融背景
2	库存管理与控制	■ 具备跟踪和追踪货物移动及识别差异功能的库存系统 ■ 适当的数据存储和备份
3	程序和流程	■ 货物处理程序（入站和出站） ■ 处理与货物有关的事故 ■ 正当储存货物、集装箱及运输
4	安全	■ 场所的安全措施和访问控制 ■ 保护货物完整性的措施 ■ 有关业务合作、危机管理和业务连续性的措施
5	合规	■ 企业的合规记录

注：根据新加坡海关官网资料整理，https：//www.customs.gov.sg/

分级结果分为基础级、标准级、中级、增强级、优先级（见表3），根据新加坡海关的风险评估体系，将贸易商的合规记录以及他们的合作意愿纳入考虑范围，那些历史合规记录不良好的企业将接受频繁的查验，而其余的企业则尽量减少不必要的检查。建议出台海南相关一线、二线市场主体分类标准并进行分级管理。

表3　企业分级和贸易便利化措施

序号	级别	享受相应的贸易便利化方案或计划
1	基础级	■ 2000美元及以下金额的进口货物免除担保 ■ 临时进口方案 ■ TRADENET账户 ■ 货运代理的进口授权方案 ■ 原产地证书
2	标准级	■ 特许仓库计划Ⅰ型 ■ 零消费税仓库计划Ⅰ型 ■ 酿酒
3	中级	■ 特许仓库计划Ⅱ型 ■ 零消费税仓库计划Ⅱ型 ■ 安全贸易合作伙伴

续表

序号	级别	享受相应的贸易便利化方案或计划
4	增强级	■ 战略物资批量许可 ■ 特许仓库计划Ⅲ型 ■ 零消费税仓库计划Ⅲ型 ■ 石油经营牌照 ■ 空运保税仓储计划 ■ 免税店计划 ■ 保税工厂计划 ■ 集装箱货运仓库牌照 ■ 公司报关计划 ■ 跨关拖运驳船计划
5	优先级	■ 免除多种类型交易的担保 ■ 减少集装箱密封 ■ 免除进口后的文件检查 ■ 安全贸易伙伴关系 ■ APEX 牌照 ■ 合并申报 ■ 保税卡车方案

注：根据新加坡海关官网资料整理，https：//www.customs.gov.sg/

五、分步管理：采取渐进、有序的开放节奏

分步管理立足于封关运作，于 2025 年之前完成，分为封关前和封关后两个阶段，为自贸港制度过渡和转换明确了节点，赋予自贸港建设以时间标准。《总体方案》已经明确自贸港建设分步骤、分阶段进行，在 2025 年之前形成早期收获，适时启动全岛封关运作 [1]。与封关运作前的阶段不同的是，封关运作后的阶段整个海南划出“一线、二线”，具有“面”属性。此时海南自贸港分线管理依托海南地理（海）岸基线进行，以空、海两类港口（口岸）开展“一线、二线”进出区作业。全岛自贸港经历先划线、并线再分线的过程，分线管理制度完全不同于内地，原有的海关特殊监管区域已经无须再保留。

封关运作将通过三个阶段完成各类业务的旧状态切换和新状态确立，主要包括：一是区域状态的切换和确立。在早期收获阶段，加强海关特殊监管区域建设，区分区内外条件，并开展“一线放开、二线管住”的先期试点，在封关运行后，全岛统一并入自贸港并形成统一条件，取消海关特殊监管区域建设。二是清单（目录）的切换和确立。进口关税由“一负三正”四张清单过渡到进口征税目录，进口环节税简并为零售环节的销售税，贸易管制由现行全国统一版本切换到海南进出口限制（禁止）货物物品清单，实施服务贸易、投资海南版清单。三是通关状态的切换和确立。“一线”通关由当前的常规监管切换为特定监管，“二线”通关实施后，区分进出区方向分别开展海关出区监管和各部门入区监管，相应单证和管理系统进行切换。同时，金融、人员、交通工具、数据的跨境管理状态也切换到自贸港制度要求上来 [11]。

参考文献：

[1] 海南自由贸易港建设总体方案 . 中国政府网 .https：//www.gov.cn/gongbao/content/2020/content_5519942.htm.

[2] 中国（海南）改革发展研究院课题组：迟福林 . 海南探索建设中国特色自由贸易港的初步设想 [J]. 改革，2019（4）：27-38.

[3] 习近平主持召开中央全面深化改革委员会第六次会议强调：解放思想实事求是与时俱进求真务实全力抓好改革任务的组织实施 [N]. 新华社 .2024-08-29.

[4] 全岛封关后的海南与中国香港、中国澳门有何区别？ [N]. 湾区新财经 .2023-05-29.

[5] 全国首个以“研发创新”为特色 北京中关村综合保税区通过国家正式验收 . 中华人民共和国北京海关 .http：//beijing.customs.gov.cn/beijing_customs/434766/434768/5844689/index.html.

[6] 林勇，陈建友，黎灵述，等 . 海南自由贸易港海关税收征管制度前瞻性研究 [J]. 海南金融，2022（5）：3-8.

[7] 李梦瑶 . 在实施“一线”放开、“二线”管住的区域进入“一线”原则上取消自动进口许可管理，取消机电进口许可管理措施 [N]. 海南日报，2023-11-24.

[8] 胥会云，蔡锟淏 . 自由贸易区之新加坡经验 [N]. 第一财经日报，2013-08-02.

[9] 李猛，赵若锦 . 全岛封关运作下海南自由贸易港税制改革创新 [J]. 地方财政研究，2023（12）：54-69.

[10] 国家发展改革委、财政部、税务总局关于印发《海南自由贸易港鼓励类产业目录（2024 年本）》的通知，中国政府网 . https：//zfxxgk.ndrc.gov.cn/upload/images/20242/2024219171728.pdf.

[11] 郭永泉 . 海南自由贸易港的封关运作和分线管理——从海关特殊监管区域到海关监管特殊区域 [J]. 南海学刊，2021，7（2）：45-55.

技术创新赋能数字乡村新质生产力的发展[①]

吕文波[②]

摘要：海南数字乡村水平在建设自贸港政策下实现了长足进步，但实践层面复刻和拓展先进乡村经验仍存在路径困惑。本文采用2000—2023年省内地级市的面板数据，构建数字乡村系列指标，探索数字经济创新对农业新质生产力的影响效应和赋能机制。结果发现：数字经济创新显著赋能农业新质生产力，结论经过了稳健性以及内生性检验。分析其作用机制，发现赋能是通过技术创新（产业专利数量）为重要中介路径，政府干预起到了积极的调节作用。建议政策持续加码产业技术创新，以前置基金、中置配套、后置奖励为主要方式推进数字技术落地和培育，充分引导社会力量促进乡村新质生产力发展。

一、背景和现状

数字经济已然成为中国式现代化的重要引擎、国际竞争赛道的主战场、未来发展战略的制高点。新发展阶段“两个一百年”的交汇期，中国“三农”工作的重点逐步从脱贫攻坚转移到乡村振兴上，“做好巩固拓展脱贫攻坚成果同乡村振兴有效衔接”，推动尽早实现共同富裕，将改革开放以来中国式现代化的物质文化成果普及更广大的乡村范畴。乡村新质生产力紧密关联乡村振兴战略，实施“乡村全面振兴科技行动计划”是进一步发展农业新质生产力的重大举措，也是进一步加速乡村振兴的宏观规划。加速产业数字化和数字产业化，促进数字经济和实体经济多维融合，利用数字经济赋能传统产业转型升级已成为共识，其中数字乡村水平是发展乡村领域新质生产力的重要方向和手段之一。

近年来，海南积极推动数字乡村建设，以信息化提升乡村治理能力水平，发展数字经济新业态，促进农业产业升级，令产业科技落地乡村实业，让农民面朝屏幕背朝数据，催生越来越多的“数字红利”。其中，数字人民币作为新型金融工具在海南自贸港发挥了独特的作用。自贸港作为国家对外开放的重要窗口，具有极具潜力的政策优势和区位优势，在数字经济因地制宜赋能农业新质生产力事业中起到了排头兵作用，通过提供政策支持、基础设施建设、产业升级、市场拓展、人才引进和数字金融服务等多方面的努力，有效推动了乡村地区的数字化转型和经济社会发展。然而，虽然海南数字经济赋能农业新质生产力过程进入了快速发展阶段，但与第二、第三产业数字化相比，农业数字化仍存在应用场景不多、质量不高、程度不深等问题。

二、实证和检验

数字乡村是实现农业农村现代化治理的重要一环，数字技术逐渐与农村农业建设深度融合。数字乡村指通过数字技术尤其是互联网、物联网、云服务、人工智能、5G、区块链、大数据等推动乡村经济结构升级、现代化治理体系完善，助力乡村经济发展。数字产业的创业创新活动是数字乡村经济稳健发展的主要机制。数字技术创新是数字乡村建设的关键环节，凭借数字要素投入农业生产过程可以直接作用于农业新质生产力，并通过技术创新来间接影响自贸港乡村振兴。自贸港经济发展中异质性创新突出，各地结合优势自然人文资源与数字产业进行融合，“因地制宜发展新质生产力”。

---

① 基金项目：2023年海南省哲学社会科学基金项目［HNSK（QN）23-98］；海南省社科重点实验室“金融创新与多资产智能交易实验室”建设成果。

② 吕文波，男，河北邯郸人，三亚学院盛宝金融科技商学院专任教师、上海宏珠资产管理有限公司投资经理，研究方向：数字经济和乡村振兴。

（一）作用效果

农业新质生产力是乡村新质生产力的重要组成部分，主要包括新型劳动力、新型劳动工具和新型劳动对象，以农业农村资源禀赋为基础，以科技为引领，以绿色为导向。科技进步尤其是电子、电路、电气等领域的进步，使得农业机械等生产工具发生了里程碑式的发展，催生了新型劳动力和劳动工具，进而扩展了传统农业的劳动对象，令一切涉农活动变得智能化、自动化和数字化。数字经济通过创新农村经济的发展模式，显著弱化了城乡二元结构壁垒，5G 等的持续覆盖和网红经济的兴起，令农民可以较小的成本享受数字经济的福利。数字基础设施建设通过信息的整合，实现资源的有效配置进而促进乡村产业发展。依靠大数据平台搭建，实现农业产、销、库、运等各个环节的数字化、智能化、信息化发展。农产品及农业生产资源通过网络实现线上交易，信息传递更加频繁，加速了农产品的流通和农业生产资源的调配。

乡村产业发展离不开金融的支持。然而，传统金融服务模式难以全面解决涉农产业振兴主体融资难、融资贵的困境。数字农业供应链金融利用数字技术分析、挖掘农户和涉农企业的“数字足迹”，解决了一些信息不对称的问题，为农户和涉农企业融资困境提供了新的解决方案。但是，数字供应链金融也面临着应收账款真实性难以确认、欺诈和多次转让等问题。在数字供应链平台引入数字人民币，构建“数字人民币 + 供应链金融”模式，利用数字人民币金融属性以及可控匿名和智能合约的技术属性，摆脱信息、业务和资金脱耦合困局，进而破解融资难、融资贵的难题。农户和涉农企业基于数字人民币的历史交易等数据可追溯、不可篡改，能够为银行机构开展农业贷审核、发放和监控提供强有力的支撑，这些数据既能提高银行的智能化风险控制能力，又能让银行更加全面、深入了解贷款需求方的真实生产经营情况。

基于此，本文提出研究假设一：数字经济可以显著赋能农业新质生产力，数字人民币金融工具、数字平台工具和数字信息载体等数字经济创新融合产业的发展促进了乡村新质生产力的发展。

（二）赋能机制

数字经济的作用效果显著，其覆盖广度、使用深度、数字化程度的影响并不完全相同，乡村数字基础设施建设的不同步构成了数字鸿沟问题，再叠加城乡数字素养和教育的不同步，更进一步加深了农村居民数字信息资源的劣势地位。在消除数字鸿沟的前期努力上，如数字乡村建设伴随的信息投资、财政倾斜投资等反而短期内会扩大信息鸿沟。基础设施不足、村民数字素养较弱、信息化人才缺乏是限制数字乡村可持续发展的主要因素。在数字经济发展前期，覆盖广度和使用深度表现出显著的正影响。但数字化程度短期表现不显著，甚至会有负影响，这是由于数字鸿沟和数字禀赋的改善需要一定时间导致的，然而从长远的角度来看，三个维度的影响方向和效果均会收敛到一致。

一方面，数字经济发展通过数字平台化手段赋能传统产业，农业经营管理应用新技术实现技术效率和生产效率提高。有优势的特色农业产业利用大数据分析平台拉长产业链条，实现产业融合和集聚，提高农产品生产运营效率。技术创新带来的红利直接渗透到乡村产业发展中，实现融合发展，推动产业结构转型升级。另一方面，数字技术本身具有的数据特征与信息共享，可加强经济系统内的信息沟通、信息整合与匹配，实现要素资源快速流动和高效配置，极大地降低创新成本，实现技术创新，以促进农村生产要素的投入产出最大化，提高农业生产效率。

基于此，本文提出研究假设二：数字经济主要通过技术创新对乡村产业振兴产生促进作用，并且政府干预可提高效率。

（三）模型设计

为验证本文研究假设，构建如下基础模型：

$$Rural_{i,t} = \alpha_0 + \alpha_1 Dige_{i,t} + \alpha_c Control_{i,t} + \mu_i + \delta_t + \varepsilon_{i,t} \tag{1}$$

式（1）中：$Rural_{i,t}$ 为海南省地级市 i 在 t 年份的农业新质生产力水平，$Dige_{i,t}$ 为海南省地级市 i 在 t 年份的数字经济创新指数，$Control_{i,t}$ 表示控制变量；μ_i 和 δ_t 分别为海南省地级市空间和时间固定效应，为随机扰动项。$\varepsilon_{i,t}$为讨论可能存在的作用机理，采用前文提到的技术创新作为中介变量（表 1），建立模型如下：

$$Lntech_{i,t} = \beta_0 + \beta_1 Dige_{i,t} + \beta_2 Control_{i,t} + \mu_i + \delta_t + \varepsilon_{i,t} \quad (2)$$

$$Rural_{i,t} = \theta_0 + \theta_1 Dige_{i,t} + \theta_2 lntech_{i,t} + \theta_c Control_{i,t} + \mu_i + \delta_t + \varepsilon_{i,t} \quad (3)$$

表 1 变量说明表

	变量名称	变量符号	变量定义
被解释变量	农业新质生产力发展指数	Rural	新型劳动力、新型劳动工具等
解释变量	数字经济创新指数	Dige	数字环境、产业载体等
	覆盖广度	DiExt	数字技术的区域覆盖面积等
	使用深度	DiDep	数字技术的区域使用人数等
	数字化程度	DiLev	数字技术的区域使用频率等
控制变量	地区经济发展水平	Lngdp	人均 GDP 取对数
	创新企业数量	Lnnumber	数字产业数量的对数
	数字用户密度	Pd	数字用户万人占比
	数字基建水平	Lninf	数字基建数量的对数
	城镇化水平	Ur	城镇人口 / 总人口
	产业结构	Is	二、三产业增加值 /GDP
调节变量	政府干预指数	Gov	地区财政支出 / 生产总值
中介变量	技术创新水平	Lntech	万人专利授权数

1. 数据来源

本文采用 2000—2023 年海南省市级数据，数据来源于历年统计年鉴、经济普查数据、省数据局网站、新闻网站及 WIND 数据库。

2. 结果分析

表2为基准回归结果，发现无论是否控制变量还是控制时间和个体，数字经济创新Dige系数均显著为正，其中双控制下 Dige 的估计系数为 0.233，在 5% 的水平上显著。以上结果说明，在保持其他变量不变的情况下，数字经济显著促进自贸港乡村振兴事业和新质生产力的发展，假设已获得初步验证。

表 2 基准回归结果

变量	（无控制变量） Rural	（个体固定） Rural	（时间固定） Rural	（双固定） Rural
Dige	0.287***	0.220**	0.393***	0.233**
	（3.07）	（2.59）	（2.75）	（2.51）
Lngdp		0.241***	0.189*	0.250***
		（3.90）	（1.94）	（3.66）
Lnnumber		0.187***	−0.354**	0.180***
		（11.27）	（−2.11）	（11.11）
Pd		−0.012	−0.014	−0.013
		（−1.31）	（−0.30）	（−1.06）

续表

变量	（无控制变量）Rural	（个体固定）Rural	（时间固定）Rural	（双固定）Rural
Lnlninf		−0.320	−0.517	−0.253
		（−1.19）	（−0.81）	（−0.82）
Ur		−0.018	−0.051	0.069***
		（−0.73）	（−1.34）	（2.94）
Is		−0.003	−0.001	0.066***
		（−0.67）	（−0.36）	（2.54）
Constant	0.287***	0.220**	0.393***	0.233**
	（3.07）	（2.59）	（2.75）	（2.51）
id	Yes	Yes	No	Yes
year	Yes	No	Yes	Yes
N	455	455	456	455
Adj−R^2	0.750	0.782	0.275	0.784

注：括号内为 t 统计量，且 *** p<0.01， ** p<0.05， * p<0.1，以下表同。

将数字经济创新指数使用主成分分析进行降维，然后得到新的数字经济创新替代指数（Dige_pca），重新进行估计。结果如表 3 所示。Dige_pca 的估计系数都在 1% 的水平上显著为正，与基准回归结果一致。进一步的，考虑到围绕数字经济的覆盖广度、使用深度和数字化程度是实践应用层面的数字经济创新发展水平的表现维度，因此将三者作为新解释变量进行回归，得到结果显示，三者估计系数均在 1% 的水平上显著为正。考虑到数字经济的赋能影响可能存在一定滞后性，将解释变量数字经济创新指数滞后一期处理，重新估计发现，将解释变量滞后一期后，无论是否加入控制变量，L.Dige 的估计系数都在 1% 的水平上显著为正。综上可知，数字经济显著促进自贸港农业新质生产力，前文结果是稳健可靠的。

表 3　稳健性检验结果表

变量	（替换解释变量）Rural	Rural	Rural	（滞后解释变量）Rural	Rural
Dige_pca	0.034***	0.028***			
	（18.113）	（7.791）			
控制变量	No	Yes	Yes	No	Yes
iExt			0.212***		
			（5.98）		
DiDep			0.162***		
			（4.06）		
DiLev			0.209***		
			（5.19）		
L.Dige				1.017***	0.871***

续表

变量	（替换解释变量）			（滞后解释变量）	
	Rural	Rural	Rural	Rural	Rural
				（32.396）	（11.301）
Constant	0.208***	0.276***	0.116***	0.009	0.111
	（30.276）	（2.872）	（2.68）	（0.842）	（1.596）
City/ Year FE	YES	YES	YES	YES	YES
Adj-R^2	0.891	0.918	0.931	0.837	0.939

考虑到遗漏变量和互为因果的问题，可能对估计结果产生偏误。本文使用数字经济滞后一期（L.Dige）和每万人邮局数量（Po）分别作为工具变量，进行工具变量两阶段最小二乘法（IV-2SLS）回归，结果见表 4。

表 4　IV-2SLS 回归结果

变量	（1）	（2）	（3）	（4）
	1st Stage	2nd Stage	1st Stage	2nd Stage
	Dige	Rural	Dige	Rural
L.Dige	0.666***			
	（5.922）			
Dige		0.233**		1.558***
		（2.51）		4.58
Po			0.604***	
			（4.49）	
控制变量	Yes	Yes	Yes	Yes
Constant	0.029***	0.176***	0.355***	1.307***
	（3.513）	（4.11）	（3.207）	（6.446）
City/ Year FE	YES	YES	YES	YES
Adj-R^2	0.923	0.868	0.923	0.868
F	35.67	15.65	20.16	6.053

由表 4 可知，第一阶段中，L.Dige 对 Dige 有显著正向影响，说明工具变量（L.Dige）与解释变量（Dige）之间存在显著相关关系，并且弱工具变量检验也发现，F 统计值为 35.67，大于 10，说明并不存在弱工具变量问题。第二阶段中，Dige 的估计系数仍然在 1% 的水平上显著为正，说明在考虑了内生性问题后，数字经济仍能显著提高农业新质生产力，假设一仍然成立。

在中介效应的基础上，中介变量 Lntech 和调节变量 Gov 交互项依旧显著，且均为正显著，说明有调节的中介效应是显著的，见表 5。可见，在数字经济对乡村新质生产力的提升过程中，主要依靠科技创新的传导路径来实现，这是市场发展的自然行为。同时叠加了政府政策的干预后，中介传导的效率得到了提高，宏观调控行为加速了市场行为，并提高了其效率和质量，令数字技术更快更积极地与涉农产业融合，进而提升农业新质生产力水平，实现数字乡村的快速发展。综上所述，数字经济通过提高自贸港的技术创新水平，进而促进乡村产业振兴，政府干预加速了此过程，本文假设二得到了验证。

表 5 传导机制分析检验结果

变量	（基准回归）Rural	（中介变量）Lntech	（中介变量）Rural	（调节变量）Rural	（有中介的调节）Lntech	（有中介的调节）Rural	（有调节的中介）Rural
Dige	0.233**	4.225***	0.199***	2.596***	2.727***	0.250***	0.205***
	（2.51）	（3.671）	（3.13）	（5.34）	（8.25）	（3.66）	（8.18）
控制变量	Yes	Yes	Yes	Yes	Yes	Yes	Yes
Gov				0.071***	0.069***	0.066***	0.191***
				（3.72）	（2.94）	（2.54）	（3.59）
Dige*Gov				0.576***	0.799***	0.799***	
				（4.93）	（6.263）	（6.263）	
Lntech			0.045**			0.117	0.180***
			（2.50）			（1.445）	（11.11）
Gov* Lntech							0.223***
							（6.40）
Constant	0.233**	2.127**	0.199***	0.194***	0.221***	0.567***	2.554***
	（2.51）	（2.118）	（3.13）	（7.46）	（9.73）	（4.88）	（5.26）
City/ Year FE	YES	YES	YES	YES	YES	YES	YES
Adj-R^2	0.919	0.809	0.778	0.935	0.771	0.852	0.833
Sobel 检验		（Z=2.292，P=0.021）			不显著故不做检验		
Bootstrap 检验		[0.4576，0.7407]			不显著故不做检验		

三、结论与政策建议

数据分析和实证检验发现：（1）数字经济创新水平对农业新质生产力具有显著促进作用，长期而言，数字经济的覆盖广度、使用深度和数字化程度的赋能均显著；（2）数字人民币作为新型数字金融工具，促进了数字经济的发展并成为中国式数字经济的重要组成部分，促进自贸港农业新质生产力事业发展；（3）乡村新质生产力的发展与乡村振兴事业相辅相成，影响机制分析表明，技术创新提供了数字经济赋能农业新质生产力的中介效应，是发展数字乡村新质生产力的重要方法，政府干预可以有效提高赋能效率。

基于此，建议政策加码以促进数字经济对自贸港农业新质生产力的赋能作用：（1）鼓励数字人民币在数字经济领域的发展，推进新型数字法币普惠金融的助力工作。数字人民币的安全普惠赋能乡村金融服务，利于完善乡村供应链金融体系，将数字人民币红包福利从消费产业深入到“三农”产业；（2）加大对数字基础设施建设的投入，包括网络覆盖、电子支付和物流配送等，以便让数字经济能够充分渗透到自贸港乡村地区；（3）制定政策鼓励数字技术企业进入自贸港乡村地区，使用前置基金、中置配套、后置奖励的方式政策，提供税收等优惠政策创立产业开端；（4）推动数字技术与传统产业的融合，培育当地数字经济新兴产业链，促进乡村地区经济多元化发展；（5）加强数字技术培训和人才引进，提升自贸港和乡村地区居民的数字科技素养，提供更多与数字技术相关的职业教育和培训计划；（6）加大政府干预乡村经济的力度和深度，持续提高城镇化率，以资金支持重要涉农产业结构的转型升级，增强数字乡村的持续发展力，加速发展乡村新质生产力。

国际知识产权规则发展与中国对接策略[①]

刘晓宁[②]

摘要：知识产权规则变革是全球经贸规则重构的重要内容，也是我国对接国际高标准规则推动制度型开放的重要领域。当前，国际知识产权规则发展呈现出保护客体不断扩展、保护强度显著升级、执法措施更趋严格、规则体系由多边转向区域、规则诉求更加多元等趋势。结合我国知识产权规则构建现状，分析国内知识产权规则与国际最高标准在目标导向、保护内容、执法措施等方面存在的分歧和差异，并从推动多双边谈判、构建规则范式、深化"一带一路"合作、发挥试点平台作用、完善法律法规、提升知识产权竞争力等角度提出我国因应之策。

关键词：知识产权规则；经贸协定条款；国内规则体系；对接策略

一、引言

随着知识产权日益成为国家参与国际竞争的核心战略资源，知识产权规则变革也成为全球经贸规则重构的重要内容。在联合国世界知识产权组织（WIPO）各项公约和世界贸易组织（WTO）框架下的《与贸易有关的知识产权协定》（TRIPS）基础上，21 世纪以来快速发展的双边和区域经贸协定成为最新知识产权规则构建的主要载体，表现出新的发展态势。与此同时，我国对知识产权保护的重视程度也不断加强，正致力于建设知识产权强国，并积极参与全球知识产权治理。我国还正在加快推动高水平制度型开放，积极对接高标准国际经贸规则，而知识产权规则是高标准规则的重要内容。在此背景下，对国际知识产权规则的最新发展趋势进行系统梳理，找出当前我国知识产权规则体系与之存在的主要分歧和差距，并提出对接国际高标准规则的策略选择，对于进一步完善我国知识产权保护体系、提升在全球知识产权治理中的话语权、加快建设知识产权强国均具有重要的现实意义。

二、国际知识产权规则发展趋势

国际知识产权规则兴起于 19 世纪 80 年代，已经过 140 多年的发展演变，规则体系经历了保护知识产权联合国际局（BIRPI）、WIPO、TRIPS 等重要阶段，目前呈现出以各类双边和区域经贸协定为重要载体、与贸易投资全面挂钩的发展趋势。根据 DESTA 数据，截至 2022 年年底，在全球累计生效的经贸协定中，有 338 个包含实质性知识产权条款，其中有 105 个包含实质性保护的具体规定。

（一）保护范围和客体内容不断扩展

从 1883 年的《保护工业产权巴黎公约》开始，国际知识产权保护的发展脚步从未停歇。TRIPS 生效以后，特别是随着双边和区域经贸协定的兴起，全球知识产权保护客体的范围和内容不断扩展，声音、气味、遗传资源、传统知识、未披露试验数据等相继被纳入保护范围。例如，CPTPP 取消了 TRIPS 中规定的商标注册"视觉上可感知"的要求，鼓励将声音、气味等注册为商标；RCEP 明确可以将遗传资源、传统知识纳入知识产权保护范围，并要求专利申请中对遗传资源的来源进行披露；CPTPP 和 USMCA 均将未披露试验数据纳入知识产权保护客体，并且对其中的药品、生物制剂、农用化学品进行了不同的规定。另外，TRIPS 仅要求成员国加入《巴黎公约》和《伯尔尼公约》，而近年来达成的经贸协定要求缔约方加入更多的知识产权国际公约，例如 CPTPP 和 RCEP 均要求加入《专利合作条约》《商标国际注册马德里协定有关

① 基金项目：国家文化英才培养工程专项资助项目"制度型开放背景下对接国际高标准经贸规则的重点与路径研究"。

② 刘晓宁，山东社会科学院国际经济与政治研究所副所长、研究员，经济学博士，博士后合作导师。研究方向：国际贸易、经贸规则。

议定书》《世界知识产权组织版权条约》《世界知识产权组织表演和录音制品条约》等，EJEPA 更是并入了 15 项国际知识产权条约。

（二）保护强度和保护期限显著升级

随着保护范围的拓展，知识产权保护强度也在持续提升，主要表现为保护期限的延长和保护维度的增加。从保护期限看，TRIPS 规定著作权、工业品外观设计的保护期分别至少为 50 年和 10 年，USMCA 将其分别延长至 75 年和 15 年，EJEPA 将其分别延长至 70 年和 20 年，CPTPP 也将著作权保护期延长至 70 年；TRIPS 未规定专利期限延长制度，而 CPTPP 和 USMCA 规定对于专利审批过程中的不合理延误进行补偿保护；TRIPS 规定商标的首次注册及每次续展的期限不得少于 7 年，而 CPTPP 将其延长至不少于 10 年；CPTPP 还分别对药品、生物制剂、农用化学品的未披露试验数据规定了至少 5 年、8 年和 10 年的保护期。与此同时，原有客体的保护维度也有明显扩张。例如，CPTPP 允许将已有产品的新用途、使用已有产品的新方法等申请为专利，将未注册驰名商标的保护从同类保护延伸至跨类保护；EJEPA 要求缔约方建立地理标志的注册和保护体系，取消了 TRIPS 中的例外和豁免条款，还对未注册外观设计规定了有限度的保护。

（三）执法措施和处罚标准更趋严格

由于 WIPO 缺乏强制成员国履约的约束机制，导致其在全球知识产权治理中的作用发挥受限，而 TRIPS 的达成将知识产权保护与国际贸易直接关联，一定程度上弥补了 WIPO 的短板，为国际知识产权争端提供了有效的解决机制，但 TRIPS 的灵活性和弹性条款仍然为成员国留有自主空间。在此之后，各类双边和区域经贸协定中的知识产权内容越来越多地纳入执法措施条款，并且开始限制 TRIPS 的执法弹性。根据 DESTA 数据，截至 2022 年年末全球包含实质性知识产权条款的经贸协定中有接近一半规定了明确的执法措施。例如，在对侵犯著作权、商标权的赔偿数额方面，CPTPP 和 USMCA 在 TRIPS 规定的法定赔偿基础上增加了惩戒性的额外赔偿制度；在边境措施方面，TRIPS 仅限制货物进口环节，而 CPTPP 将边境措施扩大到出口和转口环节，USMCA 进一步将其扩大到进出保税区和保税仓库环节；在对侵犯商标权的刑事处罚方面，CPTPP 和 USMCA 均在 TRIPS 基础上降低了处罚门槛，在 TRIPS“达到商业规模”规定的基础上增加了“实质性损害”标准。

（四）规则体系由多边向区域化发展

WIPO 和 TRIPS 更多代表了全球范围多边框架下的知识产权规则体系，成为全球知识产权治理的基础制度。1967 年成立的 WIPO 推动生效了一系列国际知识产权公约，特别是《巴黎公约》《伯尔尼公约》等成为全球知识产权保护体系的基础公约，在 TRIPS 生效后，WIPO 继续推动达成了《视听表演北京条约》《专利法条约》等条约，但参与者和影响力较小。1995 年生效的 TRIPS 首次加入了知识产权执法规则，显著提升了全球范围内的知识产权保护水平，使知识产权规则成为国际经贸规则的重要组成部分，但自生效后未能达成任何一项实质性改革成果，导致其近年来逐渐边缘化。在 WIPO 公约和 TRIPS 的基础上，各类双边和区域经贸协定开始制定符合自身需求的知识产权条款。自此，全球知识产权规则体系由多边化向区域化方向发展。这些基于 TRIPS 但又内容各异的经贸协定知识产权规则，各自独立运行，且又存在相互重叠，使全球知识产权规则也形成了“意大利面条碗”现象，推动规则体系更趋碎片化。

（五）规则诉求呈现差异化多元态势

近年来，国际知识产权规则已成为发达国家和发展中国家规则博弈的重要领域，双方表现出截然不同的规则诉求。一方面，以美国为首的发达国家不满于 TRIPS 的灵活性和弹性空间，不断利用其主导的双边和区域经贸协定提高知识产权保护水平，试图在全球范围内建立起超高标准的知识产权规则体系，以维持其在全球知识产权治理中的主导地位和在全球价值链分工中的战略优势，部分发达国家还试图利用知识产权规则遏制发展中国家的技术崛起，维持其技术霸权。另一方面，以中国为首的发展中国家也开始积极参与全球知识产权治理，并结合自身发展需求制定知识产权规则，特别对公共健康、遗传资源与传统知识、生物多样性等议题展开关注，规则诉求体现出更多的包容性、灵活性和发展性，对发达国家的知识产权霸权发起挑战。发达国家和发展中国家基于满足自身利益需求而形成的差异化规则诉求，共同推动着国际知识产权规则体系朝向多元化方向发展。

三、中国知识产权规则体系构建现状及主要差异

随着国内知识产权法律法规的不断完善和参与知识产权全球治理的不断深入，我国知识产权规则体系构建取得显著成效。但由于我国与发达国家在发展阶段和发展诉求上的本质区别，现阶段对接国际高标准知识产权规则仍存在一些难点和分歧，主要表现在以下两大方面。

（一）在权利保护范围和保护期限上的差异

从保护范围看，CPTPP 等协定要求将气味纳入可注册商标客体、对未注册驰名商标实施跨类保护、将新药品界定为国内未上市的药品，可以对非生物和微生物学方法授予专利。而我国尚未将气味商标纳入保护范围，对未注册的驰名商标跨类保护不足，将新药品界定为国内外未上市的药品（范围更小），对动植物品种的生产方法不授予专利。CPTPP 要求缔约国加入 1991 年版本的《保护植物新品种国际公约》，而我国加入的是 1978 年版本，1991 年版本的保护水平更高，但可能加大我国种业风险。CPTPP 还专门规定了网络服务提供商的相关规则条款，为网络在线服务设立安全港，而国内还缺乏相关的法律法规。从保护期限看，CPTPP 等协定规定著作权保护期为 70 年，对农用化学品未披露实验数据的保护期为 10 年，判断专利新颖性的宽限期为 12 个月，而我国法律规定分别为 50 年、6 年和 6 个月。

（二）在权利救济措施和执法强度上的差异

权利救济措施主要包括民事措施、临时措施、边境措施、刑事处罚等。与 CPTPP 等协定相比，目前我国的差异主要表现在边境措施和刑事处罚方面。从边境措施看，CPTPP 规定适用边境措施的范围包括进口、准备出口和过境货物中可能存在假冒或盗版行为的货物，以加强对假冒或盗版货物在全球范围的打击力度；而我国《知识产权海关保护条例》中规定的边境措施只涉及进出口货物，还未涉及过境货物。从刑事处罚看，CPTPP 规定任何具有商业目的，或者对权利人造成重大不利影响的行为均构成“具有商业规模”，可认定为犯罪行为，但并没有对“重大不利影响”进行明确界定；而我国相关法律中没有“具有商业规模”的表述，《中华人民共和国刑法》中规定的侵犯著作权罪以“营利目的”为构成要件，并要求满足“违法所得数额较大”的条件，强调以量定罪，与 CPTPP 的理念存在差异（表 1）。

表 1　中国国内知识产权规则与 CPTPP 主要差异

规则领域	具体条款	CPTPP 规则	我国国内规则
保护范围	气味商标	纳入	未纳入
	未注册驰名商标跨类保护	实施	未实施
	新药品界定	国内未上市	国内外未上市
	动植物品种的生产方法专利	可授予	不授予
保护期限	著作权保护期	70 年	50 年
	农用化学品未披露实验数据保护期	10 年	6 年
	专利新颖性宽限期	12 个月	6 个月
边境措施	适用货物范围	进出口和过境货物	进出口货物
刑事处罚	刑事认定原则	以性质定罪	以数额定罪

资料来源：作者整理。

四、中国对接高标准国际知识产权规则的策略选择

在国际知识产权规则体系加快重塑、不同国家规则诉求多元化发展的背景下，我国应该找准自身在全球知识产权治理中的角色定位，在充分评估各项规则实施的成本收益的基础上，通过多种途径稳步开展知识产权规则对接，在国际规则“引进来”的同时推动国内规则“走出去”，实现制度型开放的双向开放。

（一）积极参与知识产权全球治理，推动 WIPO、WTO 等框架下的相关议题谈判

国际知识产权规则变革和格局重构既给我国带来压力与挑战，也带来提升国际地位和话语权的良好机遇。中国兼具发展中国家和新兴知识产权大国的双重身份，在知识产权全球治理中具备发挥更大作用的优势和条件。应以更加积极主动的姿态参与到知识产权全球治理当中，努力从知识产权规则的被动接受者向主动参与者和积极构建者转变。继续支持以 WIPO 和 TRIPS 为主体的多边机制，主动强化我国在条约草案、条款修改、规则释义等方面的议题设置能力，构建更加符合不同类型国家诉求、更具包容性和发展性的知识产权规则体系。除此以外，还可以在其他国际组织和多边框架下参与推动知识产权专门议题的谈判。例如，在世卫组织框架下，推动知识产权与公共健康权保护议题讨论；在联合国粮农组织框架下，推动知识产权与粮食安全议题讨论；在联合国贸发会议框架下，推动知识产权与发展议题讨论等。

（二）商签更多包含知识产权条款的经贸协定，构建中国特色知识产权规则范式

在坚持知识产权保护多边体制的同时，我国也应顺应当前规则发展趋势，积极商签包含知识产权条款的自贸协定、双边投资协定等更多高水平经贸协定，同时在已签署经贸协定中加入或升级知识产权条款，逐步构建形成具有中国特色的知识产权规则范式。在谈判知识产权相关规则条款过程中，应全面评估规则实施的成本收益，灵活运用倡导性条款和约束性条款、过渡期条款和例外条款等，努力实现知识产权保护与公共利益之间的平衡，避免出现激进式扩张，形成适度平衡的知识产权规则体系。结合我国发展需求、发展阶段，以及在非物质文化遗产、地理标志与乡村振兴等领域的成功实践和优势资源，主动在公共健康、遗产资源、传统知识、民间艺术、生物多样性等领域开展规则设计和国际协调，形成稳定的知识产权规则范式，提升规则输出能力。

（三）深化与“一带一路”共建国家的知识产权合作，推动取得更多标志性成果

“一带一路”倡议作为中国发起的一项全球公共产品，为中国影响国际知识产权规则重构提供了实践平台。在我国与 WIPO 签订的《加强“一带一路”知识产权合作协议》、加强知识产权合作的《共同倡议》和《联合声明》、与共建国家和地区签署的谅解备忘录等合作文件推动下，我国与“一带一路”共建国家的知识产权合作已取得初步成效。针对“一带一路”沿线差异巨大的知识产权保护水平和规则框架，我国一方面可以制定针对性合作方案，开展差异化合作，例如，与相关国家开展 PCT 合作申请、开展跨境执法合作、建设争端解决机制等；另一方面在充分考虑大多数国家诉求的基础上，结合我国规则范式推动“一带一路”沿线规则趋同，充分发挥我国在其中的引领作用，进而推动形成更广泛领域的多边共识，为国际知识产权规则重构贡献中国力量。

（四）充分发挥自贸试验区等试点平台作用，先行先试 CPTPP 知识产权规则条款

尽管 CPTPP 暂时冻结了原 TPP 文本中的 11 项知识产权条款内容，但其仍是当前全球已生效协定中知识产权保护规则的最高标准。我国已正式申请加入 CPTPP，对其知识产权规则开展先行先试和压力测试，这是我国实现加入 CPTPP 目标的必由之路。自由贸易试验区（港）、服务业扩大开放综合试点（示范区）等高能级开放平台是先行先试高标准知识产权规则的最佳载体。上海自贸试验区已在全国率先出台了《全面对接国际高标准经贸规则推进中国（上海）自由贸易试验区高水平制度型开放总体方案》，在强化商标与地理标志保护、完善专利保护制度包括农用化学品未披露实验数据保护、加强行政监管与司法保护等方面开展先行先试。应继续支持这些试点平台结合各自特色优势开展对接知识产权规则的差异化探索。

（五）持续修订实施知识产权相关法律法规，完善国内知识产权保护的顶层设计

整体来看，我国国内知识产权保护水平实际上高于我国在国际协定中的承诺水平，即一定程度上表现出“内紧外松”现象。因此，我国国内相关法律法规对知识产权的规制保护与国际高标准的差距并不大。应结合我国基本国情，充分借鉴并吸收先进国家的知识产权保护经验和相关国际公约、经贸协定的规则条款，进一步完善国内知识产权保护的顶层设计。统筹推进与知识产权有关的《中华人民共和国民法典》《中华人民共和国专利法》《中华人民共和国商标法》《中华人民共和国著作权法》《中华人民共和国反垄断法》《中华人民共和国反不正当竞争法》等法律法规的修订工作，逐步消除各项法律法规之间存在的冲突，实现知识产权法律体系的协调统一。加快研究推动地理标志、商业秘密等领域的专门立法，研究制定传统文化、民间艺术等传统领域以及人工智能、基因技术等新兴领域知识产权保护办法。

（六）深入实施知识产权强国战略，形成与知识产权保护水平相匹配的创新实力

一国知识产权保护水平的高低归根结底要与其知识产权创造能力和竞争实力相匹配。根据 WIPO 发布的《世界知识产权指标 2024》，2023 年我国在各类知识产权申请量上均居全球前列，通过 PCT 提交的国际专利申请量连续 6 年位居全球首位，已成为名副其实的新兴知识产权大国。在此基础上，我国应深入推进知识产权强国战略，强化知识产权规则对创新要素的优化配置作用，促进知识产权与关键核心技术的攻关联动，加强科技创新项目全周期的知识产权管理与服务，不断提升知识产权创造质量，强化知识产权综合运用。同时，持续推进知识产权保护规范化市场建设，进一步加大对知识产权侵权行为的规制力度，建设形成各个环节衔接联动的知识产权保护制度。

参考文献：

[1] 何华．知识产权全球治理体系的功能危机与变革创新——基于知识产权国际规则体系的考察 [J]. 政法论坛，2020（3）：66–79.

[2] 张明．知识产权全球治理与中国实践：困境、机遇与实现路径 [J]. 江西社会科学，2020（3）：195–202.

[3] 季连帅．中国深度参与知识产权全球治理的现实困境与实践进路 [J]. 江汉论坛，2021（12）：110–114.

[4] 郭琦．“逆全球化”趋势下中国参与知识产权国际治理 [J]. 西南民族大学学报（人文社会科学版），2023（2）：100–108.

[5] 吕炳斌．知识产权国际博弈与中国话语的价值取向 [J]. 法学研究，2022（1）：153–170.

[6] 邵科．全球知识产权治理博弈的深层话语构造：中国范式和中国路径 [J]. 法学研究，2021（6）：149–169.

[7] 徐元．我国参与国际知识产权秩序构建的角色定位与立场选择 [J]. 太平洋学报，2019（1）：36–49.

[8] 董涛．知识产权数据治理研究 [J]. 管理世界，2022（4）：109–125.

[9] 单晓光．数据知识产权中国方案的选择 [J]. 人民论坛·学术前沿，2023（6）：38–47.

[10] 张小勇．知识产权视野中的遗传资源国际立法：进程、草案解析及我国的因应 [J]. 知识产权，2023（10）：71–97.

[11] 马忠法，王悦玥．论经贸条约中知识产权透明度规则的扩张及中国应对 [J]. 知识产权，2022（12）：66–86.

[12] 王崇敏，王然．知识产权惩罚性赔偿中“情节严重”的认定——基于动态体系论的研究 [J]. 法学论坛，2022（2）：143–151.

[13] 夏玮．CPTPP 知识产权过渡期：文本解读、动因分析及中国应对 [J]. 世界经济研究，2022（12）：45–56+133.

[14] 马忠法，王悦玥．RCEP 与 CPTPP 鼓励性知识产权条款与中国因应 [J]. 云南社会科学，2022（4）：142–153.

[15] 王黎萤，张迪，王雁，等 . 区域自贸协定新规则“升级”还是“规锁”？——浅析知识产权国际规则 [J]. 科学学与科学技术管理，2019（8）：98-108.

[16] 马忠法，谢迪扬 . RCEP 知识产权条款的定位、特点及中国应对 [J]. 学海，2021（4）：181-191.

[17] 马一德，黄运康 . RCEP 知识产权规则的多维度解读及中国应对 [J]. 广西社会科学，2022（4）：69-76.

[18] 古祖雪 . RCEP 知识产权章节与 TRIPS 协定的关系：基于条约法的分析 [J]. 湖南师范大学社会科学学报，2022（4）：63-71.

[19] 褚童 . 巨型自由贸易协定框架下国际知识产权规则分析及中国应对方案 [J]. 国际经贸探索，2019（9）：80-95.

[20] 刘彬，余相山 . 中国自由贸易协定知识产权执行条款研究——兼评中国加入 CPTPP 的相关挑战 [J]. 国际法学刊，2022（1）：68-97+156-157.

[21] 张惠彬，王怀宾 . 高标准自由贸易协定知识产权新规则与中国因应 [J]. 国际关系研究，2022（2）：84-108+157-158.

[22] 韩剑，王星媛 . 中国参与知识产权全球治理的策略选择 [J]. 开放导报，2022（5）：56-63.

[23] 沈浩蓝 . 从 TRIPS 到 RCEP：加入 WTO 以来中国参与和完善知识产权国际规则研究 [J]. 广西社会科学，2022（7）：79-87.

[24] 徐慧，朱志妍，孟雪凝 . 我国知识产权对接 CPTPP 规则差距比较及改革举措研究 [J]. 全球化，2023（3）：58-69+134-135.

[25] 程翔，鲍新中 . 新时代我国知识产权制度改革的成就、经验与展望 [J]. 经济体制改革，2023（5）：22-30.

[26] 张一婷 . 对接国际高标准知识产权规则的思路与对策 [J]. 开放导报，2023（6）：84-90.

以完善互通机制为重点纵深推进三亚经济圈一体化
——关于三亚经济圈一体化存在的问题及对策建议

潘灵　符茂正　张小莹　夏锋　杨东琛　刘婕娜　李俊

摘要：党的二十届三中全会提出，“完善区域一体化发展机制，构建跨行政区合作发展新机制。”推进区域一体化发展，在推动海南自由贸易港建设和实现高质量发展方面具有重要地位。三亚经济圈是海南省“三极一带一区”[①]协调发展新格局的重要组成部分，近年来围绕区域共建，通过实现统一规划、制度共建、谋划跨域项目等措施，一体化水平显著提高。然而，三亚经济圈依然存在体量小、核心弱、带动作用不强的突出矛盾；从结构来看，区域发展不平衡，一强四弱的虹吸效应明显；从一体化纵深来看，交通设施互联互通水平低、公共服务差异大等问题有待解决。本文着眼海南自贸港建设背景下三亚经济圈一体化体制机制建设，在系统梳理三亚经济圈历史沿革与发展现状的基础上，通过实地调研与访谈，借鉴国内外先进经验，建议按照先易后难、由浅入深、分步骤分阶段的发展思路，把交通互联互通、旅游业协同发展等共同利益面大的问题作为短期破解的重点；以营商环境共建为突破，把统一政策和体制机制作为长期建设目标，实现三亚经济圈更高水平一体化共建。

党的二十大报告将促进区域协调发展作为“加快构建新发展格局，着力推动高质量发展”的重要内容。党的二十届三中全会进一步强调，“完善区域一体化发展机制，构建跨行政区合作发展新机制。”三亚经济圈区域一体化建设与海南自由贸易港建设息息相关，从自贸港建设全局来看，推动区域一体化，不仅能够有效打破壁垒，降低制度性交易成本，促进要素自由便利流动，形成跨区域联合发展的空间效应，对实现封关后“岛内要素流动自由”具有重要推动作用。三亚经济圈一体化与海南全岛同城化之间是局部与整体的关系，从跨市县的局部区域一体化逐渐过渡到海南全岛的同城化，是落实海南省“三极一带一区”[②]协调发展新格局，加速海南自由贸易港建设的关键突破点。

一、主要进展

近年来，三亚经济圈围绕打造海南自贸港科创高地与国际旅游胜地，加快“强心、壮圈、带群、协域”，推动规划共绘、设施共联、市场共构、产业共兴、品牌共推、环境共建、空间共享，重点规划方案、重点工程项目、重点制度创新、重点合作交流取得新进展，为实现“全省一盘棋、全岛同城化”做出重大突破。

（一）以重点领域为突破逐步完善一体化体制机制。三亚经济圈逐步强化制度引领，在产业发展方面，编制完成《三亚经济圈建设国际旅游胜地规划》《三亚经济圈打造自由贸易港科创高地规划》《三亚经济圈发展要素保障专项规划》等6个规划文件，力促三亚经济圈实现“一张蓝图管全域”。农业协作方面，完成《“三亚经济圈”涉农一体化发展规划（2022—2035年）》；交通方面，完成《大三亚旅游观光空铁项目一期可行性研究报告》编制。此外，相关部门正推进《三亚经济圈空间协同规划》编制工作。

（二）以重大项目落地为抓手推进跨区域产业协作。为实现产业发展跨市县合作的“飞地模式”建设取得新进展，目前共谋划三亚经济圈跨市县19个项目，总投资约916.54亿元。其中落地项目共10个，总投资约221.48亿元；储备阶段项目共4个，总投资约74.36亿元；策划阶段项目共5个，总投资约620.7亿元。其中，三亚羊林抽水蓄能电站、三亚东天然气发电等能源项目前期工作加快推进，三亚西天然气发电工程项目稳步建设。G98环岛高速公路三亚崖州湾科技城段改建项目、利用海南西环高铁和货线三亚至乐东（岭头）段开行公交化旅游化列车改造工程等交通项目有序推进。

① 本文系海南省文旅融合产品设计和产业发展研究基地研究成果。

② “三极一带一区”，指2022年4月海南省第八次党代会提出的区域协调发展战略布局，包括海口经济圈、三亚经济圈、儋洋经济圈、滨海城市带、中部生态保育区。

（三）以跨县市旅游协作为重点推动经济圈旅游品牌建设。2023 年，三亚经济圈旅游收入占全省的 58.04%。通过平台保障、联合营销、跨区域产品开发等措施实现旅游产业协作突破，跨域旅游持续升温。推出的联合话题营销活动，利用新媒体矩阵已实现经济圈旅游产品及活动推广 200 余次。三亚南山非遗节、保亭与五指山共同参与的嬉水节等活动广受欢迎，“三亚水上运动 + 保亭雨林穿越”“三亚观看红色演出 + 陵水体验疍家文化”等新玩法受追捧。

（四）以政务服务同城共享为纽带推动区域营商环境协同优化。一是推进便民社保卡应用同城共享。在经济圈内积极推行以社保卡为载体的区域居民“一卡通”，交通出行、旅游观光、文化体验、酒店入住、校园应用、就医购药、图书借阅等领域一卡通应用已完成。二是全面推进涉税服务同城化联办。目前“三连 A”纳税人常见业务全部“承诺办”已在经济圈内全面实现，便捷办税同标同质深入推进，共 614 项涉税服务事项完全实现“跨域联办”，占税务服务事项总数的一半以上。三是推动政务服务协同创新。针对商标注册领域受理窗口少，市场主体“两头跑”的堵点问题，三亚、陵水、乐东、保亭四地联合签署《商标受理业务合作备忘录》，实行商标业务受理前置服务，通过“数据跑路”的方式，实现商标业务申请异地受理。

二、主要问题

三亚经济圈建设取得一定成效，但设施联通、产业同质化发展、要素流动不畅、公共服务区域差距以及体制机制性等问题仍十分突出。核心症结集中在一个“通”字上，包括硬件和软件两个方面。

（一）整体实力不强与区域发展失衡的矛盾。三亚经济圈整体实力不强，核心城市辐射带动能力薄弱，经济增长不明显；区域发展不平衡不协调问题突出，区域行政壁垒制约区域统一大市场的形成。

一是三亚经济圈整体实力不强。2023 年，三亚经济圈的 GDP 为 1555.54 亿元，仅占全省 20.60%，海口经济圈 GDP 总量 3477.02，占全省 46.05%。与一体化程度较高的区域相比，差距更大。例如，2023 年厦漳泉经济圈 GDP 总量 25967.25 亿元，在福建省所占份额达到 47.77%；长株潭城市群 20741.72 亿元，占湖南省 GDP 总量的 41.47%；胶东经济圈 39433.21 亿元，占山东省 GDP 总量的 42.83%①。

图 1　2023 年我国部分经济圈 GDP

二是三亚处于“弱中心”地位尚未改变。三亚市作为三亚经济圈的核心城市，体量不够大、辐射带动力不够强。三亚 2023 年的 GDP 仅为 971.34 亿元，与海口（2358.44 亿元）、泉州（12172.33 亿元）、青岛（15760.34 亿元）和长沙（14331.98 亿元）等一体化程度较高的区域核心城市相比存在较大差距，难以发挥经济极核的带动作用。生产总值不足千亿，使得三亚处于“弱中心”的尴尬地位，产业核心竞争力弱、凝聚力和经济辐射带动能力不强，经济集聚效应远未得到发挥。

① 本文数据均来源于各地 2023 年国民经济和社会发展统计公报。

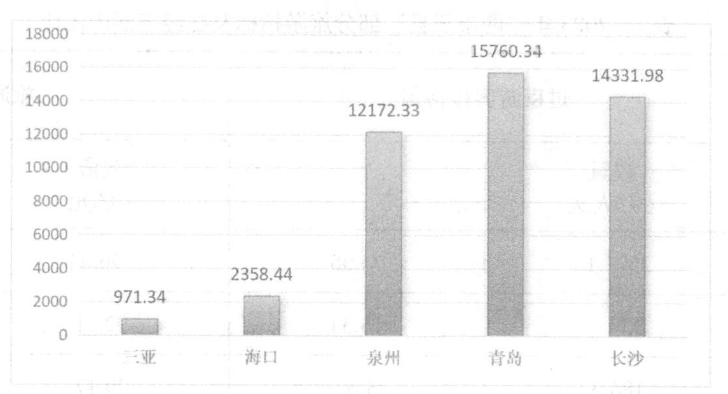

（单位：亿元）

图 2　2023 年我国部分经济圈核心城市 GDP

三是区域发展不平衡不协调问题凸显。2023 年，三亚、陵水、乐东、保亭、五指山的生产总值占三亚经济圈生产总值的比重分别为 62.44%、16.31%、13.7%、4.9%、2.65%。另外，经济圈人口总量少和分布不均衡制约经济圈经济社会发展。“两市三县”常住人口总计 214.56 万人。经济圈内各地区的经济发展差距明显不平衡不协调，缺乏区域发展协调机制，各地区的产业布局主要依赖于自己，统筹程度不高，差异化特征不明显，尚未形成互补的发展格局。

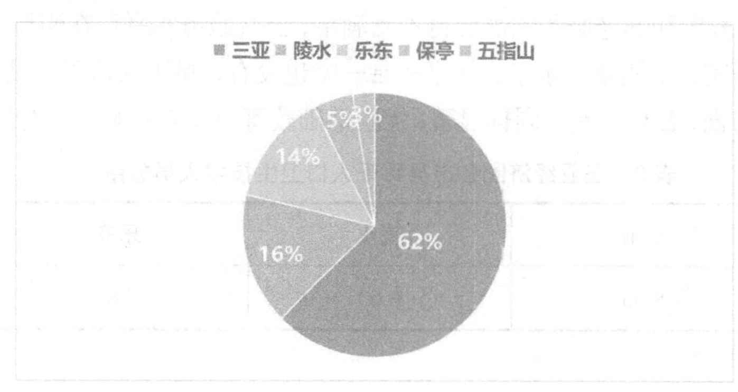

图 3　2023 年“两市三县”GDP 在经济圈内占比

（二）一体化互通需求与交通设施建设水平较低的矛盾。三亚经济圈至今未形成覆盖整个区域的综合交通体系。一是一小时通达率低。目前整体可达性指标为 26.83%，即只有 26.83% 的区域可以在 1 小时内到达三亚经济圈内的其他区域，增加了经济活动的时间成本。二是跨市县的公共交通不便利。尚未开通“大三亚”环线城际轨道交通，而环岛高铁难以全面辐射。经济圈内大部分地区公交系统耗时长、班次少、覆盖率低，尤其是北部山区及一些城镇。例如，从三亚市区乘坐公共交通去往保亭或乐东县城，单程通勤普遍超过两小时。乘坐公共交通到达尖峰岭景区或五指山景区，单程通勤至少 3 小时，制约了“一程多站”旅游线路和资源的开发。三是高速联络线和县乡道的建设滞后。三亚经济圈的高速公路干线建设已经基本完备，但是联络线和县乡道等次要道路的建设与升级改造仍较为滞后，导致节假日和高峰期交通拥堵严重。

（三）产业发展同质化导致圈内市县“吃不下”和“吃不饱”的矛盾。圈内各市县的产业发展面临同质化挑战，三亚市长期占据旅游业的主导地位，旅游收入在整个经济圈中的占比多年在 80% 以上，其他市县的旅游产业大多以海洋、热带雨林、黎苗文化、度假酒店等为特色，缺乏与三亚市形成互补的特色旅游产业。例如，三亚提出建设天涯温泉旅游小镇，而陵水和保亭则提出建设高峰温泉旅游度假区和雨林温泉度假酒店。2023 年三亚接待游客量为 2571.18 万人次，分别是陵水的 7.2 倍、乐东的 13.8 倍、保亭的 23.3 倍、五指山的 26.1 倍。旅游业发展“一强四弱”的虹吸现象较为明显。

表 1　2023 年"两市三县"部分旅游指标及在经济圈内占比

指标＼地区	过夜游客接待量		旅游总收入	
	数量/万人次	占比 %	数量/亿元	占比 %
三亚	2571.18	73.38	896.64	85.21
陵水	537.46	15.34	92.21	8.76
乐东	186.32	5.32	29.17	2.77
保亭	110.47	3.15	19.43	1.85
五指山	98.5	2.81	14.76	1.40
经济圈总计	3503.93	100	1052.21	100

（四）一体化民生需求与公共服务均等化程度低的矛盾。高质量一体化的公共服务才能有效吸引和引导资金、资源、劳动力的配置，促进城市群经济的一体化发展。当前三亚经济圈优质民生服务供给总体不足，对高质量一体化的医疗、教育和养老服务的需要得不到满足，公共服务水平存在明显差距。在医疗卫生方面，三亚拥有 3 家三级甲等医院，而陵水、乐东、保亭三县一家也没有，每千人口卫生技术人员数量差异较大。在基础教育和养老服务方面，各县市差别同样显著，优质基础教育与养老资源不平衡的情况未得到根本改变。

表 2　三亚经济圈各市县每千人口卫生技术人员数量①

市县	三亚	陵水	乐东	保亭
数量（人）	8.05	6.60	5.62	6.66

三、对策建议

推进三亚经济圈一体化是一项长期复杂的系统工程，要按照先易后难、短期和中长期相结的思路推进。把交通互联互通、旅游业协同发展等共同利益面大的问题作为短期破解的重点，从统一规划、统一产业等逐步到统一政策和体制机制。

（一）以交通网络建设为切入点实现设施共联。完善交通服务配套设施布局与建设，加快实现各市县内部的交通运输有效衔接。一是有序推进公交化旅游化列车改造工程等项目，积极推动 G98 环岛高速公路大三亚段扩容工程等。二是加快完善城际公交线路。加快推动三亚至乐东铁路改造工程、三亚至陵水段城际铁路建设，加快构建安全便捷、畅通高效、功能完善的区域交通路网。三是启动三亚经济圈城际轨道交通建设。启动三亚经济圈城际轨道交通建设，利用既有铁路富余能力开行市域公交化列车，提升城际快速连通水平和联系强度。四是积极争取国家、省级资金支持，加大对交通基础设施的投资力度，加快海棠湾高铁建设工作进度，尽快推动形成三亚经济圈高铁客站群。

（二）以旅游合作为龙头实现产业共兴。旅游业产业基础好，最有条件率先突破。一是合力打造区域性旅游品牌。打造世界一流地标 IP，加大多层次、差异化的观光型、度假型、娱乐型、商务型旅游产品供给力度。整合资源联合打造区域旅游精品线路和"一程多站"旅游线路，形成"到三亚浪一浪，到乐东跳一跳，到保亭泡一泡，到五指山漂一漂"的旅游特色产品集群。二是加快农产品领域公共品牌建设。成立三亚经济圈农产品区域公共品牌联盟，抓住区域品牌特点，加大品牌营销，实现三亚经济圈农产品区域公共品牌统一管理、统一包装、统一宣传、统一保护。既要利用保护好现有的南繁、北纬 18 度等公共农产品品牌，又要开发潜在新品牌。三是差异化发展健康产业。三亚重点依托海棠湾，重点打造滨海康养休闲带、

① 缺少五指山市数据。

森林健康疗养组团及中医药健康服务贸易组团。乐东县重点发展中药健康产品、健康养老等产业。陵水县重点发展健康服务、海洋健康产品等产业。保亭县重点发展康复疗养、慢性病治疗等产业。五指山重点打造温泉康疗养生组团。

（三）以医疗教育为重点实现区域基本公共服务一体化。大力提高公共服务一体化程度，实行积极的户口迁移政策，推进经济圈户籍制度一体化；推动区域内市政设施共用、民生资源共享，在基础教育、医疗卫生、公共交通、生活保障、住房保障等方面，逐步实现基本公共服务待遇互相承认、制度统一。探索组建经济圈教育集团，优化布局区域内文化馆、图书馆、科技馆、体育场馆等文体设施。深化区域医疗合作，加快推进国家区域医疗中心和妇儿健康、中医创新专科联盟建设，充分发挥三亚医疗资源的辐射带动作用，推进区域医疗服务一体化。

（四）以异地证照互认为突破口实现营商环境共建。围绕政务服务同城化联办、信用市场一体化共建、监管执法跨区域共治激发市场主体活力。一是探索实施行政许可圈域互认制度。围绕经济圈内产业发展方向和企业投资中的高频应用场景，紧贴企业办事普遍需求，着力破解异地行政审批难以互通互认、行政许可事项重复办理、市场主体办证耗时耗力等难点堵点问题，积极推进行政许可区域认可制度改革，降低企业制度性交易成本，激发市场主体来经济圈投资意愿。二是建立跨区域协同监管机制。深化“双随机、一公开”监管协作联动，加强对食品、旅游等重点领域的监管，实现监管数据的共享互认；创新监管模式，共同探索对新产业、新业态、新模式实行包容审慎监管。三是强化区域综合执法协作。建立信息快速交换、案件线索移送、执法协作联动、执法结果互认等工作机制；加强联合办案、关联案件协查、委托调查取证，统一处罚裁量基准，共同开展执法行动。

参考文献：

[1] 中共海南省委办公厅 . 中共海南省委关于贯彻落实党的二十届三中全会精神奋力争当新时代改革开放示范的实施意见 [N]. 海南日报，2024-09-05（A1）.

[2] 海南省“十四五”建设国际旅游消费中心规划 [R]. 海南省人民政府，2021-10-26.

[3] 推动区域文化和旅游协同联动发展助力长三角一体化进程 [J]. 宏观经济管理，2021（12）：24-27+29.

[4] 郑旗 . 长株潭城市群旅游协同发展研究 [J]. 湖南社会科学，2013（3）：148-151.

[5] 胡艺歆 .“大三亚”旅游经济圈一体化发展的现状、问题与对策 [J]. 商业 2.0，2023（5）：92-94.

[6] 郭振东 . 锦州样本：区域经济一体化如何激活地方经济 [J]. 中国商人，2024（9）：42-43.

[7] 周庚，金生斌 . 大三亚经济圈环岛高速公路扩容方案研究 [J]. 公路，2022，67（2）：371-375.

海南国际旅游消费中心建设的产业影响因素①

袁国宏②

摘要：旅客周转量、星级饭店数量这两个因素与旅游总收入在 0.01 水平上显著相关。高等院校在校生人数、基础设施投资额、国际旅游收入增长率这三个因素与旅游总收入在 0.05 水平上显著相关。旅行社数量、省部级以上科技成果、城镇人口结构化、国家 A 级以上景区数量、旅游经济增长率、第三产业生产增加值增长率、第三产业全社会固定资产投资增长率等七个因素与旅游总收入的相关性不显著。为进一步加快海南旅游产业的转型升级，建议如下：推进政府机构改革与职能转变，切实优化营商环境；优化产业结构，提升技术水平；构建开放引才机制，创新人才培养体系；明确发展方向，制定完善政策；引进与培养并举，增大总部经济基数。

关键词：国际旅游消费中心；产业支撑；海南省；影响因素；相关分析

2018 年 4 月 11 日《中共中央、国务院关于支持海南全面深化改革开放的指导意见》（以下简称中央 12 号文件）中指出：要打造国际旅游消费中心，同时要求海南担起全面深化改革开放试验区、国家生态文明试验区、国家重大战略服务保障区的重任。“三区一中心”的关键是国际旅游消费中心，这个定位预示着海南承接国家产业发展战略的导向。打造海南国际旅游消费中心是一个国家的战略思维，是从国家层面考虑做出的发展策略[1]。肖远平和龚翔探讨了“互联网 +”视域下贵州旅游产业智慧化发展策略[2]。苏日娜提出，通过资源融合、市场融合、技术融合、功能融合及企业融合的五项对策，加快佛山旅游产业向高层次转型升级[3]。王欣提出，江苏乡村旅游转型升级应重点从区域差异化定位、完善产品体系、进行产业融合、创新发展模式等方面入手[4]。陈松和惠青研究了全域旅游视角下海南省旅游产业影响因素，构建了产业因素、社会因素、旅游产业绩效的概念模型[5]。李柏文从旅游产业体系内容的现代化、旅游产业结构的优化、旅游增长要素的现代化与协同化、旅游产业链跨界化与国际化布局、防止旅游产业虚拟化陷阱五个方面论述了现代旅游产业体系的建设[6]。石清华认为，旅游产业转型升级的模式可分为政府主导型、合作主导型、市场主导型和无主导型四种模式；在目前的经济新常态下，较为适合采用合作主导型模式来驱动我国的产业转型升级[7]。

一、海南旅游产业影响因素分析

（一）内部影响因素

旅游业的转型升级是指改变旅游业的发展方式、发展模式和发展形态，实现旅游业发展由粗放型向集约化转变，从注重规模扩张到扩大规模和提升效益并重转变，从注重经济功能到发挥综合功能转变，提高旅游产业素质，提高旅游发展质量和效率，提升旅游市场竞争力。因此，影响海南旅游产业转型升级的内在因素可以归纳为旅游资源和设施、产业规模和人力资源三个方面[8]。

（二）外部影响因素

根据宏观环境战略分析（Politics-Economy-Society-Technology，PEST）模型，海南旅游业的转型升级将受到四个方面，即制度政策、经济环境、社会环境和技术创新的影响。考虑到旅游业的发展与当地的区位条件和基础设施条件密切相关，影响海南旅游业转型升级的外部因素可概括为政治环境、经济环境、

① 袁国宏（1970—），男，湖北蕲春人，海南大学教授，博士，博士生导师，研究方向：旅游可持续发展管理。

② 基金项目：海南大学教材建设奖（研究生）培育项目（HDYJC2024002）。

社会文化环境、技术环境、区位条件和基础设施条件六个方面。

二、变量选取与数据来源

根据对上述影响因素的理论分析，同时，鉴于我国目前的旅游统计制度、指标体系和统计数据尚不完善，某些影响因素只能用代理变量替换。

内部影响因素的指标分别为：①旅游资源和设施。主要体现在国家A级以上景区数量、星级饭店数量和旅行社数量上。②旅游产业规模。旅游经济收入是了解和分析旅游经济状况的重要手段和基础，旅游经济的稳定增长反映了产业规模的不断扩大和旅游创收能力的不断增强，而国际旅游收入反映了一个国家和地区的国际旅游规模和水平。③旅游人力资源。人才是旅游业生存和发展的第一资源。高等院校在校生人数是受过高等教育、受过“专业知识与技能训练”人才职业水准的反映，也是旅游业发展的潜在动力。

外部影响因素的指标分别为：①政治环境。全社会固定资产投资增长率反映了政府对产业发展的政策支持力度，而旅游业是产业的重要组成部分，具有明显的经济带动作用。②经济环境。选择第三产业生产增加值增长率来分析经济发展水平对旅游业转型升级的影响。③社会文化环境。选择城镇人口结构化（即城镇人口占总人口的比例）作为分析因素之一。④科技环境。选择科技成果登记数作为影响旅游业转型升级的重要因素。⑤区位条件。客源地与目的地之间的相对位置和交通条件对旅游需求的产生具有重要影响；选择旅客周转率作为区位条件影响海南旅游业转型升级的重要因素。⑥基础设施。旅游业的生存和发展离不开基础设施，包括公共生活服务设施和市政公用工程设施；选择全社会新增固定资产作为反映基础设施对海南旅游业转型升级的影响因素。

海南旅游产业转型升级影响因素的指标体系如表1所示，指标体系中的所有数据（见表2）来自2005年至2018年的《海南统计年鉴》《海南省国民经济和社会发展统计公报》《中国旅游统计年鉴》，以及海南省旅游发展委员会网站公布的数据。

表1　海南旅游产业转型升级影响因素的指标体系

层次	要素	评价指标	指标符号
内部因素	旅游资源与设施	国家A级以上景区数量（个）	X1
		星级饭店数量（个）	X2
		旅行社数量（个）	X3
	旅游产业规模	旅游经济增长率（%）	X4
		国际旅游收入（亿美元）	X5
	旅游人力资源	高等院校在校生人数（万）	X6
外部因素	政治环境	全社会固定资产投资增长率（%）	X7
	经济环境	第三产业生产增加值增长率（%）	X8
	社会文化环境	城镇人口结构化（%）	X9
	科技环境	科技成果登记数（项）	X10
	区位条件	旅客周转量（亿人公里）	X11
	基础设施	全社会新增固定资产（亿）	X12

表 2 2005—2018 年海南旅游产业转型升级影响因素的统计值

指标＼年份	2005	2010	2011	2012	2013	2014	2015	2016	2017	2018
旅游总收入（亿元）X0	125.05	257.63	324.04	379.12	428.56	506.53	572.47	672.10	811.99	950.16
国家 A 级以上景区数量（个）X1	32	57	—	68	80	82	62	52	54	55
星级饭店数量（个）X2	364	464	172	674	722	868	841	876	946	—
旅行社数量（个）X3	158	321	325	369	373	393	389	365	352	—
旅游经济增长率（%）X4	—	—	25.78	17.00	13.04	18.19	13.02	17.40	20.81	17.02
国际旅游收入（亿美元）X5	1.28	3.22	—	3.48	3.31	2.66	2.48	3.50	6.81	—
高等院校在校生人数（万）X6	6.99	15.08	15.67	16.83	17.21	18.06	18.29	18.49	18.55	—
全社会固定资产投资增长率（%）X7	—	—	21.0	33.1	27.0	11.5	10.4	11.7	10.1	—
第三产业生产增加值增长率（%）X8	—	—	21.9	17.8	15.4	10.4	8.9	11.2	13.8	—
城镇人口结构化（%）X9	38.31	38.35	—	37.95	37.83	37.66	37.09	38.62	38.93	—
科技成果登记数（项）X10	—	187	—	186	404	279	215	320	436	—
旅客周转量（亿人公里）X11	215.3	417.4	—	503.7	570.2	566.1	602.1	744.0	837. 6	—
全社会新增固定资产（亿）X12	173.82	531.59	663.24	1239.8	946.65	1351.2	1314.8	1334.2	1068.9	—

三、相关分析

相关分析主要分析系统中“母因素”和“子因素”之间的密切程度，可以得出引起系统发展变化的主要因素和次要因素；与传统的统计方法相比，该方法对样本量多少和样本有无规律均适用。因此，本文研究使用 SPSS 统计软件进行相关分析，分析不同因素对海南旅游业转型升级的影响。

（一）评价分析

根据相应的计算公式，可以获得皮尔逊相关系数的大小，并对每个评价对象进行排序，建立相关序。本文研究比较了海南旅游总收入与各种影响因素之间的相关度计算结果，相关度越大，其评估结果越好。如果某个因素的相关度越大，则该因素与旅游总收入的相关度越高，对海南旅游产业转型升级的影响程度就越大。

（二）结果分析

根据相应的计算公式，分别得出海南旅游产业转型升级的各个影响因素的描述性统计量和相关系数及相关度、相关序的评价结果，分别见表 3、表 4。

表 3 描述性统计量

要素	均值	标准差	年数
旅游总收入（亿元）X0	502.77	254.91	10
国家 A 级以上景区数量（个）X1	60.22	15.29	9
星级饭店数量（个）X2	658.56	267.55	9
旅行社数量（个）X3	338.33	72.11	9

续表

要素	均值	标准差	年数
旅游经济增长率（%）X4	17.78	4.14	8
国际旅游收入（亿美元）X5	3.34	1.58	8
高等院校在校生人数（万）X6	16.13	3.65	9
全社会固定资产投资增长率（%）X7	17.83	9.31	7
第三产业生产增加值增长率（%）X8	14.20	4.57	7
城镇人口结构化（%）X9	38.09	0.58	8
科技成果登记数（项）X10	289.57	101.97	7
旅客周转量（亿人公里）X11	557.05	190.89	8
全社会新增固定资产（亿）X12	958.24	418.17	9

表 4　皮尔逊相关系数及相关序的评价结果

要素	指标	相关度	相关序
旅游资源与设施	X1 国家 A 级以上景区数量（个）	0.112	9
	X2 星级饭店数量（个）	0.831**	2
	X3 旅行社数量（个）	0.659	6
旅游产业规模	X4 旅游经济增长率（%）	−0.124	10
	X5 国际旅游收入增长率（%）	0.745*	5
旅游人力资源	X6 高等院校在校生人数（万）	0.794*	3
政治环境	X7 第三产业全社会固定资产投资增长率（%）	−0.740	12
经济环境	X8 第三产业生产增加值增长率（%）	−0.620	11
社会文化环境	X9 城镇人口结构化（%）	0.187	8
科技环境	X10 省部级以上科技成果（项）	0.655	7
区位条件	X11 旅客周转量（亿人公里）	0.981**	1
基础设施	X12 基础设施投资额（亿）	0.764*	4

* 在 0.05 水平（双侧）上显著相关。** 在 0.01 水平（双侧）上显著相关。

从表 4 可知：第一，旅客周转量、星级饭店数量这两个因素与旅游总收入的相关度最大，在 0.01 水平上显著相关。第二，高等院校在校生人数、全社会新增固定资产、国际旅游收入增长率这三个因素与旅游总收入的相关度比较大，在 0.05 水平上显著相关，说明其对海南旅游产业转型升级有一定的带动作用。第三，旅行社数量、科技成果登记数、城镇人口结构化、国家 A 级以上景区数量、旅游经济增长率、第三产业生产增加值增长率、第三产业全社会固定资产投资增长率等七个因素与海南旅游总收入的相关度小，相关性不显著。出人意料的是，旅行社数量、国家 A 级以上景区数量与旅游总收入的相关性不显著。

四、结论与建议

（1）推进政府机构改革与政府职能转变，切实优化营商环境

该条建议对标“区位条件——旅客周转量”的要素和指标。海南省要注重培育政府治理的精简性、高效性、统一性、灵活性，深化“放管服”和政府行政机构改革，不断提高治理效能和行政管理效率，同时

要增强政府能动性，切实打造“服务型政府”。在监管方面，要创新政府监管模式，完善社会信用体系建设，建立健全过程监管体系，探索构建信用监管制度。切实发挥“互联网 +”、大数据、区块链等现代信息技术作用，实现政务流程再造和政务服务“一网通办”，加强数据有序共享，制定完备便利化的企业审批措施，不断优化行政管理职能与流程。

（2）优化产业结构，提升技术水平

该条建议对标“旅游资源与设施——星级饭店数量”的要素和指标。海南省不仅要继续发挥原有产业基础和资源优势，而且要充分把握政策红利，整合优势，聚焦聚力，利用国际国内两个市场和资金的便利性，结合《总体方案》中实行的两个 15% 税收政策，着力发展高新技术产业、旅游业、现代服务业和热带特色高效农业，实现产业集聚发展。要结合海南实际，超前布局和发展医疗健康、互联网、会展业、总部经济、现代金融、现代物流、教育、评级服务、检测认证、人才资源等现代服务业，加快发展服务型、开放型、生态型经济，把握全球产业发展的新动向，引进信息通信技术（ICT）、云计算、人工智能等高新技术产业。

（3）构建开放引才机制，创新人才培养体系

该条建议对标“旅游人力资源——高等院校在校生人数”的要素和指标。海南需要立足“自身特点与需求”大胆尝试，建立与国际接轨的全球人才招聘制度，实施更加便利化的人员自由流动政策，包括便利工作许可及工作签证政策，针对商务人员临时出入境实施更加宽松的政策，并完善针对符合认定标准的外国高端人才、专业人才等居留制度。要有效推进招才引智用贤工作。同时，要重视国际人才与本土人才的培养工作，健全人才培养和培训体系，构建更加系统完备的国内国际人才培养与服务机制。

（4）明确发展方向，制定完善政策

该条建议对标“基础设施——全社会新增固定资产”的要素和指标。海南应充分利用《总体方案》规定的“对注册在海南自由贸易港并实质性运营的鼓励类产业企业，减按 15% 征收企业所得税”等政策，以及各类投资、金融方面的特殊政策安排。在此基础上，可以提供降低总部设在海南并在中国内地开展业务的企业所得税税率，有针对性地对企业进行适度税收返还，适度减免企业高管的个人所得税，在土地出让金方面给予优惠等政策；在人才方面，符合海南省高层次人才认定条件的高级管理人员和专业人才及其配偶、未成年子女，可享受出入境、居留、落户、医疗、教育、就业等方面的配套服务和优惠政策。

（5）引进与培养并举，扩大总部经济基数

该条建议对标“旅游产业规模——国际旅游收入增长率”的要素和指标。①要引进跨国企业和国内大型企业集团等总部企业落户、聚集和发展；②要鼓励海南现有总部企业做大、做强、做优；③要制定相关扶持措施，推动本地部分极具潜力的优势企业加速成长，发展升级为总部企业，实现海南总部经济规模和质量的整体提升；④要扩大服务业开放，在金融业领域积极引进证券、基金、期货经营机构，以及财产、人身险、再保险等金融机构，加快培育海南银行业，同时加快建设和集聚律师事务所、会计师事务所、咨询服务机构、评估机构等中介服务机构，以便更好地服务海南总部企业[9]。

参考文献：

[1] 赵红．打造海南国际旅游消费中心的三个思考 [J]．今日海南，2018（11）：41−42.

[2] 肖远平，龚翔．“互联网 +”视域下贵州旅游产业智慧化发展研究 [J]．贵州社会科学，2016，317（5）：127−132.

[3] 苏日娜．产业融合视角下佛山旅游产业竞争力提升研究 [J]．中国商论，2016（1）：114−118.

[4] 王欣．江苏乡村旅游发展如何适应“新常态”[J]．江苏商论，2017（10）：58−62.

[5] 陈松，惠青．全域旅游视角下海南省旅游产业影响因素研究 [J]．现代商业，2018（34）：60−62.

[6] 李柏文．新时代旅游产业体系的特征与建设 [J]．旅游学刊，2018，33（10）：7−9.

[7] 石清华．经济新常态下我国产业转型升级的模式分析 [J]．学术交流，2021，323（2）：91−99，192.

[8] 潘冬南．新常态下广西旅游产业转型升级的影响因素研究 [J]．广西大学学报（哲学社会科学版），2017，39（3）：43−49.

[9] 于涛，孙怡．海南自由贸易港建设下的总部经济发展策略 [J]．南海学刊，2020，6（4）：28−36.

以产业政策系统集成推动重点产业高质量发展——三亚市产业政策运行现状与优化研究[①]

张小莹　吕振磊　夏锋　杨东琛　代雅垒　巫彬

摘要：产业结构转型升级是经济高质量发展的必要条件，创新政策是实现产业结构转型升级的重要抓手。三亚作为海南自贸港建设的重要窗口和前沿阵地，在海南自贸港即将封关运作的背景下，"一产不大、二产不强、三产不新"的发展困境未得到根本性扭转。如何系统性优化产业政策，发挥财政资源撬动作用，促进产业发展是一个值得研究的问题。本文在系统梳理三亚市现行产业政策，并对三亚各类市场主体以及产业主管部门进行实地摸底调研的基础上认为现行产业政策存在"碎片化""零散化""部门化"的问题。建议将有限的资源资金由分散使用向统筹使用转变，由无偿使用向阶段扶持，创新产业发展支持方式，推动产业政策向集约化转变，实现集中力量办大事的合力和系统集成效应。

一、重点产业政策梳理情况

以捋清三亚市现行产业政策为目的[②]，将目前享受的市级（含园区）政策编制发布及覆盖情况、自贸港政策落实情况进行梳理，具体如下。

（一）市级（园区）政策出台数量多、覆盖度高。市级及园区产业发展政策是三亚市各类市场主体最直接、最主要的扶持来源。依据《三亚市产业培优工程实施方案》《关于当好转型发展示范的决定》，对照现代产业体系结构图（产业树），设计三亚市各领域产业扶持政策情况调查表进行调查。截至 2023 年 11 月，包括园区政策[③]在内，正在执行、修订、起草，并具有资金、土地等要素保障的产业政策共 59 份，其中全市普惠性政策 4 份；旅游业政策 7 份；现代服务业政策 18 份；高新技术产业政策 11 份；热带特色高效农业政策 11 份；园区普惠性政策 8 份。

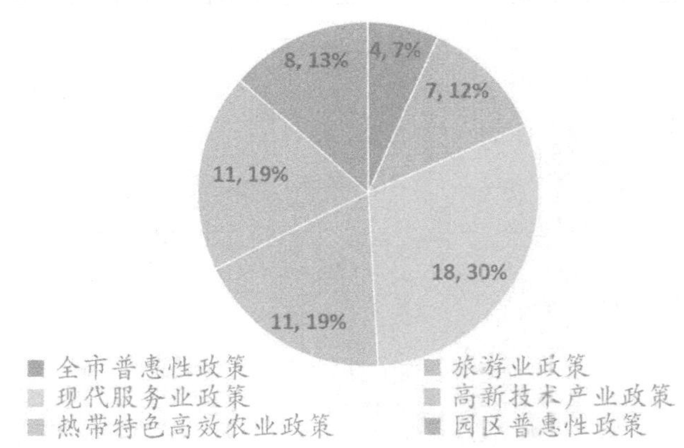

图 1　三亚市市级（含园区）各类产业政策出台情况

28 个产业大类[④]中，现有市级政策覆盖产业大类 20 个，政策总体覆盖度为 71.43%。其中旅游业 5 个大类，

---

① 本文系海南省文旅融合产品设计和产业发展研究基地研究成果。

② 本次梳理时间截至 2023 年 11 月，梳理对象是三亚市所有涉及资金、土地等要素保障的市级产业政策（含园区）与自贸港政策两类，正在实施、正在修订、正在起草三种状态；不包括无明确要素保障的政策、出于防疫需要而制定的短期政策、民生公益类与产业发展无关的政策、已失效或废止的政策等。

③ 园区政策分为普惠性政策与特定产业支持政策两类，特定产业支持政策归类到具体产业里，不涉及具体产业的普惠性园区政策单列。

④ 注：28 个产业大类根据产业树划定的 27 个产业大类以及参考《三亚市产业培优工程实施方案》《关于当好转型发展示范的决定》整理的 1 个产业大类得来。

有政策覆盖的4个，覆盖80%；现代服务业10个大类，有政策覆盖的7个，覆盖70%；高新技术产业9个大类，有政策覆盖的6个，覆盖66.67%；热带特色高效农业4个大类，有政策覆盖的3个，覆盖75%。

表1　三亚市产业大类政策覆盖情况

四大主导产业	产业大类数量	政策覆盖数量	政策覆盖度 %
旅游业	5	4	80
现代服务业	10	7	70
高新技术产业	9	6	66.67
热带特色高效农业	4	3	75
合计	28	20	71.43

（二）自贸港政策总体落实良好，部分推进不足。根据《海南自由贸易港建设总体方案》，梳理出63项重点政策及其匹配的省级225份政策文件，分为财税类（16项）、准入类（30项）、其他类（17项）等三类，与三亚直接有关的30条。经评判，本文将自贸港政策落实情况分为政策红利充分释放、政策实施效果一般、政策实施不理想三类，其中政策红利充分释放指的是实现首单，且应用较广，取得一定经济社会效益的；政策实施效果一般指的是仅实现首单，但缺乏纵深推进的；政策实施效果不尽理想，指的是有政策但还没有应用，未实现首单的。

总体政策落实情况较好。一是政策红利充分释放的17项，占比56.67%。如契税15%、个税15%执行较好，离岛免税持续火爆，2020年至2022年年底，销售金额1253.9亿元，购物人数2469万人次，三亚已成为国内第五大奢侈品购物城市；自用生产设备"零关税"政策，三亚市已有12家企事业单位享受该政策，享受比例为63.16%，高于全省的30.6%等等。二是政策实施效果一般的有7项，占比23.33%。如自建设海南国际设计岛、开展国际互联网数据交互试点政策、中国（海南）国际文物艺术品交易中心等已实现突破。三是政策实施效果不理想的有6项，占比20%。包括原辅料"零关税"、优先支持企业境外上市、支持与境外机构合作开发跨境医疗保险产品、发展场外衍生品业务等还未在三亚落地实施。

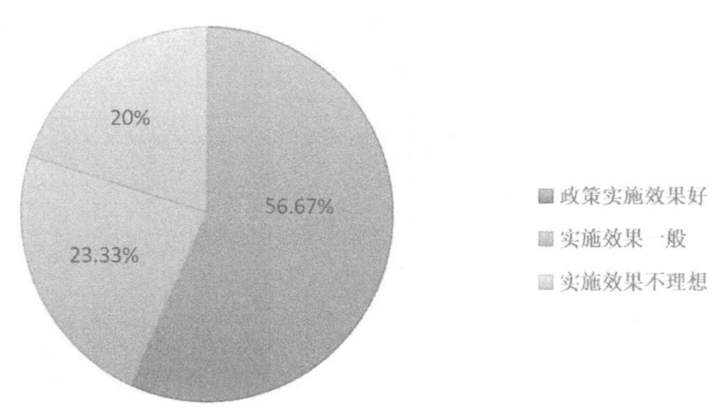

图2　自贸港政策（三亚）实施情况

二、产业政策执行成效

近年来，三亚推进产业培优工程，强化规划引领，绘制产业蓝图。在政策的助力下，产业活力释放，基础持续改善。

（一）产业发展稳中有进。自贸港与产业政策红利下，经济稳中有进态势向好。2023年全市地区生产总值971.34亿元，按不变价计算，同比增长12.0%，占全省地区生产总值的比重达到12.9%。规上工业总产值129.54亿元，同比增长高达64.7%。

（二）旅游胜地建设取得新进展。旅游经济效益不断提升。2023年1月至6月，接待过夜游客1327.4

万人次，同比增长 67.4%。从长周期上看，接待游客量由 2014 年 1430 万人次增加至 2023 年 3270 万人次，实现旅游业的一路长虹。旅游消费稳固，成功举办三亚国际游艇展暨国际酒类展、2023 三亚草莓音乐节、三亚之夜群星演唱会等活动；免税商品和品牌不断丰富，旅游场景加速创新；三亚至香港、首尔、雅加达等国际航线陆续复航、开通；游艇登记总量 1268 艘，位居全国首位。

（三）现代服务业集聚发展迈出新步伐。2024 年上半年，全市规模以上服务业实现营业收入 147.82 亿元，同比增长 5.2%，其中营利性服务业收入 84.99 亿元，同比增长 7.1%。推动现代服务业在中央商务区集聚成势，经济指标连年创新高。在政策引导下，中央商务区以占三亚市规划建设用地 2% 的面积，贡献三亚约 15% 的税收、约 60% 实际利用外资额、约 30% 货贸额与服贸额、约 81.5% 的跨境资金总额、约 84% 的新型离岸贸易总额。

（四）科创高地建设汇聚新动能。2023 年全市规模以上工业总产值 129.54 亿元，同比增长 64.7%，扭转工业产值下降态势。工业补短板效果初显，紫金黄金科技公司入库纳统。现已有 33 家科研机构入驻崖州湾科技城，其中科研院所 19 家，高校分支机构 12 家，科技型民办非企 2 家。国家级实验室 2 家、技术创新中心 1 家、省部级实验室 6 家。搭建崖州湾实验室精准设计育种中心公共科研平台，深海科技创新公共平台接近完工，三亚海洋实验室揭牌，海南量子基地已开工，联合中船集团启动 HJ 实验室基地建设。深海方面，招引国内首台央企自主投资的中大型多功能水下无人航行器工程化产品（猎鲸 1 号）入驻，联合海南省深海技术创新中心共同推动深海技术成果落地转化；生命科学方面，深海化合物资源中心新增生态圈注册企业 47 家。

（五）农业提质增效实现新提升。2023 年农林牧渔业总产值 159.32 亿元，同比增长 4.1%。聚焦“新奇特优”品种，热带水果产量增势良好。海洋渔业加快转型，崖州湾中心渔港水产品交易中心改造工程交付使用，蜈支洲岛海洋牧场基本建成，三亚市渔港经济区入选 2023 年国家级沿海渔港经济区建设试点名单。农旅融合持续深入，新培育 2 条省级以上精品乡村旅游路线，打造 10 个休闲农业旅游点。

三、产业政策存在的主要问题

目前三亚市产业政策存在“碎片化”“零散化”“部门化”等问题，导致政策预期效果发挥不足，“一产不大、二产不强、三产不新”的产业现状尚未得到根本扭转。

（一）产业政策体系不健全，存在“三化”问题。当前三亚产业政策体系不健全，突出表现在“三化”问题，一是政策制定机制“碎片化”。政策制定权在各主管部门，根据自己的发展思路制定和出台政策，造成政策“零星散小”和空白。如旅游餐饮、高端商业、教育产业等 8 个产业大类存在空白；农业服务、商务服务、现代物流等支持政策较少。二是资金分配机制“零散化”。因缺少重点产业扶持目录，各类资金扶持对象多有重复、用途重叠，导致资金分散、管理困难。如会议会展领域存在政策重叠；休闲农业和休闲渔业两类各有一套奖补办法，导致政策扶持的撬动作用发挥不足。三是政策执行体制“部门化”。产业政策执行存在各自为政的问题，片面强调产业政策的“谁主管，谁负责”，造成了“不主管就不负责”，难以形成政策集成效应和部门执行合力。

（二）“扶什么”不明确，重点产业缺“单项冠军”。产业政策缺整体性规划，四大主导产业涵盖细分产业众多，发展顺序、分阶段分类施策不明，政策和资金有“撒胡椒面”情况，整体规划亟待完善。一是缺乏“单项冠军”的细分重点产业和“独角兽”企业，在土地稀缺、资金短缺的情况下，没有做到集中力量办大事。二是个别重点行业缺少有针对性的扶持政策。如海南国际碳排放权交易中心建设等新业态；以杧果、榴梿为代表的热带水果分销系统建设薄弱等企业“急难愁盼”问题，没有相应扶持政策。三是门槛过高。如《三亚崖州湾科技城促进中小微企业发展扶持办法》至今未兑现，原因在于政策设计预期偏高，政策涉及税收兜底，大多企业达不到门槛。

（三）“怎么扶”不科学，市场化撬动作用不明显。一是产业资金安排不精准，资金利用率较低。2021 年全市奖补资金支出完成率 83%，2022 年为 69.8%，例如新能源汽车换电试点城市建设个别政策资金使用率低，造成资金闲置。二是个别产业政策扶持作用弱。现行的产业资金多采用事后扶持方式，对现阶段具有发展潜力的成长型企业扶持较少，政策“锦上添花”有余、“雪中送炭”不足。如新品种作物培育周期一般要两年以上，在此期间难以享受资金和政策支持。三是产业政策扶持路径单一。行政手段、直接补贴运用得多，市场化运作方式运用得少，难以形成市场竞争，资金支出的效果并不显著。如某文化产业发展为电影《阿婆的槟榔》提供 90 万元扶持资金，根据猫眼平台统计，该电影的总票房仅为 3.5 万元。

（四）执行过程障碍多，部分政策落地“最后一公里”问题突出。部分政策属于省市着力推广，但是政策落地问题较多。一方面，由于产业形态少，缺少政策应用场景，导致个别政策“悬空”，自贸港部分政策优势尚未转化为产业优势。如原辅料“零关税”政策尚未实施，交通工具及游艇“零关税”政策不包括需求量大的 9 座以下汽车，大型客货车进口需求小，2022 年全市仅进口“零关税”汽车 22 辆。另一方面，由于缺少实施细则，认定门槛过高，申请程序烦琐，兑现周期过长等，制约了企业及时享受政策。如进口游艇有进口免税等政策，但在企业经营层面，办理所有权证书、适航证书，申请 MMSI 码等方面均有困难。

四、推动产业政策优化建议

以构建现代产业扶持政策体系为目标，以资金集中统筹为纽带，按照“由分散使用向统筹使用转变；由无偿使用向阶段扶持、全程服务并重转变；由引进资本向引进人才、技术、项目并重转变，由事后为主向事前、事中介入并重转变；由直补企业向创造外部环境并重转变”的思路，创新扶持方式，整合扶持政策、资金、项目，形成集中力量办大事的合力和系统集成效应。

（一）构建“五个统一”推进产业政策支持机制改革。将含金量高的政策、有限的资金、稀缺的土地更有效地用在“刀刃”上，充分发挥产业政策效用。一是统一决策。强化市重点产业发展领导小组职能，改变以部门为主体的分散决策和各自为政的管理模式。二是统一协调。建立产业协调机制由市发改委牵头，负责统筹协调全市产业发展、战略研究及相关规划；建立产业政策服务机制由市营商局牵头，负责政策实施过程中的协调和沟通。三是统一发布。由市营商局会同市投资促进局、市直有关部门通过惠企平台统一公布政策文件、申报通知、结果公示等，为企业提供“一站式”服务。四是统一分配。衔接市级政策与省级政策，将市级层面的政策和资金集中投向重点产业，形成精准性、持续性、成长性和聚合力的政策体系。五是统一监管。按照“领导小组把方向、职能部门报项目、专家评审提建议、财政部门下资金、分工联动抓绩效”的方式，提升全市产业政策监管的统一性和协同性。

（二）整合优化推动市级产业政策集约化。一是整合同类政策。整合现有旅游产业发展专项资金、旅游文化体育大型活动扶持奖励、旅游营销奖励、拓展境外航线财政补贴 4 项旅游业政策、体育产业发展奖励、休闲农业奖励，实现捏指成拳。二是填补政策空白。对照产业树，补齐旅游餐饮、高端商业、教育产业等存在空白的 8 个产业大类政策，围绕重点培育的数字经济、黄金珠宝产业等，出台相关政策文件，提供系统性政策支持。三是培育未来产业。发展“陆海空”未来产业，建议加强与国家未来产业顶层设计对接，学习发达省市培育发展未来产业做法，打通“创新策源—应用场景—成果转化”链条。四是修订更新政策。修改部分标准较高难以落地的政策。

（三）探索多渠道扶持方式实现资金分配模式创新。改变常规资金分配方式，由“补”改“投”。一是完善多种形式投入。采取股权投资（基金）、“贷转补”、财政金融产品和事后奖补等多种运作方式，吸引金融和社会资本跟进，发挥财政资金放大效应。二是设立政府股权投资基金。借鉴先进经验，发挥产业投资引导基金在重大项目落地中的关键作用，撬动社会资本参与项目建设。三是建立常态化银政企合作平台。加大对重点产业龙头企业和优势产业集群的信贷支持。四是强化“市级—园区”产业政策衔接。建议园区立足主导产业制定产业政策，整合办公用房、人才等奖励政策。针对高新技术、现代服务业、数字经济等重点领域，强化与省级、市级产业政策衔接，研究出台针对性、具体化政策加速产业落地，引导不同细分领域企业向特色化重点园区集聚，避免同质竞争。

参考文献：

[1] 中共海南省委办公厅．中共海南省委关于贯彻落实党的二十届三中全会精神奋力争当新时代改革开放示范的实施意见 [N]. 海南日报，2024-09-05（A1）.

[2] 邱霞，原磊．我国现代化产业体系的政策演进、建设现状与发展建议 [J]. 价格理论与实践，2024(9)：28-32.

[3] 陈梦根．新质生产力视域下发展未来产业的政策重点 [J]. 贵州省党校学报，2024（5）：43-52.

[4] 刘冰冰，刘爱梅．产业政策与竞争政策的技术创新效应：协调促进还是冲突抑制 [J]. 科技进步与对策，2025（8）：1-10.

[5] 董静媚．新加坡产业政策对海南自贸港建设的借鉴及启示 [J]. 中国经贸导刊，2023（11）：27-28+43.

[6] 孙迎春．国外行政审批制度改革经验及其启示 [J]. 行政管理改革，2015（2）：59-64.

[7] 朱智平．构建地方财政预算评审新格局的思考 [J]. 西部财会，2024（8）：10-12.

自贸港建设背景下海南省数字经济高质量发展水平测度与分析

李荣华　蒋焕文　李晓楠①

摘要：本文以数字基建、数字产业化、产业数字化和数字创新四个维度为依据，构建自贸港建设背景下海南省数字经济高质量发展水平评价指标体系。使用熵值法测度了2013—2020年海南省数字经济高质量发展水平，其结果表明，近年来海南省数字经济发展速度迅速，电信业务量等相关指标对数字经济高质量发展水平的影响较大。最后对海南数字经济发展现状进行了SWOT分析，为自贸港建设背景下海南省数字经济高质量发展提供参考。

关键词：数字经济；高质量发展；熵值法

中图分类号：F49　文献标识码：A

1. 引言

随着人工智能、大数据、云计算等数字技术的广泛使用，数字经济应运而生，其以数据为核心生产要素，以信息技术为手段，在优化产业结构、提高资源配置效率等方面发挥着重要的作用。据中国信息通信研究院发布的《中国数字经济发展白皮书（2024）》显示，2023年我国数字经济规模达53.9万亿元，占GDP的42.76%。2020年6月，中共中央、国务院印发的《海南自由贸易港建设总体方案》中指出，在保证数据流动安全可控的前提下培育和发展数字经济。这为海南省数字经济的发展提供了政策保证，也为数字经济进一步高质量发展带来了新机遇。

关于数字经济的定义，1996年Tapscott在其著作中提到了互联网的发展如何对经济造成影响[1]，但此时关于数字经济尚没有明确的定义。Kim等认为数字经济是一种特殊的经济，所有的商品和服务交易都是数字格式的[2]。任保平等认为数字经济主要由两部分组成，一部分是数字产业化，另一部分是产业数字化[3]。裴长洪等认为数字经济是一种以信息通信技术为核心，对社会经济的各个方面起着重要的促进作用，是一种更高级、可持续的经济形态[4]。李晓华认为数字经济具有四个新特征，是经济新旧动能转换的重要推动力量[5]。关于数字经济高质量发展的研究，耿娟等人采用因子分析和聚类分析对我国31个省、区、市的数字经济进行了研究，发现我国不同地区数字经济高质量发展水平的两极分化较为显著[6]。李勇等人测算了2015—2020年我国30个省份数字经济高质量发展水平，发现不同省份的数字经济高质量发展水平增速不同，呈现出东高西低的特点，具有较强的集聚性[7]。王亚婵分析了海南自由贸易港数字经济发展的优势及问题，从新红利、新规则等不同角度分析了海南自由贸易港数字经济发展的创新路径[8]。李倩等人构建了数字经济与区域创新能力的评价指标体系，测算了海南数字经济与区域创新能力的综合发展水平指数、耦合度和耦合协调度，发现两者的发展水平呈现出上升趋势，且有明显的阶段性[9]。李猛等人辩证分析了海南自由贸易港数字经济创新发展的优势及问题，通过借鉴国际经验，提出了数字经济创新发展的有效建议[10]。张策则从不同角度分析了海南自贸港与东盟国家的数字经济联动发展的机遇、效应与策略，提出海南自贸港与东盟国家数字经济实现联动发展的引导政策[11]。

① 李荣华（1963.8—），籍贯湖南祁阳。管理学博士，正高级工程师，高级经济师。海南科技职业大学财经学院教授。主要研究方向为区域经济、网络经济、自贸港发展、国企改革等。

蒋焕文（1995.3—），男，籍贯湖南东安。理学硕士。湘潭理工学院商学院助教。主要研究方向为经济与金融数据统计分析、数量经济分析。

李晓楠（1999.5—），女，籍贯山东青岛。金融学硕士。海南科技职业大学财经学院助教。主要研究方向为产业经济、政策研究、“一带一路”与粤港澳大湾区研究等。

从文献分析中发现，关于海南省数字经济发展质量的量化研究相对较少。基于此，本文以数字经济发展的质量测度为突破口，构建指标体系对海南近年数字经济发展水平进行测算，并进一步依据海南自贸港建设背景下的发展现状进行分析。

2. 海南省数字经济高质量发展的评价指标体系构建与方法

2.1 海南省数字经济高质量发展的评价指标体系构建

本文主要参考了中国信息通信研究院发布的《中国数字经济发展白皮书（2021 年）》和相关文献 [12-15]，从数字经济高质量发展的含义出发，根据数据的可获得性选取了 4 个一级指标，16 个二级指标，运用熵值法计算出 2013—2020 年海南省数字经济高质量发展水平的综合评价值。

表 1　海南省数字经济高质量发展评价指标体系

一级指标	二级指标	单位	指标属性
数字基建	移动电话普及率	部 / 百人	正向
	光缆线路长度	公里	正向
	互联网宽带接入用户	万户	正向
	域名数	万个	正向
数字产业化	信息传输、软件和信息技术服务业城镇单位就业人员	万人	正向
	电信业务总量	万元	正向
	信息传输、软件和信息技术服务业法人单位数	个	正向
	软件业务收入	万元	正向
产业数字化	快递业务收入	万元	正向
	电子商务销售额	亿元	正向
	有电子商务交易活动的企业数	个	正向
	数字普惠金融指数	—	正向
数字创新	R&D 经费支出	亿元	正向
	专利申请授权数	件	正向
	科技成果登记数	项	正向
	R&D 人员全时当量	人年	正向

2.2 数据来源

海南省数字经济发展评价指标体系中的数据来源于国家统计局、《海南统计年鉴》和北京大学数字金融研究中心发布的《北京大学数字普惠金融指数》，通过对以上资料的整理得到数据。

2.3 方法

熵值法可以有效地处理不确定信息，从客观角度进行权重赋值，并能够反映指标中的有效信息，其主要步骤如下。

第一步，假定有 n 个样本，m 个指标，X_{ij} 表示第 i 个样本，第 j 个指标。进行归一化处理，将指标数值转化为 0—1 的区间数值。

正向化处理：

$$X'_{ij}=\frac{X_{ij}-\text{Min}(X_j)}{\text{Max}(X_j)-\text{Min}(X_j)} \tag{1}$$

逆向化处理：

$$X'_{ij}=\frac{\text{Max}(X_j)-X_{ij}}{\text{Max}(X_j)-\text{Min}(X_j)} \tag{2}$$

其中的 X_{ij} 为原始数值，$\text{Min}(X_j)$ 和 $\text{Max}(X_j)$ 是第 j 个指标对应的最小值与最大值。

第二步，非负化处理，在归一化后的数据可能出现 0，因为在计算信息熵时需要求对数，为了消除对 0 求对数出现极值的情况，因此可以在归一化后的整体数据中加上 0.001 或者更小的数值进行处理。例如：

$$X^*_{ij}=X'_{ij}+0.001 \tag{3}$$

第三步，计算各个指标值的比值。

$$P_{ij}=\frac{X^*_{ij}}{\sum_{i=1}^{n}X^*_{ij}} \tag{4}$$

第四步，计算第 j 个指标的熵值。

$$e_j=-\frac{1}{ln(n)}\sum_{i=1}^{n}P_{ij}\,ln(P_{ij}) \tag{5}$$

第五步，计算信息熵冗余度。

$$d_j=1-e_j \tag{6}$$

第六步，计算权重系数。

$$W_j=\frac{d_j}{\sum_{j=1}^{m}d_j} \tag{7}$$

第七步，计算综合评价值，使用最终数据与相应的权重系数相乘累加后得到综合评价值。

3. 海南省数字经济高质量发展水平结果分析

通过熵值法进行数据处理与计算，得到指标的熵值、权重等结果，如表 2 所示。

表 2　各项指标熵值及权重结果

一级指标	二级指标	信息熵值（e）	信息效用值（d）	权重（%）
数字基建	移动电话普及率	0.836	0.164	5.491
	光缆线路长度	0.847	0.153	5.14
	互联网宽带接入用户	0.814	0.186	6.22
	域名数	0.786	0.214	7.159

续表

一级指标	二级指标	信息熵值（e）	信息效用值（d）	权重（%）
数字产业化	信息传输、软件和信息技术服务业城镇单位就业人员	0.862	0.138	4.626
	电信业务总量	0.605	0.395	13.225
	信息传输、软件和信息技术服务业法人单位数	0.757	0.243	8.16
	软件业务收入	0.752	0.248	8.322
产业数字化	快递业务收入	0.834	0.166	5.576
	电子商务销售额	0.899	0.101	3.401
	有电子商务交易活动的企业数	0.922	0.078	2.622
	数字普惠金融指数	0.869	0.131	4.407
数字创新	R&D 经费支出	0.82	0.18	6.025
	专利申请授权数	0.698	0.302	10.112
	科技成果登记数	0.832	0.168	5.631
	R&D 人员全时当量	0.884	0.116	3.883

从表 2 的结果中可以看出，电信业务总量、专利申请授权数和软件业务收入三个指标的权重排名位居前三，分别为 13.225%、10.112%、8.322%。R&D 人员全时当量、电子商务销售额、有电子商务交易活动的企业数三个指标的权重排名位居后三位，分别为 3.883%、3.401% 和 2.622%。由此可发现，电信业务收入、专利申请授权数、软件业务收入三个指标在数字经济高质量发展中占据重要的分量。图 1 是权重最大的三项指标的实际数据值折线图。

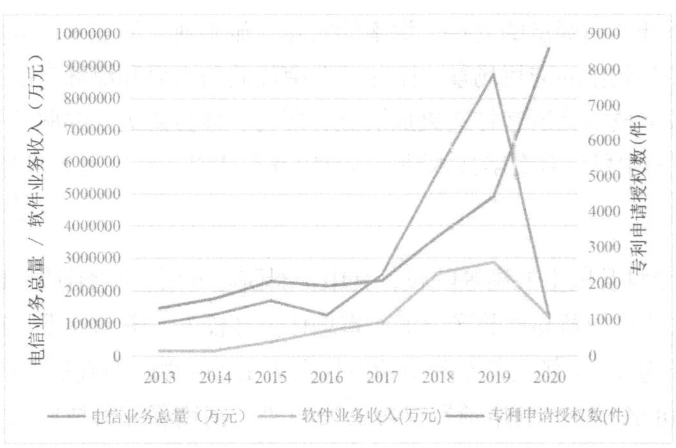

图 1　权重排名前三的指标数据图

从图 1 中可以发现，电信业务总量从 2013 年开始至 2015 年，一直保持稳定增长的趋势，2016 年稍有回落。2017—2019 年，电信业务总量保持着高速增长的趋势。软件业务收入在 2013—2019 年，一直保持着较为稳定的增长趋势，专利申请授权数在 2013—2015 年间维持稳定增长，在 2016 年稍有回落，2017—2020 年保持着快速增长的趋势。

从信息熵来看，信息熵值越小，提供的信息量越多，因而其信息效用值相对较大，赋予的权重也更高。从表 2 中的结果来看，电信业务总量指标项的信息效用值最高（0.395），说明该指标在所有评价指标中的信息量最为丰富，因此其权重也最大（13.225%），故该指标是影响综合评价值的关键因素之一。相反，有电子商务交易活动的企业数指标项的信息熵值最高（0.922），信息效用值最低（0.078），表明该指标数据信息量少，故权重也最低（2.622%），对综合评价值的影响相对较小。此外，从整个权重分布结果来看，产业数字化类指标权重较低，反映出这些指标在评价体系中提供的信息量相对较低。数字基建类指标则相对均衡，各指标权重在 5.14% 至 7.159%，表明这些指标在评价体系中各有其作用。

表 3　2013—2020 年海南省数字经济高质量发展水平综合评价值

年份	综合评价值	排名
2013	0.0503	8
2014	0.1199	7
2015	0.1892	6
2016	0.2617	5
2017	0.4204	4
2018	0.6055	3
2019	0.7966	1
2020	0.7139	2

从表 3 中可以得出，除了 2020 年特殊的原因，海南省数字经济发展水平逐年呈现出上升趋势，2013—2016 年的增速较慢，2016—2019 年增速较快。数字经济高质量发展水平综合评价值从 2013 年的 0.0503 提升至 2019 年的 0.7966，约为 2013 年的 15.837 倍。2018 年海南建立自贸区当年的数字经济高质量发展水平综合评价值为 0.6055，2019 年综合评价值为 0.7966，增长了约 31.56%。海南自由贸易港的建设促进了数字经济高质量发展，数字经济的发展给人们的日常生活、工作等方面带来了更好的感受与体验。

4. 海南自贸港数字经济高质量发展的 SWOT 分析

4.1　优势分析

海南海上交通便利，是连接东南亚和南亚的重要交通要道，也是通向两大洲和两大洋的重要海上要塞，更是我国国际贸易的重要枢纽。

数字经济的发展离不开实体经济的支持。海南的农业、旅游业、渔业等产业资源丰富，这些实体资源为数字经济的发展提供了多元化的应用场景。比如，海南优质的水果和海鲜产品可借助于数字网络销售至全国；旅游市场可结合数字技术为游客打造更加快捷、便利、体验感更好的服务；港口物流可结合数字技术提高流通效率；对外贸易中可结合数字技术融入数字贸易形式以拓宽贸易方式等。

4.2　劣势分析

海南目前拥有 26 所专科及以上的高等院校，其中本科院校 9 所，专科院校 16 所，双一流高校 1 所。相比沿海地区及中部地区的自由贸易试验区，海南省总体上高校人才资源处于紧缺的状态。2022 年海南省研究与试验发展经费支出为 68.37 亿元，专利申请授权数为 13148 件。而毗邻的广东省在 2021 年研究与实验发展经费支出为 4002.18 亿元，专利申请授权数 872209 件。海南省在科技投入上与经济强省相比存在较大的差距。

4.3　机遇分析

首先是政策优势，海南在建设自由贸易港的同时会得到相应的政策授权，比如免税政策开放程度、金融服务开放政策、重点行业放宽准入门槛等相关政策。同时，海南在建设自由贸易港具有后发优势，海南在立足于本土优势，摸着石头过河的过程中，可以借鉴之前已经成立的自由贸易试验区的经验，比如上海和广东自贸试验区的成功经验。在学习借鉴的同时，结合本省特色不断改革创新，以实现更好的发展。

4.4　挑战分析

海南自由贸易港成立之前已经成立了上海、广东、福建等自贸试验区。这既给海南自贸港的建设提供了借鉴经验，也形成了一定的竞争压力。此外，海南高新技术产业的企业数量占比相对较少，与数字经济发展相关的企业如集成电路、新能源、信息软件等高新技术企业占比较少，产业结构相对简单，科技和技术积累相对薄弱，这为自贸港建设背景下海南省数字经济发展带来了不小的挑战。

5. 建议

5.1 优化产业结构，加强区域合作

在建设自由贸易港的机遇之下，通过优化产业结构，推动数字技术与各产业实现更深层次的融合。同时与邻省广东加强产业合作，建立数字经济产业聚集区，互通数字经济资源与人才，推动数字经济高质量发展，实现共赢。

5.2 强化政策支持，优化营商环境

健全推动产业数字化转型的有效政策，完善金融投资服务政策体系，出台相关配套政策，激发市场活力，提升企业数字化转型信心。有效的政策支持，可以营造良好的营商环境，从而吸引从事数字经济产业的企业来琼投资和发展。

5.3 吸引人才，提升创新力度

通过出台相关人才优惠政策吸引外地优秀人才来琼发展，加大对急需、紧缺、高层次人才的引进力度，同时提供相应的人才福利留住本省优秀人才资源。加大数字经济相关技术研究的投入，提升创新能力。

参考文献：

[1] Tapscott Don. The Digital Economy： Promise and Peril in The Age of Networked Intelligence[M]. New York： McGraw Hill， 1996.

[2] Beomsoo Kim， Anitesh Barua， Andrew B. Whinston. Virtual field experiments for a digital economy： a new research methodology for exploring an information economy[J]. Decision Support Systems， 2002， 32（3）：215–231.

[3] 任保平，迟克涵．数字经济支持我国实体经济高质量发展的机制与路径 [J]. 上海商学院学报，2022，23（1）：3–14.

[4] 裴长洪，倪江飞，李越．数字经济的政治经济学分析 [J]. 财贸经济，2018，39（9）：5–22.

[5] 李晓华．数字经济新特征与数字经济新动能的形成机制 [J]. 改革，2019（11）：40–51.

[6] 耿娟，毕晨曦．我国省际数字经济高质量发展水平综合评价研究 [J]. 商业经济，2023（9）：6–8.

[7] 李勇，蒋蕊，张敏，等．中国数字经济高质量发展水平测度及时空演化分析 [J]. 统计与决策，2023，39（4）：90–94.

[8] 王亚婵．海南自由贸易港发展数字经济的创新路径探析 [J]. 对外经贸实务，2021（7）：22–25+30.

[9] 李倩，秦浩．海南省数字经济与区域创新能力的耦合协调发展研究 [J]. 南海学刊，2021，7（3）：48–57.

[10] 李猛，史小今．海南自由贸易港数字经济创新发展的国际经验借鉴与路径探索 [J]. 国际贸易，2020（12）：58–66+74.

[11] 张策．海南自贸港与东盟国家数字经济联动发展：机遇、效应与策略 [J]. 商业经济，2022（11）：87–89.

[12] 郭媛．河北省数字经济高质量发展水平测度及驱动因素研究 [J]. 河北企业，2023（2）：5–10.

[13] 王喆，余紫菱，马莉莉．自贸试验区设立对数字经济发展影响的实证检验 [J]. 统计与决策，2024，40（1）：131–135.

[14] 王军，朱杰，罗茜．中国数字经济发展水平及演变测度 [J]. 数量经济技术经济研究，2021，38（7）：26–42.

[15] 魏艳华，王丙参，马立平．中国数字经济发展水平的统计评价 [J]. 统计与决策，2024，40（10）：134–138.

以花湖国际自由贸易航空港建设为契机加快建设武汉都市圈协同发展示范区

湖北省社科联“中国调查”课题组

摘要：出口是经济发展的三驾马车之一，自由贸易港作为外贸发展的“火车头”，在经济发展的过程中起着不可替代的作用。花湖国际机场地处湖北鄂州，鄂州是国家中部地区崛起和长江经济带两个战略的交会区，具有国家发展全局性和区域发展地方性双重区位特点，被赋予建设武汉都市圈协同发展示范区的重要使命。近年来，鄂州抢抓开放机遇，刷亮绿色底色，汇聚创新动力，突出协调特点，体现共享目的，持续搭建平台提升服务质量，重点发展低碳临空经济，深化产业协同创新发展，夯实交通互联互通基石，提升公共服务共享水平，有力重构航空物流格局，促进新质生产力发展，激活区域经济引擎，链接五洲、畅达四海，打通了内陆开放“空中出海口”。

花湖国际机场地处湖北鄂州，鄂州作为武汉都市圈发展的核心区，是国家中部地区崛起和长江经济带两个战略的交会区，具有国家发展全局性和区域发展地方性双重区位特点，被赋予建设武汉都市圈协同发展示范区的重要使命。

湖北省委提出，要把花湖机场打造成湖北建设国内大循环重要节点和国内国际双循环重要枢纽的坚实支撑。湖北枢纽地位突出、科创资源丰富、产业基础厚实、营商环境优越，经济增长势头强劲，是发展临空经济的理想之地。花湖国际机场全面建成运营，花湖机场航空口岸开展对外开放验收，鄂州临空集团有限公司准予设立鄂州空港保税物流中心（B型），有力重构航空物流格局，促进新质生产力发展，激活区域经济引擎，链接五洲、畅达四海，打通了内陆开放“空中出海口”。

一、抢抓开放机遇，搭建平台提升服务质量

规划引领，高位推进花湖国际自由贸易航空港建设。成立“一个专班”。依托机场建设指挥部办公室为班底组建花湖国际自由贸易航空港工作专班，将市交通局、市科技局、市经信局等纳入成员单位，完善交通配套设施、加强智慧机场建设，实化细化工作责任。确定“一个总规”。高标准编制《关于花湖国际自由贸易航空港的设立方案（框架提纲）》《中国（湖北）自由贸易试验区鄂州联动创新区临空经济区片区建设三年行动方案》等，推进自贸区联动创新发展，为未来发展留足空间。形成“一张清单”。落实《关于印发花湖机场国际自由贸易航空港建设2024年度重点工作推进责任清单的通知》重点工作任务，形成《花湖国际自由贸易航空港建设2024年重点任务工作方案》和《花湖国际自由贸易航空港建设2024年重点任务责任清单》，督促各责任单位将工作落到实处。

强化服务，高效推进花湖国际自由贸易航空港建设。与亚投行等沟通，先期启动部分仓库、商务中心、跨吴楚大道高架桥等施工，同步增加保税仓储及保税加工面积，促使鄂州空港综合保税区一期建设成本更合理、规划更优越、功能更齐全。启动运营国际货运区、国际货站、新科宇航MRO项目，加大B保招商引资力度，与九州通、湖北交投物流签订意向入驻协议，与希音、苹果、抖音、唯品会等企业洽谈。完善智慧口岸基础设施建设，加快机场北区停机坪建设，建设机场北区前置拦截区，加强系统对接，推进花湖机场北国际货运区智慧口岸管理平台、指定监管场地辅助管理系统，建设口岸大数据平台。持续创新海关监管方式，全面开展“直装直提”业务，常态化开展空空中转业务。积极推进跨境电商综试区、自贸试验区扩区。

完善功能，提升花湖机场货运枢纽通达性、经济性。截至2024年8月15日，花湖机场已开通91条货运航线，其中客运航线16条，货运航线共计75条，累计完成货邮吞吐量70.7万吨，2024年以来完成货邮吞吐量46.2万吨。提升机场运营管理水平，织密航线，提升通达性，争取航权支持。协调对接民航局、民

航科学技术研究院等争取国际航权、航班时刻等支持，提升服务质量，争取鄂州开放第五航权。完成航班、旅客、物流、经营分析四个主题的数据仓库初步建设。驻场单位顺丰航空完成 124 台设备的车载定位终端设备的安装，并接入机场车辆调度系统。少人机坪云端系统核心功能完成功能规划，场端设备建设，完成消防实训基地近机作业模拟测试的评估。积极推进航班运行与经营数据可视化视图的开发工作，开展车载定位终端的产品选型工作。

二、刷亮绿色底色，重点发展低碳临空经济

拓宽渠道，降低航运服务成本。通过摸清底数、打通堵点、链式融入，推动企业与花湖机场供需有效对接，一是全面系统梳理、集聚货源。组织专班通过问卷调查、物流溯源追踪等方式，全面摸清航空货源种类、运量、路线和潜在需求。分行业、分地区、分产业链逐一上门走访对接，大幅增加航空业务需求，涵盖手机、印刷电路板、液晶显示面板、生物医药、鞋服等 100 余种产品。二是推动深度对接、吸引货源。举行企业家临空政策学习交流等各类活动 100 余场次，邀请顺丰集团相关负责人与各县（市、区）和海关、商务等部门及重点企业负责人面对面会谈，双向协同打通运营堵点、降低成本、提高时效，直接带动航空货源增长。如对接加快开通台湾航线，沪士电子、超颖电子等 8 家企业的 1300 多吨货物转由花湖机场发出；广合精密、宏锐兴电子等企业样品经花湖机场运输后，时长较过去缩短一半以上，产品开发效率大幅提高。三是深化供应链合作、培育货源。通过链主企业带动供应链上下游合作，拓展航空货源。如闻泰科技生产的三星手机、平板电脑等产品订单，满产后可年均带动上下游航空货源 100 亿元左右。进一步深化与京东集团、象屿集团、传化物流集团等头部企业合作，积极对接花湖机场建立公空、空铁联运机制，搭建信息联网平台，组织开展空公联运卡车航班业务。

高效服务，提高机场辐射能力。通过提升通关效率、完善配套功能、强化要素支撑，不断扩大经济外向度，做大开放平台能级。如争取周边城市黄石市支持，投入 14.3 亿元建成黄石棋盘洲综合保税区，2023 年 2 月通过国家验收。主动承接花湖机场跨境电商出口业务，对监管场地进行改造升级，场地面积由 900 平方米扩大到 2600 平方米，查验通道由“一进一出”升级为“三进三出”。海关部门建立节假日应急响应机制，实行预约通关、“7×24 小时”不间断通关，服务时效控制在一小时以内，日处理包裹能力达 6 万件。

强化对接，壮大临空低碳经济实力。以建设花湖国际自由贸易航空港为依托，完善省域战略规划，统筹规划鄂州、黄石、黄冈等区域临空产业发展，构建全域临空产业格局，因地制宜发展“轻薄小”高附加值临空产业。一是狠抓临空低碳产业发展平台建设。因地制宜打造临空特色园区，加快临空经济区高端教育医疗、文化体育、商务会展等设施建设，大幅提升城市功能品质，光电子信息、智能制造和航空物流等低碳产业园区逐步发挥效应。争取周边城市支持，加大临空产业发展平台建设。建设黄冈临空经济区，高标准编制规划，加快推进顺丰三大中心、跨境电商产业园、进出口服务中心建设。二是狠抓临空低碳产业项目招商。与顺丰集团等头部企业签订委托招商协议，积极推动机场客户变客商。在花湖机场开放暨临空经济发展大会上，签约项目 191 个、签约金额 3651.5 亿元。紧盯希音等国际电商平台关键供应商，成功引进中东商品首选“一站式”电商产业园。三是狠抓临空高端制造产业布局。积极引导特钢等传统产业向航空装备、高端新材料加速转型，如大冶特钢拥有航空发动机传动装置、飞机起落架等关键部位的十余种特种材料，正积极推进飞机相关领域招商，谋划实施临空高端制造项目 20 余个。持续推动传统冶金行业产业低碳转型发展，2023 年低碳冶金产业产值同比增长 10.48%，欧冶链金产值同比增长 149.6%。

三、汇聚创新动力，深化产业协同创新发展

打好人才资源集聚“持久战”。强化产业扶持“育”才。做实航空人才支撑，主动对接花湖机场，统筹协调在鄂高校、职业院校开设航空相关专业，满足机场人力资源需求。组建湖北航空技术学校，鄂州职业大学成立电子电气（航空）工程学院，并新设空中乘务、民航安全技术管理、机场运行服务与管理、飞机机电设备维修、航空地面设备维修、物联网应用技术等专业，有针对性地为花湖国际自由贸易港开展人才对接。搭建平台载体“用”才。以产业链供应链韧性提升为切入点，组建科技创新供应链平台，推动企业、高校、金融机构等产业链供应链主体高效对接，搭建人才发展的关键平台。提升服务质量“留”才。充分

利用在外高层次人才，全面提升人才服务质量，引进院士专家等到鄂州开展产业技术、疾病诊疗、决策咨询等服务。拿出优质地块，建设服务机场人才的教育资源，双语教学，教授国内课程和国际 A—Level 课程，对接航空国际人才需求。

打好重点产业培育“升级战”。充分借鉴自由贸易区与海南自由贸易港建设经验，全面提升重点产业的产业实力、质量效益、创新驱动、绿色集约安全、融合发展、发展环境水平。围绕“光电子信息、钢铁及深加工、高端装备制造、现代物流”等主导产业，加强鄂州与周边地区的产业协作，推动产业链上下游企业协同发展，培育壮大战略性新兴产业和现代服务业。充分发挥重点产业优势，实现网络和数据要素支撑，推动重点产业与传统产业、新兴产业、未来产业的融合应用，构建具有特色的标准体系、评价体系、人才体系和制度体系。

四、突出协调特点，夯实交通互联互通基石

以交通基础设施建设为基本支撑。基于交通乘数效应理论，面向新时代中部地区“综合交通运输枢纽”战略定位，推动区域交通基础设施建设。推进重大交通基础设施建设，如武汉新城与鄂黄黄快速道路系统，优化区域交通布局，提高交通运输效率和服务水平。优化重大生产力布局，加强国家战略腹地建设。以花湖国际机场建设为契机，发挥花湖国际机场专业货运枢纽机场功能，推动鄂州花湖机场与武汉天河机场的联动发展，实现客货分流与优势互补。加强物流体系建设，形成便捷高效的物流网络，降低物流成本，提升区域竞争力。

以交通网络布局优化为主攻方向。推进国家级、省级多式联运示范工程建设，积极创建以空港为核心形态的花湖国际自由贸易航空港，加快形成铁水公空多式联运体系。加强城市公共交通与城际交通的衔接，完善城际公交运营体系，依据客流量动态调整线路设置，构建高品质公共交通一体化出行网络，推动公交、地铁、轮船、飞机等交通方式无缝接驳。提升花湖国际机场在全球交通网络节点上的中心度，逐步构建覆盖华北、华东、华南大部分地区的国内交通枢纽和辐射欧洲、北美、中东、亚洲的航线网络布局，实现“一夜达全国，隔日连世界”，加速湖北由“九省通衢”迈向“五洲通衢”。

以交通服务信息化提高为强大动力。加强交通数据共享和协同管理，依托实时交通大数据监测手段，科学合理实现交通流量管控调度，提供定制化出行服务，提高出行效率与舒适度。推进交通政务服务事项“一网通办”，深化“五办”改革，落实“一网通办”“一事联办”“圈内通办”“跨省通办”等工作。依托数字化平台，在政务服务大厅探索设置自助终端办理，高频事项推行 24 小时自助服务，逐步实现交通运输事项自助办理，提高线下“只进一门”效率。

五、体现共享目的，提升公共服务共享水平

推进教育互动发展。深化基础教育协作，加强与武汉及周边地区的教育资源共享，组建教师教育共同体，搭建智慧化教育平台，建立家校沟通机制，充分利用不同地区的优质教育资源。2024 年 5 月 8 日，在鄂州市临空经济区建设 12 年制的鄂州临空国际学校，同时成立的，还有长江职业学院与鄂州临空经济区共建的长江职业学院花湖临空经济学院、花湖临空经济研究院。加强教师队伍建设，建设区域性学校教联体，搭建义务教育阶段学校“跟岗学习”“专家引领”等方面交流平台，提升义务教育阶段的教师教学水平。加强职业教育合作，推动职业教育与产业发展深度融合，成立职业教育服务区域发展联盟，以市场为导向，培养更多复合型高素质技能型人才。

强化卫生合作发展。不断提升与不同地区医疗卫生资源的共享水平，推动优质医疗资源下沉，提升人民群众就医的便捷程度。在花湖国际机场附近建设鄂州市中心医院临空院区公共卫生临床中心，一期工程已经投入运营。该院区是一所现代化综合性医院，规划用地面积约 437 亩，净用地面积 330 亩，规划建设面积 242300m²，设置病床 1350 张，其中手术间 16 间，各类重症监护病床 132 张，全力服务花湖国际自由贸易航空港的医疗需求。联合以三甲医院为代表的各级各类医疗机构组建专科联盟，充分利用不同医院及研究机构的高技术医学人才，提升医疗服务水平。

新中国成立75年来，在中国共产党的坚强领导下，全国各族人民同心同德、艰苦奋斗，取得了令世界刮目相看的伟大成就，随着我国自由贸易港理论、实践、制度的不断创新，各行各业必将进一步获得长足发展，谱写中国式现代化的新篇章。

参考文献：

[1] 王晓樱、陈怡、王轩尧：《海南自贸港全岛封关运作全面启动》，《光明日报》，2023年4月13日，第4版。

[2]《海南自由贸易港制度集成创新行动方案》，《海南日报》，2020年10月27日，第A3版。

[3] 冯飞：《加快建设具有世界影响力的中国特色自由贸易港》，《人民日报》，2023年6月20日，第13版。

执笔人：

胡娟，黄冈师范学院党委常委、纪委书记、监察专员、副教授；湖北省黄冈市黄州区经济开发区新港二路147号，黄冈师范学院胡娟。

范斐，武汉大学经济管理学院教授、博士生导师，国家社会科学基金重大项目首席专家。

文嵘，湖北省社科联学会工作部三级调研员。

翟小清，武汉大学经管学院博士生。

涉海领域健康服务能力的提升与创新发展海洋健康产业的思考（以海南自贸港建设为例）

龙文芳　黄海溶　梁文娟[①]

摘要：本文概述了“海洋强国”和“海洋强省”战略下涉海领域的健康服务，对增进公众健康、民生福祉、自贸港海洋健康产业的发展，以及防范公共卫生风险的重要意义。探讨了海洋产业人群的健康风险，分析了涉海健康服务水平不高对当前我省海洋医旅、医养（体）及相关健康产业的制约作用。在此基础上提出涉海领域医旅和医养等健康产业的海陆统筹实施路径；强调多领域融合下的涉海医疗、健康服务的重要性。本研究还指出涉海卫生健康的人才引育和智慧型健康服务对海洋健康产业可持续发展的重要支撑作用。为破解自贸港的热带涉海医旅、医养发展的困境，创新发展海洋健康产业，维护国家和区域海洋公共卫生安全提供一定的思路和依据。

关键词：涉海领域；健康服务；医旅（养）融合；海洋健康产业

海洋产业发展具有特定的空间，其环境多变且具有一定的健康风险[1]。作为对外开放的海洋旅游大省，海南的海洋旅游和康养（包括康体）产业具有广泛的市场基础和市场潜力[2]；自贸港建设下全域开放的海南必将迎来海洋经贸和人员往来的增长。然而，当前我省涉海健康服务能力依然较低[3]，服务体系不太完善，海洋公共健康风险灵活多变等，是制约涉海产业的空间拓展的重要因素，也是我省医旅或医养融合发展面临的主要“瓶颈”之一。

据《健康产业统计分类（2019）》的界定[4]，健康产业是指以医疗卫生和生物技术、生命科学为基础，以维护、改善和促进人民群众健康为目的，为社会公众提供与健康直接或密切相关的产品（货物和服务）的生产活动集合。健康服务是涵盖健康检查、疾病预防、医疗卫生、身体养护、健身娱乐、康复治疗与体养、身心与精神治疗的多领域的产业集合，其外延还可以扩大到健康服务过程中必需的产品[5]。总体可分为医疗卫生服务、健康管理与促进服务、健康保险和保障服务、其他与健康相关的服务（包括智慧健康技术服务）等。健康服务不仅是我国经济发展的强劲动力，还是服务业新的增长点。健康服务和现代新型产业体系的融合空间广阔[6，7]。

从全球来看，海洋是世界经济的主要推动力之一[8]。世界银行对中国的最新年度评估揭示，中国服务业拥有巨大的发展潜力，其在国民经济收入中的占比仍远低于发达经济体的平均水平。涉海健康服务是广大涉海旅居公众和海洋产业建设者身心健康的重大需求，既是海洋新型服务产业的重要组成部分，也是海洋强省建设的行动方案中的发展支撑体系的重要内容。涉海健康服务的能力提升和体系建设在自由贸易港的建设中具有紧迫性和必要性。海洋健康产业的发展将为推动健康中国建设和增进民生福祉作出新的贡献。

1. 现状及问题

1.1 健康服务质效不高是涉海医养（体）产业发展的重要制约因素

当前我省医旅、康养（体）产业蓄势待发，我省具有优质的滨海旅游资源，包括海滩浴场、海洋公园、湿地公园、海洋文化广场等。拥有 68 个海湾和大小 200 多个岛屿，是医疗旅游和康养（体）的重要区域。

---

① 龙文芳（1974—），女，环境卫生学教授。研究领域：One health 与环境健康。

项目资助：海南省教育厅资助项目（Hnjg2023-77），海南省重点研发项目（ZDYF2020181）。原载《海洋开发与管理》。

近年来，我省的医疗旅游取得突破性发展，尤其以博鳌乐城国际先行区的成效显著[9]。我省国家体育旅游示范区发展规划实施以来，全面推进体育与旅游产业融合发展，以冲浪、舢板、快艇、低空飞行等涉海产业快速发展，相关健康服务和产业的发展空间巨大。优质的海水和沙滩康养（体）是康养（体）产业发展的先决因素，但相关健康服务水平一直不高，健康服务的质效提升则是该产业深入发展的必备条件。

1.2 涉海新型产业经济快速崛起，健康服务需求多样化

“海洋强国”是当前我国的重大发展策略，海南、浙江、福建、天津等地尤为重视。海南的“海洋强省”战略催生涉海新型产业经济迅速崛起。2018—2023 年，海南全省海洋生产总值从 1423 亿元增至 2559 亿元，年均增长 12.5%；海洋经济占全省 GDP 的比重从 29% 上升到 33.9%，海洋经济成为海南发展的重要支撑[10]。涉海工作人员的卫生健康评估、海上健康风险评估、健康素养提升、全周期的健康服务等需求旺盛，亟待为服务对象提供更加广泛的多元化涉海医疗卫生服务，提升涉海健康服务产品性能，完善涉海健康服务体系。

新型冠状病毒感染影响减小后，全球的邮轮产业再次复苏，目前被业界称为中国邮轮经济发展的黄金时期[11]。在海南自贸港“零关税”政策和系列产业促进措施的推动下，当前海南已成为中国游艇产业发展最具活力的省份之一。邮轮或航船的海上疫情应急处置能力需大力提升，广大海上旅行群体对涉海健康服务提出了量和质的双重需求[12]。当前我省的海洋产业纵深发展快，离岸产业的大量技术、管理人员的卫生健康需求更高更广泛。我省和国家对健康服务的需求具有同质化的特点。我省深海产业发展的健康服务需求符合国家南海战略的需要[10]。

1.3 涉海健康服务的多领域融合体系尚未构成，陆海联动亟待加强

当前我省的海洋生态保护取得进展，但其对康养（体）及健康服务的支撑较为薄弱。我省卫生健康和应急管理等成效较为突出，比如海上紧急搜救、基层卫生健康服务、“2+3”健康服务包、公共卫生应急处置等取得较大进展。但其中有些尚未覆盖滨海或海上区域，涉海旅游群体和海上职业群体的属地化的特色健康服务模式尚未建成。涉海卫生健康相关的行业如文旅、卫健、农业、环境、海关、工信、发改、科技、教育等多领域的融合机制尚不健全，多领域协同下的陆海统筹健康服务体系亟须健全。

1.4 热带海洋的健康服务的特色人才严重不足

由于自然环境特殊，热带海洋对人的健康影响较大，涉海人群面临高温、高湿、高盐、强紫外线以及海上风浪、深水高压的特殊环境。海上生物安全和卫生应急处置能力要求提高，公共卫生、应急处置和特色医疗相结合的医疗卫生服务人才需求加大。亟须加强高等院校涉海应用型人才的培养，尤其是旅行医疗、公共卫生与预防医学、热带医学、全科医学等学科融合的复合型人才极其匮乏。

2. 对策和建议

2.1 建立陆海统筹的海洋医旅、康养（体）健康服务的联动

滨海康养（体）健康服务则可进行与中医物理治疗、食疗、康体运动、海水沙滩相关的慢性病及心理疗愈指导等。加强现场公共卫生服务，进行滨海康养（体）健康教育和健康促进及风险评估。力求健康服务的专业性、精准性和可持续发展。

以旅行医疗相关的健康服务为核心，着重医旅或医养（体）融合；因地（滨海、远海、港口等）制宜。于重要的港口和海湾可响应区域内建立滨海医疗卫生服务中心试点，建立其与区域基层卫生服务机构、疗养院、医疗联合体或国际旅行保健中心等的联动机制。以此建立涉海医旅、康养（体）公共卫生健康服务供需的良性互动。综合胃肠、皮肤、感染性疾病、急救、热性疾病乃至慢性病等旅行相关健康服务为主；针对海上娱乐、康体和低空旅游还可能出现的心血管意外、溺水、外伤、晒伤等突发健康危害。建立快速应对处置或常规处置的健康服务的高效响应机制。加强涉海健康服务各级各方机构的联动，是促进医旅（养）健康服务的质效提升的前提。

2.2 加强针对涉海产业人群的多元化、全流程的健康服务

当前海上产业快速发展[13]，诸多不同的产业使得职业人群面临物理、化学、生物、放射性健康风险，职业健康类型和风险严重程度不一。涉海产业人群健康素养参差不齐，有的产业海上工作时间长、自然环境较为恶劣。需加强海上发生中暑、意外伤害、感染、突发公共卫生事件等风险防范。海上职业人群分布广泛、工作时间不规律，工作强度和职业危害差异大。需加强多元化的环境健康和职业健康服务。相应的健康服务还涉及卫生健康宣教、技能培训、产品服务、水上求生等综合技能。海上产业的发展，需要大量针对不同涉海群体或个体健康促进、风险防范的产品。多元化、全流程的健康服务水平的提高也将催生多元化、全链条的相关健康产业发展。

我省的海洋《行动方案》还将聚焦渔业这个农业最强点，涉海渔民群体具有分布广、数量多的特点，基于全健康的健康教育，不仅在应对远洋渔民和近海养殖职业群体的新发、突发传染病的防控具有极其重要的作用，而且有利于健全健康渔业海产的长效发展机制。加强养殖者和管理者对“人—渔—海洋”界面的致病微生物、抗生素耐药、生长促进剂等相关的健康素养，促进渔民职业群体的健康，可为自贸港高品质的涉海渔业可持续发展提供保障[14]。

2.3 协同发展涉海医疗救治和海健康服务，稳固国家和自贸港的海洋公共卫生安全防线

公共卫生安全防线的构筑主要着重于海上传染性疾病的防治和突发事件的应急处置。自由贸易港的对外开放带来了海上贸易和交通运输的增加，随着海洋强国、强省策略的实施，民用或军用的海上交通运输将得到更大发展。大量的科研、技术人员、深海行业、远洋航行者还包括职业军人等将面临极端的海洋环境，海洋气候变化和自然灾害等可能导致更多突发公共卫生事件[1]。船舶、货物、人流的增加还将带来跨国的公共卫生安全风险。

当前我省实施《海南省海上搜救应急能力提升三年行动实施方案（2024—2026年）》，为深海应急救护提供了保障。但大量的深海从业者和航行者面临突发的公共卫生事件时，需面对处理难度高的食物中毒、流行性传染病以及群体外伤等集体事件的风险。深海潜水减压病事件等相关疾病发生的风险概率也随时存在。加强海上预防性健康服务和应急处理能力，将为加快建设具有世界影响力的中国特色自由贸易港提供海上安全保障。

2020年“钻石公主号”邮轮的新冠暴发事件提示对于远洋运输和邮轮等行业[12]，需具备高效的应对新发、突发传染病以及其他公共卫生风险事件的应急处置的能力[1, 12]。2022年三亚、乐东等地暴发的新冠疫情提示了海上病原传播的特殊性和隐蔽性。加强涉海健康服务能力和体系建设既是自贸港涉海产业的个体和群体的需求，更是海洋强国建设对公共卫生的需求。基于陆海统筹的传染病人的救治，以及控制传染源、切断传播途径、保护易感人群的防护是涉海健康服务能力提升的关键事项。因此，提升我省区域医疗中心传染病防治机构对重点滨海旅游区域的辐射作用；加强海关港口的公共卫生风险防范和预警；加强地方和海关的公共卫生服务的合作共建。建立与公共卫生临床中心、口岸旅行健康服务中心等融合的辐射本省相关涉海港口的传染病救治和防范的联动将有利于构筑公共卫生风险防线。

当前，海上作战在现代战争中的地位日益重要，民用医疗健康服务能力的建设将是紧急军事备战的后盾。因此，加强深海医疗卫生健康服务和平战接合的建设，具有双重意义。我省具有数量庞大的民宿、酒店和公共旅游设施，在海陆统筹下的健康服务和公共卫生的平战结合领域具有优势。

2.4 加强涉海领域的健康服务的内涵发展，创建智慧型涉海健康服务

当前海洋医旅和康养（体）产业的发展与公众日益提高的健康需求的矛盾依然突出，多数滨海医疗和康养卫生服务缺乏实际内容，康（体）养技术含量低，多领域的融合发展机制尚未建成。公众的涉海医旅和康（体）养潜在需求大，但由于供需融合不紧密，市场潜能急需依托高质效的健康服务加以激发。当前滨海医旅产业在澳大利亚、西班牙、法国、韩国等均有较好发展[15-17]，我国的北戴河、青岛、大连、鼓浪屿等在慢性病或职业人群的疗养中具有一定的实践经验[18-20]。我省的市场调研也表明，海洋康养具有非常广泛的市场意愿[21]。

但是，海水和沙滩等与人体健康的关联程度尚缺乏充足的研究数据支撑，相关滨海资源的配套的科学性有待提高。海洋康体（养）的规划的科学性有待提高，海洋与健康的内涵与健康功能相关的信念、知识和行为有待推广，全民共建健康海洋的格局有待进一步破解。

我省许多海湾生态环境优势较明显，挖掘有利健康的自然环境因素、特色的社会环境因素；开展海湾环境健康影响调查或实证性研究以及大健康产业和康养（体）适宜度评估等，据此分类制定推动健康海湾建设的有效措施。根据水下、水上、沙滩、海岸及其辐射的基层村镇的自然条件和发展需要，为完善海洋大健康产业规划提供科学决策依据。也可建立公众海湾健康行为指引，为旅游公路驿站等提供健康环境建设的指导。加强对海湾健康环境指标的动态监测和智慧管理，并将健康理念全要素融入所有海洋建设规划。加强生态环境、卫生健康等多领域的统筹与组织管理，促进健康环境建设工作与“健康海南”的基层工作及我省“十四五”规划的全健康等工作内容的融合，实现美丽海洋的健康环境建设与社会治理的协同共建。

智慧海洋的健康服务是破解海洋危重、紧急医疗救治的重要策略，也是提升常规涉海健康服务质量的重要保障。我省依托海上搜救三年行动计划，也将有利于实现远海和近海的健康服务的衔接。依托数字医疗卫生的发展，加强数字技术的涉海健康服务是开展智慧海洋服务的必要手段。加强海上医疗卫生服务和搜救应急能力建设，将服务国家海洋强国和交通强国战略。

2.5 强化政策支持，创新涉海健康服务与健康产业的共赢

依托医疗联合体、公共卫生临床中心等为龙头，构建陆海联动、浅海深海联动的卫生服务体系。建立涉海医疗卫生服务专家团队并建立与企业和市场主体的精准联动；引进涉海旅行和海洋康体（养）人才，加强涉海旅行的健康服务人才的培养，建立涉海的健康服务人才团队；推行应用型医疗旅游或康养（体）的职业技能考核和认证；建立国外高端和特色专业人才的直通机制：比如，涉海康养的物理治疗师、自然资源康养师、中西医康养健康管理师、滨海康养健康规划等。加强热带旅行卫生健康的应用研究，建立以市场需求为主体的高水平应用型职业技术教育或实行院校的订单式培养。加强高等院校涉海应用型人才的培养，尤其是旅行医疗、公共卫生与预防医学、热带医学的学科特色融合。面向国内外引进和培养一批海洋医疗旅游研究人才、领军人物、创业人才或团队复合型人才。

通过以公众健康为出发点的市场需求为导向，通过政策支持在内的多方融合机制，加强健康服务的供给侧改革，融合供需双向的创新互动，提高健康服务能力，完善涉海健康服务体系；融合涉海医旅和医养（体）相关产业的多领域健康服务产业的改革创新，将实现涉海健康服务及相关产业的多方共赢。也将构建新时期的自贸港海洋生态文明和公众健康和谐发展的新模式，促进自贸港的海洋经济发展，共建海洋与人类卫生健康共同体。

参考文献：

[1] 韩鹏，李宇〓，揭晓蒙．发达国家海上搜救体系对比研究及对我国的启示 [J]，海洋技术学报，2020，39（1）：107-113.

[2] 李朝辉．基于 IPA 的三亚滨海体育旅游可持续发展策略研究 [D]. 三亚：海南热带海洋学院，2024.

[3] 杨梦喆，杜沄，张新花，等．基于 SWOT 分析的海南自由贸易港健康产业发展研究 [J]. 卫生软科学，2023，37（1）：21-26.

[4] 陶春海，熊琦哲．中国大健康产业统计分类与产业规模再测算 [J]. 统计与决策，2024，40（5）：33-38.

[5] 汪泓，罗娟．全方位全周期健康服务体系的优化路径研究 [J]. 上海交通大学学报（哲学社会科学版），2024，32（6）：1-21.

[6] 陈凯先．中国健康服务业发展现状和展望：根据陈凯先院士在第十五届中国健康服务业大会上的报告整理［J］. 健康研究，2023，43（2）：121-124.

[7] 王宏杰，夏凡，潘琪，等．金融支持海洋经济发展：粤沪等 6 省市的主要实践及其对琼启示 [J]. 中共南京市委党校学报，2020（1）：66-71.

[8] 苗雨晴 . 拓展我国海洋经济发展空间的动力效应及仿真研究 [D]. 济南：山东财经大学，2024.

[9] 贾宁 . 擦亮营商环境“金字招牌” 厚植乐城先行区高质量发展沃土 [J]. 今日海南，2023（12）：35−37.

[10] 本报调研组 . 海南向海图强 [R]. 经济日报，2024−06−17.

[11] 方砚 . 新时期海南邮轮产业的高质量发展 [J]. 水运管理，2024，46 （8）： 34−36.

[12] 张江驰，谢朝武，黄倩 . “恐怖邮轮”：旅游危机事件在社交媒体场域下的框架建构 [J]. 旅游学刊，2022，37 （10）： 103−116.

[13] 中共海南省委办公厅，海南省人民政府办公厅 . 海南省高质量发展海洋经济推进建设海洋强省三年行动方案，2024（40）.

[14] Long WF，Li TJ，Yi GH，Liang F，Hu GY，WU JZ，et al. Prevalence，phenotype and genotype characteristics of antibiotic resistance in coastal beach practitioners of tropical China[J]. One Health Bull 2022，2(2): 4−10.

[15] Crecente，J. M. ，I Sant é ，C D í az，& Crecente，R. . （2012）. A multicriteria approach to support the location of thalassotherapy （seawater therapy） resorts： application to galicia region，nw spain − sciencedirect. Landscape & Urban Planning[J]. 104（1），135−147.

[16] Todd，D. J. ，& Bowa，K. .（2016）. Development of beach health index for the gold coast，Australia [J]. Journal of Coastal Research，75（sp1），710−714.

[17] Katkhanova，O. A. . （2008）. [optimization of regenerative processes in epidermis of children with psoriasis during medical rehabilitation in health resorts of russian black sea region [J]. Vopr Kurortol Fizioter Lech Fiz Kult（3），40−42.

[18] 朱超，赵瑞新，王衍睿 . 海水浴疗法对我部疗养员中高血压患者血压的影响分析 [J]. 中国疗养医学 [J].2015，24（2）：157−158.

[19] 沈翠蓉，李敏，宋杭梅，等 . 鼓浪屿综合疗养因子对糖尿病患者的康复作用 [J]. 临床医药文献电子杂志 [J]，2020，7（2）：6.

[20] 周爽，裴金雪 . 海水浴疗法对疗养员原发性高血压病患者血压及心功能的影响 [J]. 中国疗养医学 [J]，2018，27（7）：714−716.

[21] 李俞彤，陈乐洪，卢桂兰，等 . 基于海南 1052 名公众及 269 名酒店管理者群体的水疗康养相关调查及行业分析 [J]. 保健医学研究与实践 [J].2023，20 （7）： 17−21.

海南黎族非遗传统文化助力自由贸易港数字经济高质量发展策略研究[①]

邱海东　傅麒瑜[②]　林栋婷

摘要：本文探讨海南黎族非物质文化遗产如何助力自由贸易港数字经济高质量发展。文章分析了黎族非物质文化遗产的历史、类别及数字经济应用现状，展示了其在数字创意产业和文化旅游中的潜力，并讨论了数字经济对文化遗产传承创新的推动作用。通过政策、技术和国际合作，可加强黎族文化与数字经济融合，为海南经济转型提供新路径。

关键词：黎族非遗；数字经济；文化传承；高质量发展

一、海南黎族非遗传统文化概述

（一）黎族非遗传统文化的历史沿革

黎族是海南岛原住民，其非物质文化遗产历史悠久，与古代百越族文化有深厚联系。黎族文化与广东及东南沿海地区文化交融，以传统纺染织绣技艺最为著名，体现了黎族女性对美的追求和与自然和谐共处的理念。黎族传统建筑如船型屋，使用自然材料，反映了和谐共生的理念。黎族饮食文化融合热带物产，形成独特的风味。

黎族非物质文化遗产在历史中不断吸收外来文化，保持传统特色。自秦汉以来，中原文化影响黎族文化发展。唐宋时期，黎族与中原地区交流增多，推动社会快速发展。海南自由贸易港建设为黎族非物质文化遗产传承提供新机遇。政府政策支持和市场拓展推动文化遗产保护，促进与数字经济融合，为海南自由贸易港高质量发展注入活力。

（二）黎族非遗传统文化的主要类型

海南黎族非物质文化遗产丰富，包括音乐、舞蹈、手工技艺和民俗活动。黎族纺染织绣技艺，国家级非物质文化遗产，利用天然纤维制作衣物和生活用品，展现了黎族的智慧和审美。黎族打柴舞，使用长木棍，动作节奏鲜明，广泛流传于海南岛中南部黎族聚居区，是黎族文化的重要组成部分。黎族原始制陶技艺，源于新石器时代，其制作的陶器实用且艺术价值高。

这些非物质文化遗产丰富了海南的文化底蕴，为自由贸易港数字经济的发展提供了独特资源和灵感。深入挖掘和传承黎族非物质文化遗产，有助于促进数字经济与文化产业的深度融合，推动海南自由贸易港高质量发展。

（三）黎族非遗传统文化的特点与价值

海南黎族非物质文化遗产展示了该民族文化的独特性和价值。它包括三月三节、黎锦织造技艺、调声艺术等，体现了黎族的智慧和创造力。黎族文化在保持传统的同时，也融入了创新，如黎锦织造技艺在时尚界的复兴。黎族非物质文化遗产具有深厚的群众基础，如三月三节和打柴舞等，已成为黎族精神文化生活的核心，体现了广泛的群众参与性。

黎族非物质文化遗产具有丰富的历史信息，是研究黎族和中华民族文化的关键资料，具有重要的历史

① 本文系海南省文旅融合产品设计和产业发展研究基地研究成果。

② 邱海东，海南科技职业大学设计学院院长；傅麒瑜，海南大学国际传播与艺术学院，硕士研究生；

文化价值。它在经济开发领域也展现了其独特价值，如黎锦的市场化对经济的正面影响。此外，它增强了民族的凝聚力和文化自信，对社会稳定和民族团结起到了重要作用。这些特质和价值使黎族非物质文化遗产成为海南自贸港数字经济高质量发展的重要文化支柱。

二、自由贸易港数字经济现状与挑战

（一）自由贸易港数字经济的发展历程

海南自由贸易港的数字经济发展，得益于国家对数字经济的战略性重视。作为中国首个综合性自由贸易试验区，海南利用其地理和政策上的优势，构建了光网、智能电网以及5G基站等基础设施，为数字经济的发展奠定了坚实的基础。随着《海南自由贸易港建设总体方案》的颁布，一系列相关政策出台，例如《智慧海南总体方案（2020—2025年）》和《海南省数字经济发展实施方案（2022—2025年）》，进一步确立了数字经济的核心地位，促进了数字经济与国际市场的接轨，同时推动了其与实体经济的深度融合。

（二）自由贸易港数字经济的当前状况

海南自贸港在数字经济发展上取得成就，吸引互联网企业，建设园区如生态软件园、海口复兴城，培育了电子信息制造、游戏开发和区块链技术产业集群。全省光网覆盖和智能电网建设支撑数字经济快速发展。海南—香港海缆系统完工，提升数据传输速度，为"数字丝绸之路"建设奠定基础。政策上，《海南自由贸易港建设总体方案》和《海南省数字经济发展实施方案》为数字经济发展提供政策支持和保障。

（三）自由贸易港数字经济高质量发展的挑战与机遇

海南在数字经济高质量发展道路上，遭遇挑战也迎来机遇。挑战方面，国际市场竞争激烈、网络安全问题凸显、技术创新和人才短缺，以及法律法规监管的不足。然而，机遇同样存在，包括政策优势、国家层面的支持以及制度创新带来的红利。海南凭借其独特的地理位置，已成为国际数据流动的关键节点。数字经济通过信息技术的应用，能够提高经济效率和转变增长模式。同时，海南在旅游、医疗和教育等领域的丰富资源，为数字经济的融合与拓展提供了广阔的发展空间。

三、黎族非遗传统文化与自由贸易港数字经济的结合点

（一）黎族非遗传统文化在数字经济中的应用场景

在海南自贸港数字经济蓬勃发展的背景下，黎族非物质文化遗产的传统技艺找到了新的应用领域。黎族织锦借助数字技术实现了从传统手工艺向现代创意产业的华丽转身，电脑编排与手工提花织机的结合显著提高了黎锦的设计效率和多样性，同时保留了民族特色，并增强了其在市场中的竞争力。

黎族的传统音乐与舞蹈亦通过线上直播、虚拟现实（VR）等现代技术手段得以生动展示，使得全球观众能够便捷地体验黎族文化，从而扩大了文化传承的影响力。数字化工具为黎族艺术家提供了创新的创作与商业机会，推动了文化产业与数字经济的深度融合。

此外，黎族的非物质文化遗产在数字旅游领域中也扮演了至关重要的角色。开发以黎族文化为主题的虚拟现实旅游体验和互动游戏，不仅丰富了游客的体验，也提升了海南自贸港的文化影响力和数字经济实力。这些应用场景的拓展既推动了黎族文化的传承，同时也助力自贸港数字经济的高质量发展。

（二）黎族非遗传统文化对数字经济发展的推动作用

黎族的非物质文化遗产为海南自由贸易港的数字经济发展注入了丰富的文化内涵和创新灵感。通过数字化技术的保护与传承，黎族文化的活力得以复苏，文化产业与数字经济的深度结合催生了新的商业模式。黎锦等传统手工艺通过与数字设计平台及现代时尚元素的结合，创造出具有市场竞争力的文化商品，满足了消费者的文化需求，同时推动了数字经济的增长与转型。

黎族非物质文化遗产的传播与展示为数字经济拓展了广阔的营销渠道和消费潜力。通过线上线下的展览、文化节庆等活动的结合，吸引了大量游客和消费者，增强了黎族文化的影响力，为数字经济发展注入了新的动力。

（三）数字经济对黎族非遗传统文化传承与创新的支持

数字经济为黎族非物质文化遗产的传承与创新提供了坚实的后盾。现代信息技术，如虚拟现实（VR）和增强现实（AR），使得黎族的传统技艺得以数字化地保存和广泛传播，从而提高了公众的认知度和兴趣。

数字经济促进了黎族非物质文化遗产与现代产业的深度融合，例如在旅游纪念品开发和非遗文化体验项目的打造方面，为非遗文化的传承注入了新的活力。同时，通过跨境电商和国际文化交流平台的利用，黎族非物质文化遗产也走向了世界，提升了其在国际舞台上的影响力。数字经济不仅为黎族文化带来了创新发展的机遇，还为自贸港的高质量发展增添了独特的文化魅力。

四、黎族非遗传统文化与自由贸易港数字经济融合发展的策略

（一）推动黎族非遗文化的数字化保护与传承

黎族非物质文化遗产构成了海南文化宝库中不可替代的珍宝。然而，在现代化和全球化的冲击下，其传承与保护面临诸多挑战。为了有效应对这些挑战，数字化技术的引入为非物质文化遗产的保护与传承开辟了新的道路。首先，通过运用3D扫描、全景摄像和虚拟现实（VR）等先进科技手段，对黎族织锦、藤编、传统音乐和舞蹈等进行详尽的数字化记录，这不仅保存了这些文化形态的视觉和听觉特征，还使得通过数字平台的广泛传播成为可能。

此外，建立数字化档案系统，对黎族文化的历史背景、工艺流程以及传承谱系进行系统性的整理和记录，将为未来的学术研究、教育活动和文化推广提供坚实的基础。通过新媒体平台，例如，短视频、直播和微信公众号等，开展文化宣传活动，不仅能够提升公众对黎族文化的认知，还能激发年青一代对非物质文化遗产的兴趣，从而推动文化的跨代传承。

（二）促进黎族非遗文化与数字经济产业的深度融合

数字经济为黎族非物质文化遗产的创新性发展提供了新机遇，关键在于传统文化与现代产业的深度融合。可以开发具有黎族特色的数字文化产品，如数字博物馆、线上文化体验项目、互动式非遗学习平台等，让更多人通过互联网和智能设备了解和体验黎族文化的独特魅力。

黎族非物质文化遗产可通过创意产品形式与现代消费需求结合，如将黎锦图案和传统手工艺品设计元素融入现代时尚产品，提升文化产品的市场竞争力。与电子商务平台合作，拓宽线上销售渠道，增强其经济价值。

数字经济也为黎族非物质文化遗产与旅游业的结合带来新机遇，如开发以黎族文化为主题的数字旅游项目，包括虚拟现实（VR）旅游、在线文化体验、互动式文化地图等，使游客沉浸式感受黎族文化的独特魅力，丰富旅游业态，提升海南自贸港的文化软实力。

（三）发挥政府和社会力量的协同作用

在促进黎族非物质文化遗产与数字经济融合的进程中，加强政策导向和资金支持是至关重要的。政府可以设立专项基金，用于支持黎族非物质文化遗产的数字化保存和产业化推进，同时为中小企业、非营利组织和个人艺术家提供技术、资源和市场方面的援助，以促进文化和数字经济的创新性结合。

此外，政府应通过制定和优化相关法律法规来保护非物质文化遗产的知识产权，防止文化资源的滥用和商业化侵犯。同时，政府应激励社会各界，尤其是文化企业、科技企业和学术机构，通过跨领域的合作，共同推动文化创意产业的繁荣发展。

（四）加强国际合作与文化交流

自由贸易港的建设为海南与世界各地的文化交流带来了前所未有的机遇。我们应充分利用这一优势，加强黎族非物质文化遗产的国际传播和交流。通过跨境电商、国际文化节和艺术展览等多种形式，推动黎族非物质文化遗产进入国际市场，增进国际社会对海南文化的了解与认同，提升黎族文化的全球影响力。

借助与国际文化组织的合作，可以引入先进的数字化保护技术和创意产业模式，推动黎族非物质文化

遗产的创新性发展。例如，通过与国外博物馆和文化机构的合作，举办黎族文化主题展览、文化研讨会等，吸引更多的国际关注和资源，助力黎族非物质文化遗产的保护、传承和发展。

五、结语

海南黎族非物质文化遗产，以其独特的艺术和文化深度，为数字文化产业提供了丰富素材，推动了产业发展。数字化技术的应用解决了传统传承难题，拓宽了文化传播渠道，增强了文化认同感，为自由贸易港建设打造了文化软实力基础。黎族非物质文化遗产与数字经济的结合，催生新市场，为经济转型注入活力。政策引导和技术创新在融合中起关键作用，为实践提供参考。黎族非物质文化遗产是推动数字经济发展的重要资产，值得深入挖掘研究。

未来研究应深化黎族非物质文化遗产与数字经济融合路径，建议跨学科合作构建理论框架，指导政策和项目实施。探索前沿技术在非物质文化遗产保护传承中的应用，提升数字化保护水平。政府应支持数字化项目，激发传承人的创新热情。加强国际交流与合作，提升黎族非物质文化遗产国际影响力，鼓励社会各界参与，全面推动其在数字经济时代的传承与繁荣。

参考文献：

[1] 张彤．海南传统技艺类非物质文化遗产的创新保护 [J]. 长春教育学院学报，2024，40（2）：78-82.

[2] 贾健，张泽承．非遗保护视域下海南黎族传统体育发展建设研究 [J]. 南海学刊，2022，8（2）：126-134.

[3] 王康媚．人工智能时代民间手工艺数字化保护开发的路径研究 [J]. 艺术教育，2020（9）：175-178.

[4] 曹晓路，王崇敏．中国特色自由贸易港建设路径研究——以应对全球数字服务贸易规则变化趋势为视角 [J]. 经济体制改革，2020（4）：58-64.

[5] 吴蓉蓉，李倩．浅析海南黎族非遗保护交流平台的可行性 [J]. 文化创新比较研究，2020，4（12）：41-42.

[6] 赵婷．日本非遗保护经验对海南的启示 [J]. 民族论坛，2017（6）：49-52.

海南自贸港建设背景下学术期刊发展策略研究①

严孟春②

摘要：作为国家的重要战略部署，海南自贸港建设在提升海南综合形象的同时，也为海南本土学术期刊带来全新的历史发展机遇。学界多聚焦于期刊创新发展的一般性研究，而对于如何将普遍的期刊创新路径应用于具体个案的讨论则较少。在此基础上，分析海南本土学术期刊对于海南自贸港建设的重要价值有助于本土学术期刊发展策略的明确。海南本土学术期刊只有将海南自贸港建设作为自身创新转型的外在动力，主动融入新兴信息媒介发展潮流，培养一支复合型的编辑人才队伍，推动智库角色的有效塑造，才能为海南自贸港建设提供独特的智力支持。

关键词：海南自贸港；学术期刊；发展策略

目前，有关学术期刊发展的研究主要集中在以下几个方面。第一，研究学术期刊发展对策。主要探索新时代背景下，学术期刊如何持续加速发展的路径。第二，研究学术期刊的传播力建设路径和运营传播方式。主要从中国学术话语如何才能得到广泛传播，在国际上产生更大的学术影响和国家话语感召力这一方面进行研究。第三，研究如何科学策划学术期刊选题。主要从选题方面探讨如何构建学术期刊发展新特色。第四，研究学术期刊编辑队伍建设。主要从学术期刊编辑如何从单一型编辑向复合型人才转变，构建一个更加高效、更加便捷的智能化服务体系这一方面进行研究。尽管学界在期刊发展创新方面的一般性研究已比较多，但聚焦于探讨海南自由贸易港建设视域下学术期刊应当如何成为海南自贸港建设的一支重要力量，将学术期刊的发展创新路径由普遍转为个案的研究却比较少。本文将以海南自贸港建设为背景，从学术期刊发展创新的价值、创新的思路和目标、创新的内容等三个方面展开研究。

一、海南自贸港建设背景下学术期刊发展策略价值

目前，海南计划在 2035 年建成具有世界影响力的全球最大的自由贸易港。随着海南逐步走向国际舞台的中央，构建并传播积极正面的国际形象、提升自身吸引力和美誉度对自贸港建设至关重要[2]。而学术期刊作为一种关键的传播交流平台，其发展策略在这方面具有重要的理论价值和运用价值。

（一）理论价值

海南自贸港的建设作为中国推动现代化发展全局中的重大战略部署，承载着打造新时期中国对外开放重要窗口的历史使命[3]，是继海南经济特区建设、海南国际旅游岛建设之后发展海南的又一个国家战略。目前，海南已经完成了从“建设自由贸易试验区”到“初步建立自由贸易港”的转变。海南自贸港建设是一个综合工程，既有物质的一翼，也有文化的一翼，需要智库为它的发展提供智力支撑。此外，海南自贸港建设呼吁学术期刊的智能化与国际化转型。一方面，自贸港建设是新事物、新机遇、新挑战，是一个科技命题和管理命题，需要作为智库的学术期刊积极创新以提供智力支撑。2022 年，中共中央宣传部印发《关于推动出版深度融合发展的实施意见》，对新时代深入推进出版深度融合作出总体部署和全面安排，鼓励出版单位充分发挥技术支撑作用，积极探索融合发展新模式、新业态、新领域[4]。因此，海南本土学术期刊应当充分利用海南自贸港建设的契机，在推进出版智能化方面进行积极探索。另一方面，自贸港建设也是一

① 基金项目：2024 年度海南省期刊出版研究基金面上项目“海南自贸港背景下期刊发展创新路径探析”（项目编号：HNPA-2024-C07）；全国高等学校文科学报研究会 2023 年度编辑学培育项目“融媒体时代学术期刊编辑队伍建设研究”（PY2023102）阶段性成果。

② 严孟春（1975—），女，江苏扬州人，博士，海南大学学报编辑部副编审，海南大学人文学院硕士生导师，主要从事中国古代文学和编辑出版学研究。

个国际自由贸易命题，是经济全球化的产物，自然会牵涉许多国际学科（国际贸易、国际金融、国际法等），这就要求海南学术期刊进行国际化转型的探索，以提升自身的国际学术话语权，增强国际学术传播力。

（二）运用价值

在融媒体和海南自贸港建设的双重大时代背景下，学术期刊应当适应信息更新日新月异的新形势的需要，紧跟新时代步伐，建设多渠道多媒体的传播方式，积极传播先进的研究成果，推进传统出版方式与数字媒体融合，构建全流程数字出版平台，推行无纸化出版模式，真正落实学术期刊“走出去”战略，从而在加速科技成果转化等方面实现积极探索。另外，海南自贸港建设所体现的是一种全球化的发展理念和发展模式，海南本土学术期刊需要借鉴国际学术领域期刊的办刊理念与策略，以理论为先导和支撑，积极探索学术期刊的国际化发展路径。学术期刊编辑是知识生产的重要参与者[5]，因此，需要以海南自贸港建设为导向，建设一支新时代的期刊编辑人才队伍，以引领本土期刊的学术出版和知识服务。

二、海南自贸港建设背景下学术期刊发展策略思路和目标

目前，海南本土学术期刊总体上仍处在传统的编辑出版模式之中，其转型发展之路尚在起步阶段。鉴于对学术期刊如何转型发展的研究较少，我们需要以建设海南自由贸易港的国家发展战略为契机，以海南本土学术期刊为试点，推进这一研究进程，使之能够适应海南自贸港建设的需要，以此提升中国在国际上的学术话语权和学术文化软实力。

（一）思路

海南自由贸易港建设视域下本土学术期刊发展应重点探讨两个方面的内容，一是海南自贸港建设对海南本土学术期刊发展提出的新要求，二是海南本土学术期刊如何为海南自贸港建设发挥智库功能、提供智力支持。学术期刊特别是海南本土的学术期刊可以发挥独特的智库功能，适应海南自贸港建设的要求，在坚持传播学术职能、坚持品质优先的前提下，走出版智能化、发展国际化之路。其中关键的步骤是抓好学术期刊编辑队伍建设，既要优化编辑队伍的存量，也要做好编辑队伍的增量；既要重视编辑队伍的政治与道德建设，也要着力提高编辑们的业务素质和学术素养；既要保持传统角色定位，也要根据时代与实际的需要进行角色转型；既要传播学术，也要服务地方和实际，就海南地区来说，即是要服务于海南自贸港建设的战略需要。

（二）目标

学术期刊应当坚决深入贯彻落实党的二十大精神，围绕海南省委、省政府各项重大决策部署和海南自由贸易港高质量发展，围绕编辑人才队伍建设、期刊内容优化、期刊传播渠道创新、期刊高质量发展等问题，面向期刊发展实际，从不同学科、不同领域选取一批具有学术创新价值、决策咨询价值和文化传承意义的选题，服务海南地方经济社会发展，为全面深化改革开放、加快建设海南自由贸易港建设添砖加瓦，使海南本土学术期刊既能传播普适的学术文化又能服务于地方实际建设的需要。

学术期刊编辑应当不囿于传统的编辑出版模式和路径，勇追时代潮流，适应发展变化，在传统出版和网络出版并举的观念引导下，顺应媒介融合发展趋势，通过多媒体渠道突破时空限制，从而实现全方位传播[6]，促进海南本土学术期刊的出版智能化与国际化的转型。在期刊高质量发展的时代要求下，为了适应国家建设社会主义新型智库的趋势，智库转型成为学术期刊探索创新发展的新路径[7]。海南本土学术期刊也应当充分发挥智库功能，通过智库成果的传播，增强自身社会功能，以适应海南自由贸易港建设的要求；同时增强海南本土学术期刊的学术话语权和学术传播力，以促进中国国家文化软实力的提升。

三、海南自贸港建设背景下学术期刊发展策略内容

海南自贸港建设是国家发展战略，是新时代改革开放的新生事物，需要在理念、制度、方法、路径等方面不断探索，需要充分获得专家学者的智力支持，学术期刊在此可谓大有可为。

（一）海南自贸港建设视域下本土学术期刊出版智能化转型研究

随着融媒体已经逐渐覆盖纸质媒体，学术期刊的传统工作流程和方法受到了巨大影响。数字学术环境下的学术出版呈现出知识需求精准化、学术研究数据化与互动化、学术主体身份多元化的特点[8]。推进出版智能化转型正是学术期刊助力自贸港建设问题解决机制的一部分。目前，融媒体信息技术变化使得整个学术大环境和学术期刊本身、作者读者需求都发生了较大的改变。但正所谓“挑战即机遇”，日益丰富的数字信息资源和数字工具也为学术期刊的进一步发展提供了崭新的契机。本土学术期刊出版智能化转型和时代发展之间仍然存在矛盾和差距，仍需努力实现二者间的协调配合。为此，应当以海南自贸港建设过程中出现的问题为导向，从思维转变、能力提升、队伍建设、平台搭建、渠道融合、编读互动等层面有针对性地探寻学术期刊出版智能化的方式方法与路径方案。

（二）海南自贸港建设视域下本土学术期刊的国际化转型和传播力建设

海南是海上丝绸之路的重要节点，海南自贸港建设是在全球化、国际化背景下进行的。相应地，对之提供智力支持的海南学术期刊也应跳出地方期刊的局限性，努力开展并完成国际化转型。学术传播是学术研究的重要环节，是促进知识生产向知识应用转换的重要途径，也是做好宣传思想文化工作和建设中华民族现代文明的重要内容[9]。

因此，海南本土学术期刊应当围绕学术性与媒介性对本土期刊在国内外的传播现状展开研究与分析，从中发现问题，寻找其学术话语国际传播力的不足，明确转型方向；同时，应当培育海南学术期刊编辑的国际办刊视野，以追踪前沿科技，吸引国际稿源，充分实现“请进来、走出去”，与时俱进，开拓创新。此外，应当研究学术期刊国际化发展的相关理论，借鉴拓展国际化传播空间的经验，探索建设学术期刊国际化传播的平台和渠道，推动海南省内学术期刊与国际学术界的学术研讨、融合交流；还应当利用技术手段助力学术期刊的国际化转型。

（三）海南自贸港建设视域下本土学术期刊编辑队伍建设探索

在网络媒体、移动媒体等技术快速发展的背景下，学术期刊承担着展示、传播、引领、推动先进科学理论及传播人类智慧的特殊功能，是推进学术积累和学术创新，开展学术评价，促进学术成果转化的重要平台，也是我国哲学社会科学繁荣发展的重要组成部分。在社会大变革和大转型的背景之下，学术期刊编辑队伍的发展建设是学术期刊高质量发展中必不可少的重要环节。一方面要盘活存量——提高现有编辑的素质，另一方面要搞好增量——引进高素质的新型编辑人才。学术期刊编辑既要有高度的政治觉悟、敏锐的政治意识和政治眼光，也要有强烈的学术担当精神和过硬的编辑业务素养，在新的时代条件下不能囿于传统的编辑出版模式和路径依赖，而应该勇追时代潮流，适应发展变化，做好从学术内容“裁剪人”“把关人”到学术规范与方向“审定者”“引领者”的角色转型[11]。

（四）海南自贸港建设视域下本土学术期刊发展的智库角色塑造

学术期刊与智库的发展关系着国家软实力的提升，学术期刊的智库化转型具有必要性与急需性。随着自贸港建设事业的推进，与国际自由贸易标准和规则、国际化翻译、国际化版权贸易和知识产权保护、国际化经营管理人才、国际法等相关的问题会层出不穷。而问题的解决需要各智库发挥“理性辨析的公共平台”[12]功能，提供方案，将学术影响力体现在实践影响力或者政策影响力上。另外，本土学术期刊本身也存在服务范围、服务方式、目标定位、队伍现状等和自贸港建设要求不匹配的问题，需要在实践过程中逐步予以解决。智库和学术期刊都是由不同领域专家学者组成，服务于国家政治、经济、文化、军事、外交等重大战略，在构成和服务对象上有相似性，但其在职能设置上既独立又有联系，而拓展学术期刊的智库功能则不仅能为智库提供传播平台，而且能为学术期刊服务社会提供一个有效渠道。

四、结语

目前海南学术期刊的发展仍然存在一些不足，如编辑队伍的素质和规模有待提高，编辑们的事业心、进取心和创新精神仍有待提高；学术期刊的编辑出版仍以传统模式为主，需要探索转型发展；学术期刊的影响力、传播力、国际影响力不足；海南本土学术期刊满足地方建设和现实实践需要的能力有待提高等等。海南自贸港建设是一个新鲜而复杂的事业，涉及各种学术知识尤其是诸多国际学知识，且与学术期刊发展优化关联甚大。既要通过学习和实践去了解、掌握自贸港建设的相关知识以及运作情况，也要努力使自贸港建设成为海南本土学术期刊发展转型的外在动力，进而使本土学术期刊发展转型能为自贸港建设提供智力支持，并使其发挥独特的作用。

参考文献：

[1] 中共中央、国务院：《海南自由贸易港建设总体方案》（2020 年 6 月 2 日），http：//politics.people.com.cn/n1/2020/0602/c1001-31731662.html。

[2] 洪小丽、白丽芳：《海南自贸港建设的境外英文媒体舆情分析》，《海南大学学报（人文社会科学版）》，2024 年第 2 期，第 101–109 页。

[3] 郭庆宾、黄林峰：《去杠杆政策如何影响金融服务实体经济效率？——基于海南自贸港的经验证据》，《海南大学学报（人文社会科学版）》，2024 年第 2 期，第 110–119 页。

[4] 中共中央宣传部：《关于推动出版深度融合发展的实施意见》（2022 年 4 月 24 日），https：//www.gov.cn/xinwen/2022-04/24/content_5686923.htm。

[5] 张蕾、何云峰：《学术期刊编辑人才队伍建设的问题与建议》，《出版广角》，2021 年第 19 期，第 23–25 页。

[6] 江波、朱政敏：《融媒体背景下学术期刊评价的变革与进路》，《中国编辑》，2022 年第 2 期，第 11–16 页。

[7] 高藤瑜、张允玲、刘思阳等：《智库期刊发展现状及建设策略探究——以 14 种智库期刊为例》，《传播与版权》，2024 年第 4 期，第 30–33 页。

[8] 谢炜：《智慧出版：数字时代的学术出版转型之路》，《文献与数据学报》，2019 年第 4 期，第 97–103 页。

[9] 魏长宝：《融媒体时代学术期刊传播能力建设与高质量发展》，《东南学术》，2024 年第 2 期，第 228–232 页。

[10] 张立伟、李静丽：《学术期刊推动学术共同体发展：基础作用、现实困境与政策建议》，《社会科学家》，2024 年第 3 期，第 98–104 页。

[11] 薛澜：《智库热的冷思考：破解中国特色智库发展之道》，《中国行政管理》，2014 年第 5 期，第 6–10 页。

自贸试验区、自由贸易港社会治理体系与治理能力现代化研究

陈政华 ①

摘要：本文深入剖析了自贸试验区和自由贸易港在推动中国经济高质量增长方面的中心作用。自贸试验区与自由贸易港已经通过制度上的创新、政策上的支持、营商环境的改善、技术的创新和数字经济的进步，以及绿色进步与深化的国际合作，逐步在世界经济中形成了一个有竞争力的经济生态环境。虽然这些区域面临多种困境，但是通过持续的体制改革和实践尝试，它们积累了宝贵的经验，特别是在促进国家经济转型和增长方面，同时在全球价值链中取得了关键性的地位。此文对这些已取得成功的做法进行了综述，并探讨了潜在的未来发展方向，希望能为未来提供一些启示。

关键词：自贸试验区；自由贸易港；制度创新；经济高质量发展；国际合作

引言

自贸试验区和贸易自由港湾的成立，象征着在全球化趋势下，中国进一步加强改革和扩大对外开放的一次核心进展。这些特定区域不仅是国家战略的重要组成部分，还在推动经济体系的转变与提升、优化商业氛围、促进科技革新以及吸引全球投资等多种重要领域中，发挥了不可或缺的作用。各个商贸区域以及自由贸易港区一直在积极地尝试和实践新兴的对外开放方式，从而诞生了一些各具特色的开放新方向和亮点。自贸试验区与自由贸易港在先行阶段就实施创新政策和管理模式的测试和推广活动，已经为全中国的改革进程带来了不可估量的实践智慧。近年来，我国多数区域逐渐构建了一系列独特风格的自由贸易区与自由贸易港，这些指施显著地推动了全国不同地区在经济和社会方面的向前发展。现在，中国已经崛起为全球最有活力的经济体之一。然而，由于全球经济持续不断的波动以及内部经济增长的推动力逐渐上升，这些建区现在面临着前所未有的机遇与挑战。探讨如何更加有效地利用自贸区和自由贸易港的建设，以凸显这两个地区对于中国社会经济进展的深远意义，已经变成了学术界当前热议的焦点问题。深入研究和探索我国自贸试验区是具备很高战略重要性的。此研究旨在深入探索自贸试验区和自由贸易港的现行发展模式，进一步研究它们如何进一步加深改革和追求更高水平的发展，同时为未来的经济进步提供特定的策略，进而确保其经济的连续增长。

1. 自贸试验区与自贸港的发展现状

1.1 各地自贸试验区的成就与挑战

自 2013 年设立上海自由贸易试验区以来，中国的自贸试验区在推动经济高质量发展和优化营商环境方面取得了显著进展。各地自贸试验区通过制度创新，特别是在投资管理、贸易监管、金融服务等领域，推出了简化外资准入程序的“负面清单”管理模式，并推动了政府职能转变，提高了政务服务效率。上海自贸试验区的经验在全国推广，对中国的改革开放产生了深远影响。

广东自贸试验区与粤港澳大湾区的合作关系得到了进一步的加深，从而有效地推动了两地经济融合的进程。广东自贸区以及深圳自贸试验区里都存在若干自由贸易园区的建设进度相当迅猛。福建自贸试验区已经通过加强与台湾的经济和贸易合作，逐步成为两岸经济互动的关键桥梁。“一带一路”的布局和自贸区的建设正在稳步前行，因此，多个自由贸易园区正在积极地提交申请或进行规划。这些建立了开放贸易

---

① 陈政华，海南科技职业大学创新创业学院，院长，博士生。

试验区在地区经济发展中扮演了一个不可或缺的角色。

尽管自由贸易试验区取得了一定的进展，但它也面临着诸多挑战。各个地区之间的发展速度存在明显不平衡现象，东部自由贸易试验区的增速明显，而中西部地区在吸引外资和促进贸易便利方面却表现得稍显乏力。进一步优化营商环境，吸引高端产业和人才集聚，仍是自贸试验区面临的主要问题。[1]

1.2 海南自由贸易港的特殊地位与进展

海南自由贸易港的设立是中国推进高水平对外开放的重大举措，赋予其在国家战略中的特殊地位。海南作为中国唯一的全岛自由贸易港，被授予了更高的开放性标准和更广泛的改革试验权限，其目标是建设一个具有全球影响力的高水平自由贸易港。

海南自由贸易港获得独特地位的主要原因在于，首先，它拥有独特的地理条件以及相关政策方面的有利条件。海南正好坐落在“一带一路”倡议的核心地带，并且具备与东南亚及南亚市场进行联结的地理上优势。其次，由于中央政府为海南自由贸易港实施了多项优惠政策，如零关税、降低税率和简化税务规定等，这有助于进一步的商业运营。这一系列的政策不只是促进了贸易与投资的自由化和简化，它们还成功地吸引了全球各大企业和资金的集聚。

从海南岛的自由贸易港建立之日起，其在建设阶段已经逐步启动了数个关键的改革步骤。在某些核心的行业中，如金融服务、商业监管以及国际航运业，制度的革新已经获得了明显的突破。特别是在近几年中，随着我国推行的“一带一路”倡议和自由贸易区的相关政策，海南国际旅游岛的建设速度明显加快，这进一步助推了海南省走向开放型经济的发展道路。例如，海南已经建立了相对开放的外汇管理制度，极大地便利了国际资本的流动。除此之外，海南在推进“一带一路”以及自贸区的建设上也步伐迅猛，积极参与全球社会的融合。自由贸易港在诸如数字经济、健康产业以及生态文明等前沿领域中进行了深度研究，并顺利地开展了数个具有示范重要性的试点项目。

但是，海南的自由贸易港在其成长途中仍旧碰到了大量的困境和挑战。对于如何在将来更加有力地贯彻实施各种政策措施，深化制度创新的力度，并在全球竞争环境中确立自身独有的地位，都是需要解决的核心议题。与此相伴，海南为了保证自由贸易港的建设能够实现其预期目标，不仅要增强法律架构，更要吸纳顶尖的人才并优化其业务环境。

图 1　海口新海滚装码头客运综合枢纽站是自贸港封关运作的重要配套设施

2. 深化改革的关键领域

2.1 制度创新与政策支持

在深化改革过程中，制度创新和政策支持是自贸试验区与自由贸易港成功的关键。通过一系列的制度创新，自贸区打破传统体制束缚，激发市场活力，并为全国改革提供可复制经验。

在投资管理方面，推行“负面清单”制度，简化外资准入程序，提高了投资便利性，推动外资企业进入中国市场。贸易监管方面，探索风险管理模式并应用数字化手段如“单一窗口”，大幅提高了通关效率，降低了企业成本。

政策支持为改革提供资源保障，中央政府推出税收优惠、资金支持和法律调整，确保了制度创新的顺利实施。地方政府也通过因地制宜的政策推动区域经济发展[2]。

尽管如此，制度创新与政策支持仍面临挑战，尤其在金融、法律和知识产权保护等领域需要持续突破，同时政策的精准性和有效性有待提高，以确保改革落实。

2.2 营商环境的优化

通过简政放权与流程优化，自贸试验区实现了政府职能的转变，推行“一站式”服务窗口和“互联网+政务服务”模式，使企业设立、审批、备案等流程更加简洁高效。这种改革减少了企业在行政审批环节的时间和成本，提高了政府服务的透明度和效率。

在法治环境建设方面，自贸试验区通过完善法律法规体系，保障了市场主体的合法权益。知识产权保护机制的加强，进一步鼓励了企业的创新活动，特别是在高科技领域，企业对知识产权的保护需求得到了更有效的满足。纠纷解决机制的完善和法律援助服务的推广，也为企业提供了更加公平公正的营商环境。

自贸区的试验区也努力调整金融服务，以提高其商业服务的效率。除此之外，自贸区的开放性为我们带来了金融创新的新机会。外汇管理架构的进一步改进和跨国资金流动的简化策略，都为各企业带来了更多的金融服务选择，进而助力了跨境的投资和贸易往来。在自贸试验区，金融机构不仅推出了各种创新的金融项目和服务，还为各个企业创造了多样化的融资途径和风险控制手段，以促进其发展。

在吸引人才的实践中，自贸试验区通过放宽人才吸引的政策措施和提供更上乘的公共服务，有力地聚集了众多的资深专家。在人才培养的实践中，自贸区积极鼓励所有种类的杰出人才参与经济建设。这些人才教育策略不仅提升了自贸试验区的创新潜质，而且也为各个企业的持续发展注入了必不可少的智力资本。[3]

2.3 对外开放的扩大

自贸试验区通过降低外资准入门槛和扩大市场准入，吸引了更多外资，促进了中外企业合作与技术交流。金融、教育、医疗等领域的进一步开放，推动了高质量外资项目落地。外商投资法和“负面清单”制度的推广，为外资提供了更透明的市场环境，增强了投资信心。

在贸易自由化方面，自贸试验区提升了跨境贸易便利性，推动了货物和服务自由流通，促进了跨境电商、国际中转等新型贸易模式的发展，增强了区域贸易活力。

此外，自贸试验区还积极推动与“一带一路”共建国家的经贸合作，通过双边和多边自由贸易协定的签署，减少了关税壁垒，提升了市场准入水平，为构建开放型经济新体制打下了基础。

自贸试验区和自由贸易港通过扩大对外开放，促进了国内产业升级和创新，未来将继续在全球经济中发挥重要作用，为中国经济高质量发展提供动力。

图 2 航拍繁忙的洋浦经济开发区小铲滩码头

3. 自贸试验区与自贸港的高质量发展路径

3.1 科技创新与数字经济

在全球经济数字化转型背景下，自贸试验区和自由贸易港积极推动科技创新和数字经济，努力打造具有全球竞争力的创新生态系统。通过加强科技研发能力，这些区域吸引了高科技企业和科研机构，推动了高新技术产业集聚与发展，特别是在深圳经济特区，成为电子信息、生物科技等产业的聚集地。

自贸试验区和自由贸易港还通过数字基础设施建设，推动 5G、人工智能、大数据等技术的广泛应用，支持数字产业崛起和传统产业的数字化转型，增强市场竞争力。同时，跨境电商和数字贸易的快速发展，提高了国际贸易的数字化水平。

此外，自贸试验区还积极推动大数据与人工智能技术的应用，提升贸易、物流和金融等行业的管理水平与服务效率，降低成本并提高贸易效率。未来，借助“一带一路”和自贸区战略，这些区域计划加速数字货币和区块链等金融科技的应用，推动全球支付和金融服务的便捷化与安全化。[4]

图 3　位于三亚崖州湾科技城的深海科技创新公共平台

3.2 绿色发展与可持续性

随着全球对环境保护和气候变化问题的关注，自贸试验区和自由贸易港积极探索绿色发展模式，致力于建设资源节约、环境友好的经济体系。通过推广清洁能源和绿色技术，如风能、太阳能和生物能源，自贸区推动产业绿色转型，减少对传统化石能源的依赖。政府提供政策支持，鼓励企业研发和应用新能源，并推出激励措施促进节能低碳技术创新。

自贸区还在绿色基础设施建设中取得显著进展，推动绿色建筑、低碳交通和智能能源管理等项目，为可持续发展提供支持。海南自由贸易港在此领域表现突出，通过严格的生态保护策略，融合经济增长与环境保护。

此外，自贸区还积极推动国际绿色合作，引入全球先进环保技术和经验，参与全球环保协议，提升环境保护能力。通过跨国环保合作，自贸区助力全球绿色技术普及，推动可持续发展，贡献中国智慧。

随着绿色经济策略的不断深化，自贸试验区和自由贸易港将在全球生态经济中占据重要地位，为中国和全球的可持续发展注入动力。

3.3 国际合作与竞争力提升

自贸试验区和自由贸易港在国际合作方面取得显著成就，尤其在“一带一路”倡议框架下，中国与多个亚洲国家和地区加强了经济与经贸合作，推动了区域经济一体化。上海自贸区作为代表性改革试验区，已在金融和投资领域实现了初步开放，推动了国际贸易的便利化。

通过签订自由贸易协议，自贸试验区成功降低了贸易壁垒，提高了市场准入门槛，促进了国内外企业合作，并加强了中国在全球经济治理中的话语权。自贸试验区还通过引入国际先进技术与管理理念，提升了市场竞争力，吸引了大量外资，推动了全球市场的发展。

自贸试验区通过优化港口、物流和信息基础设施，提高了全球供应链的跨境流通效率，成为关键节点。跨境电商、保税物流等新兴业态的推广，进一步增强了其全球吸引力和影响力。

此外，自贸试验区积极参与国际标准制定，提升了其在全球经济治理中的地位，为中国企业提供了更加有利的全球竞争环境。

4. 结论

自贸试验区与自由贸易港作为中国深化改革和扩大开放的战略高地，已在推动经济高质量发展方面取得了显著成效。通过制度创新、政策支持、营商环境优化、科技创新与数字经济的推进，以及绿色发展与国际合作的深化，这些区域正在形成具有全球竞争力的经济生态体系。虽然目前面临着制度创新的深度和广度、区域协调发展等挑战，自贸试验区和自由贸易港通过持续的探索和改革，已为全国范围内的经济转型和发展提供了宝贵的经验和示范效应。未来，随着对外开放的进一步扩大和国际合作的深入，自贸试验区和自由贸易港将在全球经济中扮演更加重要的角色，推动中国在全球价值链中实现更高的跃升。

参考文献：

[1] 陈珏竹 . 海南自贸港建设背景下政府治理能力提升研究 [D]. 海口：海南大学，2023.

[2] 刘蓉 . 海南自由贸易港建设中民族地区基层治理法治化探究 [J]. 西部学刊，2024（2）：87-90.

[3] 牟盛辰 . 经济全球化与法治现代化再平衡之思：中国自贸试验区法治建构路径研究 [J]. 中国发展，2018，18（5）：10.

[4] 郭德香，崔凯伟 . 中国自贸试验区征信法治体系建设问题研究 [J]. 征信，2020（1）：5.

新质生产力推动海南自贸港高质量发展的理论逻辑与实践路径

裴广一[①]　林小钰

新时代新征程扎实推进高质量发展迫切需要新的生产力理论来指导。从首次提出“新质生产力”这一重大概念，到中央经济工作会议上作出重要部署，再到今年中央政治局集体学习进行系统阐述，最后，到十四届全国人大二次会议江苏代表团会议、党的二十届三中全会等关于加快发展新质生产力的系列重要讲话，深刻回答了“什么是新质生产力、为什么要加快发展新质生产力、怎样发展新质生产力”等重大理论和实践问题，强调要因地制宜发展新质生产力，防止一哄而起、一哄而散，这为海南加快发展新质生产力和推进高质量发展提供科学指引。海南作为中国改革开放的重要窗口，担当加快形成和发展新质生产力的重大历史使命。加快培育新质生产力是顺应全局发展和符合海南经济社会发展的一项战略举措，深刻分析新质生产力推动海南高质量发展中的理论逻辑，立足实际探索培育发展新质生产力的特色实践路径，对于实现自贸港高质量发展具有重要的理论与现实意义。

一、新质生产力推动海南自贸港高质量发展的理论逻辑

建设海南自贸港是重大国家战略，是党和国家全面深化改革开放做出的战略安排。加快培育新质生产力，是立足实际促进自贸港高质量发展的新动能和新优势。

（一）新质生产力是满足人民群众对美好生活愿望的基础

中国特色社会主义进入新时期，我国社会主要矛盾已经转化为人民日益增长的美好生活需要和不平衡不充分的发展之间的矛盾。实现满足人民群众对美好生活的需要这一目标就要依赖生产力的跃升，进一步形成新质生产力。海南自贸港作为中国改革开放伟大实践的新引擎，在国家发展中的重要地位日益凸显。人民群众对美好生活的需要发生了由“量”到“质”的转变，加快海南形成新质生产力是增进民生福祉、提高人民生活品质和高质量满足人民群众对美好生活的需要的最优选择。一方面，新质生产力通过技术创新，提升供给质量，满足人民生产、生活和消费的多样化和高端化的需求；另一方面，通过完善传统要素的供给结构，健全要素参与收入分配机制，优化生产力布局，促进“三级一带一区”协同发展，能够缩小省内城乡和区域差距，让全民共享发展成果。

（二）新质生产力是推动产业结构优化的强劲动力

强省必须强产业，促进产业结构优化和升级是海南自贸港高质量发展的重中之重。海南是典型的岛屿经济体，工业发展相对滞后，缺乏具有核心竞争力的战略性支柱产业，产业形态表现出明显的“虚高度化”，亟须改变促进产业结构优化和升级的着眼点。[②]新质生产力的生产要素不再仅限于劳动、土地和资本等传统要素，还包含数据、技术、管理、知识和信息等新型生产要素，特别是在数字经济时代，数据和数字技术等要素逐渐成为产业升级和产业发展的关键。[③]在此背景下，一方面，通过引育科技对传统产业进行改造，催生新技术、新制造和新产业，推进海南产业结构向高端化智能化迈进；另一方面，通过加快大数据、云计算、人工智能等新技术的理论研究和技术应用，能够推动产业数字化和数字产业化有效协同发展，为海南高新技术、绿色低碳制造业、旅游业和现代服务业等产业优化升级提供新动能。

---

① 裴广一，系海南师范大学经济与管理学院教授，海南省中国特色社会主义理论体系研究中心特约研究员，民革海南经济委员会副主任；林小钰系海南师范大学经济与管理学院研究生。

② 傅国华、马恺阳等：《构建现代产业体系背景下海南自贸港产业结构优化研究》，《海南大学学报（人文社会科学版）》，2022 年第 2 期。

③ 余东华、马路萌：《新质生产力与新型工业化：理论阐释和互动路径》，《天津社会科学》，2023 年第 6 期。

（三）新质生产力是高质量建设绿色自贸港的关键

加快形成新质生产力是助力海南自贸港绿色高质量发展的关键。多年来，海南省坚持生态立省不动摇，着力提升生态环境质量和资源利用效率，扎实推进国家生态文明试验区建设，为自贸港绿色高质量发展奠定了坚实基础。[①] 但对标自贸港发展目标及“双碳”工作面临的新形势，海南仍存在经济发展方式粗放、国土空间开发保护格局待优化、建设用地利用率不高和生态环境治理能力和水平有待提升等一系列问题和挑战，须开辟一条绿色低碳、协调持续的发展之路。新质生产力本身就是绿色生产力，是一种高效率、低能耗的生产力形式。一方面，海南培育新质生产力通过绿色创新技术的应用和推广不仅能够降低能耗、成本和节约能源，还能实现生产过程绿色低碳化，打造海南绿色低碳比较优势。另一方面，新质生产力还倡导生态保护优先和绿色发展理念，通过提升生态服务功能和碳中和技术，增强碳足迹竞争力，有助于在争取碳汇、碳减排国际话语权上做出海南贡献。

（四）新质生产力服务“双循环”发展新格局的重要支撑

加快形成新质生产力是扩大海南自贸港对外开放和服务新发展格局的有力支撑。海南自贸港作为新时代中国对外开放的鲜明旗帜和重要门户，不仅有着生态环境优越、背靠大陆、面向南海和毗邻东南亚的突出地理区位优势，还有着其他地区所不具备的政策和制度优势，这使海南成为畅通国内国际双循环的主要阵地。[②③] 但在新发展格局下，自贸港的建设和发展仍存在经济驱动的内生动力不足、与周边区域经贸合作有待加深、复杂国际关系对自由贸易的冲击等现实困境。[④] 显而易见，新质生产力是海南在国际国内局势历史性变革下加强内外联动、扩大对外开放的战略选择。一方面，海南培育新质生产力以自贸港良好的政策环境为依托，通过推动知识、技术等关键要素的自由流动，优化营商环境，积极以创新驱动加快调整完善自贸港规则、制度、管理、标准等举措吸引先进技术、创新型人才等全球优质要素资源聚集自贸港，拓展国内市场空间。另一方面，通过先进技术构建跨国际电子商务和在线交易平台，在促进国内企业走出国门和参与全球竞争中发挥重要作用，助力国内国际双循环的形成。

二、新质生产力推动海南自贸港高质量发展的实践路径

形成和发展新质生产力重要的是处理好共性和个性的关系，因地制宜、分类实施。面对海南进入高质量发展的窗口期、封关运作的关键期与风险防控的攻坚期，应从海南实际出发，找准自身定位，全面深化改革。不断探索海南在新领域、新赛道中形成特色新质生产力的实践路径，有力赋能海南自贸港高质量发展。

（一）坚持以科技创新为引领，引领战略新兴和未来产业发展

科技创新能够催生新产业、新模式、新动能，是发展新质生产力的核心要素。产业是生产力的载体，科技创新成果只有产业化才能成为社会生产力。海南加快形成新质生产力须聚焦种业、深海、航天、绿色低碳、生物制造、低空经济等新领域，充分发挥自贸港“三度一色”的比较优势，努力“向种图强”“向海图强”“向天图强”“向绿图强”“向数图强”，高质量构建和培育绿色现代化产业体系。一方面，依托省内产业基础优势，壮大石油化工新材料、现代生物医药和数字经济三大战略性新兴产业的发展，打造石油化工新材料、现代生物医药、数字经济三个千亿产业集群。提高石油化工产业的科技含量；做优做强现代生物医药产业；培育壮大数字经济，引导企业数字化、智能化改造升级。另一方面，以国家战略需求为导向，布局建设种业、深海、航天“陆海空” 三个未来产业。大力发展南繁种业，打造未来农业所需要的设计育种体系平台；做大做强海洋经济，发展深海科技、海洋智能装备制造、深远海养殖、海洋医药等海洋产业；发挥商业航天产业优势，打造火箭产业链、卫星产业链、数据产业链和“航天”＋产业。

---

① 刘涵：《海南自贸港生态文明体制机制创新研究》，《海南大学学报（人文社会科学版）》，2024 年第 1 期。

② 裴广一、刘忠伟等：《联通国内国际双循环重要枢纽：海南自由贸易港的时代定位与发展坐标》，《改革与战略》，2021 年第 6 期。

③ 石建勋、徐玲：《新发展格局下海南自贸港建设与发展战略研究》，《海南大学学报（人文社会科学版）》，2022 年第 2 期。

④ 熊坚、朱罗娜：《双循环新发展格局下海南自贸港建设的机遇、困境与路径》，《商业经济研究》，2021 年第 19 期。

（二）因地制宜助推传统产业转型，拓宽新质生产力产业发展空间

发展新质生产力，不是忽视、放弃传统产业，要防止一哄而上、泡沫化，也不要搞一种模式。传统产业是基本盘、老家底，是发展新质生产力的基础，与新质生产力并非对立关系。① 海南加快形成新质生产力，要摒弃海南过去不支持工业发展的错误思想，促进产业结构优化升级，让传统产业成为激发海南发展新质生产力的动力。一是加快取得原创性、颠覆性科技创新和关键核心技术突破，释放高端装备引领作用，提高生产效率和产品质量，加快传统产业向高附加值、高效益的新兴产业转化，推动传统产业的高端化发展。二是利用数字技术等先进技术对传统产业上下游进行全链条改造升级，打破传统产业边界，深化产业融合，推动传统产业数字化、智能化和智慧化发展。三是聚焦“双碳”目标，推进绿色技术的研发和应用，实现生产过程的清洁化和绿色低碳化；催生绿色产业链建设，构建绿色低碳循环经济体系，促进海南传统产业的绿色低碳转型。

（三）协同推进教育、科技、人才一体化，培养新型劳动者队伍

发展新质生产力，不再是简单的普通劳动者，而是需要能够创造新质生产力的战略型人才和熟练掌握新质生产材料的应用型人才。对海南来说，只有统筹教育、科技和人才协同发展，大力培育与新质生产力相匹配的知识型、技能型和创新型劳动者，才能着眼于提高劳动者的素质，进而在助力自贸港高质量发展中发挥作用。一是培养人才以数量规模转向稳定数量规模、优化创新人才结构和提高人才质量为主，夯实海南发展新质生产力的人才基础。完善科技人才和创新人才评价和激励制度，营造鼓励创新、宽容失败的良好氛围；激发各类人才创新活力和潜力，为海南自贸港发展新质生产力提供不竭的动力。二是优化高等学校学科设置和人才培养模式。高校是畅通教育、科技、人才三者良性循环的重要交汇点和发力点，肩负人才培养、科技创新的双重任务，构建以创新为导向的教育评价体系，推动人才链和创新链深度融合。三是扩大人才对外开放，实行更加便利开放的外国人出入境和工作许可政策，构建国际化人才服务、培养和引进机制。吸引更多具有国际视野、通晓国际规则的经营管理、经贸服务和涉外法律的高层次人才。

（四）营造良好制度软环境，突破新质生产力发展体制机制障碍

生产关系必须与生产力发展要求相适应，亟须进一步全面深化改革，向改革要动力，向开放要活力，形成与之相适应的新型生产关系。因此，海南加快形成新质生产力必须深化体制机制改革，促进有为政府和有效市场有机联合、协同发力，不断落实完善“两个毫不动摇”体制机制，激发各类经营主体的内生动力和创新活力。一方面，通过建立和完善创新政策体系、基础保障措施和法律法规，加大对知识产权的保护力度，完善金融服务体系，发挥政府的关键引领和财税支持作用，做好科创、绿色、数字金融等大文章。另一方面，建立高标准市场体系，强化企业创新科技创新主体作用，精准引进与海南主导产业和重点领域深度匹配的央企类项目等；切实营造尊重企业家、爱护企业家的社会氛围，培育壮大独角兽企业，支持带动中小企业创新。

（五）扩大高水平对外开放，塑造新质生产力发展新优势

扩大高水平对外开放在加快形成新质生产力过程中扮演重要角色。海南培育和发展新质生产力必须在深化对外开放和塑造开放型经济新优势中为发展新质生产力营造良好的国际环境。一是以制度开放为重点提升对外开放水平，推进开放和改革深度融合。抓好封关运作准备工作，积极对接国际高标准经贸规则；营造市场化、法治化、国际化一流营商环境，打造高开放层次和强辐射作用的开放新高地。二是深度融入全球市场体系，创新优势互补和空间互补的机制。引进先进生产要素资源，提升和优化产业支撑技术和管理模式，实现高质量的“引进来”和高水平的“走出去”。三是加强与周边国家和区域的合作，建立区域间高层次协同发展机制。利用海南数字经济的丰富的应用场景，在旅游业、现代服务业、高新技术产业和热带特色高效农业等优势产业方面加强与东盟等周边地区的合作，为海南新质生产力的形成塑造融合互惠的开放式创新优势。

① 金观平．发展新质生产力不是放弃传统产业［N］．经济日报，2024-03-14（1）．

论自由贸易试验区提升对新质生产力发展的促进

王征[①]

摘要：自由贸易试验区的提升对于促进新质生产力的发展具有重要意义。自由贸易试验区作为改革开放的新高地，拥有资源高强度投入和良好要素资源禀赋的优势，是发展新质生产力的理想平台。通过优化创新要素配置、提高全要素生产率、推进制度创新和加快新质生产关系变革，自由贸易试验区可以有效促进新质生产力的发展。同时，自由贸易试验区的区域布局优化、外贸外资提升和产业发展也为新质生产力提供了广阔空间和丰富场景。自由贸易试验区在发展中仍面临一些挑战，需要继续用好自由贸易试验区这块试验田，为新质生产力发展注入新动能，推动中国经济高质量发展。未来，自由贸易试验区应深入对接国际高标准经贸规则，提升制度型开放水平，为新质生产力的发展创造更加有利的条件。

关键词：自由贸易试验区；新质生产力；制度创新；全要素生产率；高质量发展

一、自由贸易试验区提升战略的背景与意义

（一）背景

其一，是全球经济一体化不断深入的结果。当前，全球经济一体化趋势持续加强，各国之间的经济联系日益紧密。在这一背景下，自由贸易试验区作为推进贸易自由化和便利化的重要平台，其作用愈加凸显。伴随着全球规则竞争日益激烈，一些西方发达国家正试图通过制定高标准经贸规则提高贸易投资壁垒。为了应对这一挑战，中国需要加快自由贸易试验区的建设，主动对接国际高标准经贸规则，推动制度型开放。其二，是基于自由贸易试验区在国家战略中的重要地位。自由贸易试验区是我国改革开放的重要窗口和试验田，承担着为全面深化改革和扩大开放探索新途径、积累新经验的历史重任。自由贸易试验区在贸易、投资、金融、政府职能转变等方面破除了一些体制机制障碍，有效提升了贸易投资自由化便利化水平，真正做到了把扩大开放同改革体制相结合、把培育功能同政策创新相结合，是经济高质量发展的有效抓手。其三，是新质生产力发展的需求。新质生产力的发展需要更加开放、便利的贸易环境。自由贸易试验区通过推进全产业链创新发展，为新质生产力的发展注入了新动能。自由贸易试验区通过持续推进贸易、投资、跨境资金、人员进出、运输等自由便利和数据安全有序流动，推动全球高端资源要素向新质生产力集聚，建成了一批世界领先的产业集群，是发展新质生产力的桥头堡和制高点。

（二）意义

其一，推动高水平对外开放。自由贸易试验区的建设是推动高水平对外开放的重要举措。通过自由贸易试验区，中国可以更加深入地参与全球经济合作与竞争，提升国际竞争力。自由贸易试验区在推动对外开放方面形成了覆盖东西南北中、统筹沿海内陆沿边的开放新格局，开放领域持续扩大，风险防控体系不断完善，为参与全球经济治理合作提供了先行先试的平台和载体。其二，促进经济高质量发展。自由贸易试验区作为国内国际双循环相互促进的重要枢纽，在有效集聚和高效配置全球高端资源要素方面发挥重要作用，有效促进了产业和经济的高质量发展。自由贸易试验区通过全产业链创新发展，以创新破除制约产业高质量发展的体制机制障碍，推动优势产业集聚发展，形成了一批具有国际影响力的产业集群。其三，

① 王征，男，济南社会科学院经济研究所原所长。研究员，经济学博士，上海财经大学浙江学院等单位兼职教授、特聘研究员、智库专家，欧美多所大学访问学者，研究领域含产业经济、区域经济等。

深化体制机制创新。自由贸易试验区是体制机制创新的重要平台。通过自由贸易试验区，中国可以探索更加适应新时代发展要求的体制机制，为全面深化改革积累经验。自由贸易试验区在负面清单管理模式、国际贸易“单一窗口”建设等方面取得了显著成效，为释放地方改革动力、促成更贴近市场的改革提供了更加常态化的路径。其四，增强区域发展的协调性和联动性。自由贸易试验区的建设有助于增强区域发展的协调性和联动性。通过自由贸易试验区与周边区域的联动发展，可以实现资源共享和优势互补，推动区域经济的整体提升。[①] 自由贸易试验区通过主动服务和融入国家重大区域战略，如京津冀协同发展、长江经济带、粤港澳大湾区等，促进了区域经济的协调发展。从而为中国经济的持续健康发展提供有力支撑。

二、新质生产力的发展动因

（一）新质生产力的产业载体

其一，新型制造业。新质生产力在新型制造领域得到了广泛应用。通过引入先进的生产工艺和设备，企业能够提高生产效率和产品质量，同时降低生产成本。智能制造、绿色制造等新型制造模式的出现，为新质生产力的形成提供了有力支持。其二，新型服务业。新质生产力也推动了服务业的转型升级。数字化、智能化技术的广泛应用，使得服务业能够提供更加便捷、高效、个性化的服务。例如，在线教育、远程医疗等新型服务模式的出现，不仅提高了服务效率和质量，还拓展了服务业的发展空间。其三，新产业形态。新质生产力还催生了一批新业态。这些新业态以科技创新为驱动，通过跨界融合、模式创新等手段，打破了传统产业的边界和壁垒，推动了产业结构的优化和升级。例如，共享经济、平台经济等新型业态的快速发展，为新质生产力的形成注入了新的活力。[②]

（二）新质生产力的发展动因

其一，加强科技创新。科技创新是新质生产力发展的核心驱动力。未来，需要继续加大科技创新投入，加强关键核心技术攻关，推动科技成果转化和应用，为新质生产力的形成提供源源不断的动力。[③] 其二，优化产业结构。产业结构优化是新质生产力发展的重要方向。需要加快传统产业转型升级，推动新兴产业发展壮大，布局建设未来产业，形成更加完善的现代化产业体系。其三，深化体制机制改革。体制机制改革是新质生产力发展的必要保障。需要继续深化市场化改革，完善社会主义市场经济体制，加强知识产权保护，激发市场活力和社会创造力。其四，推动绿色发展。绿色发展是新质生产力发展的重要特征。需要坚持绿色发展理念，加强生态环境保护，推动绿色低碳循环发展，实现经济效益与生态效益的双赢。以上特点和趋势表明，新质生产力将成为未来经济发展的重要驱动力和增长点。

三、自由贸易试验区提升战略对新质生产力发展的促进作用

自由贸易试验区提升战略作为推进高水平制度型开放的重要举措，对新质生产力的发展具有显著的促进作用。第一，推动传统产业转型升级。自由贸易试验区通过引入先进技术和管理经验，推动传统产业向高端化、智能化、绿色化转型，提高了生产效率和产品质量，增强了传统产业的竞争力。第二，优化重大生产力布局。自由贸易试验区作为改革开放的前沿阵地，通过优化资源配置和生产力布局，吸引了大量优质项目和高端人才，形成了新的经济增长极。第三，培育战略性新兴产业。自由贸易试验区依托政策优势和产业基础，加快培育和发展战略性新兴产业和未来产业，为新质生产力的发展提供了广阔的空间和机遇。第四，提升制度型开放水平。自由贸易试验区通过制度创新和体制机制改革，不断提升制度型开放水平，为新质生产力的发展提供了更加开放、便利和高效的制度环境。第五，促进国际营商环境优化。自由贸易试验区通过加强国际合作与交流，提升国际营商环境，吸引了更多的外资和先进技术进入，为新质生产力的发展注入了新的活力。

① 周婷：《自由贸易试验区建设对区域经济发展的影响分析》，《全国流通经济》，2024 年第 9 期，第 152 页。

② 朱颖祺：《新质生产力推进产业链现代化：逻辑、机制与路径》，《科研项目论坛》，2024 年第 2 期，第 10 页。

③ 孙杰贤：《发展新质生产力关键在科技创新》，《中国信息化》，2024 年第 9 期，第 20 页。

四、自由贸易试验区提升战略促进新质生产力发展的路径与策略

（一）优化创新要素配置，提高全要素生产率

自由贸易试验区应作为创新要素的高地，通过优化创新资源的配置，提高全要素生产率，为新质生产力的发展提供强大的动力。具体路径包括：第一，建设创新平台。鼓励和支持高校、科研机构、企业在自贸区内设立研发中心、创新实验室等，形成创新要素的集聚效应。第二，优化创新环境。完善知识产权保护制度，提高创新成果的转化效率，为创新主体提供良好的创新生态。① 第三，推动产学研合作。加强产学研深度融合，促进科技、教育、经济三者的紧密结合，提高创新成果的实用型和市场适应性。

（二）加强制度创新和体制机制改革，为新质生产力发展提供制度保障

自由贸易试验区应成为制度创新的先行者，通过体制机制改革，为新质生产力的发展提供有力的制度保障。具体策略包括：第一，深化负面清单管理。进一步缩减负面清单，放宽市场准入条件，激发市场活力和社会创造力。第二，优化政府职能。转变政府职能，简政放权，提高政府服务效率，降低企业运营成本。第三，完善监管体系。建立健全事中事后监管体系，提高监管效能，保障市场公平竞争。

（三）推进产业转型升级，培育新质生产力的产业载体

自由贸易试验区应抓住全球产业变革的机遇，通过推进产业转型升级，培育新质生产力的产业载体。具体路径包括：第一，发展新兴产业。依托自贸区政策优势，大力发展数字经济、智能制造、生物医药等新兴产业，形成新的经济增长点。第二，推动传统产业改造升级。运用新技术、新工艺、新模式改造传统产业，提高传统产业的生产效率和产品附加值。第三，培育产业集群。引导产业向园区集聚，形成特色产业集群，提高产业竞争力和影响力。

（四）加强国际合作与交流，提升自由贸易试验区的国际竞争力

自由贸易试验区应积极参与国际合作与交流，提升国际竞争力，为新质生产力的发展拓展国际空间。具体策略包括：第一，深化国际贸易合作。加强与“一带一路”共建国家及地区的贸易往来，推动贸易和投资自由化便利化。第二，拓展国际合作领域。在科技、教育、文化等领域加强与国外合作，引进先进技术和管理经验，提升自贸区的国际化水平。第三，构建国际交流平台。举办国际性展会、论坛等活动，搭建国际合作与交流的平台，提高自贸区的知名度和影响力。②

（五）营造良好的营商环境，吸引更多的投资和人才流入

自由贸易试验区应营造良好的营商环境，吸引更多的投资和人才流入，为新质生产力的发展提供坚实的人才和资金保障。具体路径包括：第一，优化投资环境。简化投资审批流程，提高投资便利化程度，吸引国内外资本流入。第二，完善人才政策。制定和实施更加灵活的人才政策，吸引和留住高端人才和创新人才。第三，提升服务质量。加强公共服务体系建设，提高政府服务质量和效率，为企业和人才提供便捷、高效的服务。通过以上措施，为新质生产力的发展提供全方位的支持和保障。

五、自由贸易试验区提升战略面临的挑战与对策

（一）挑战

自由贸易试验区作为推进高水平对外开放的重要平台，其提升战略在实施过程中也面临着一系列挑战。第一，创新能力不足。尽管自由贸易试验区在制度创新方面取得了一定成果，但与国际高标准经贸规则相比，仍存在较大差距。一些自由贸易试验区在创新方面缺乏持续性和系统性，导致创新成果不够显著。第二，产业结构不尽合理。部分自由贸易试验区的产业结构相对单一，缺乏多元化和高端化。产业间的协同发展还不够紧密，难以形成强大的产业链和产业集群效应。第三，体制机制不够顺畅。自由贸易试验区的

① 孙霞：《中国自由贸易试验区的提升战略与法治创新》，《经济学》，2023 年第 6 期，第 6 页。

② 朱群毅、袁江夫：《论实施自由贸易试验区推进我国高水平对外开放策略研究》，《活力》，2024 年第 2 期，第 193 页。

管理体制机制尚未完全理顺，存在多头管理、虚权管理以及交叉管理等问题。这会导致政策执行效率不高，难以充分发挥自由贸易试验区的政策优势。第四，开放力度不足。自由贸易试验区的开放程度与全球主要自贸园区相比仍有较大差距。服务业开放步伐较慢，外资准入仍有一定限制，特别是在电信、文化、医疗等领域的限制仍然较大。第五，营商环境仍有待优化，政务服务质量、创新投入力度等方面仍需加强。

（二）对策

第一，加强政策引导。制定更加明确和具体的政策导向，鼓励自由贸易试验区在制度创新、产业升级等方面积极探索。加大对自由贸易试验区的政策支持力度，确保其能够充分发挥政策优势。第二，推动产业协同发展。优化自由贸易试验区的产业结构，促进产业间的协同发展。加强产业链上下游企业的合作，形成强大的产业集群效应。第三，理顺体制机制。进一步完善自由贸易试验区的管理体制机制，明确各部门职责和权限。加强部门间的沟通协调，提高政策执行效率。第四，加大开放力度。对标国际高标准经贸规则，进一步扩大自由贸易试验区的开放程度。加快服务业开放步伐，放宽外资准入限制，特别是在电信、文化、医疗等领域。第五，优化营商环境。持续提升自由贸易试验区的政务服务质量，简化审批流程，提高办事效率。加强创新投入力度，鼓励企业加大研发投入，提升自主创新能力。建立健全知识产权保护制度，为创新提供良好的法治环境，等等。

参考文献：

[1] 韩仲秋 . 自由贸易试验区建设对产业结构升级的影响研究 [D]. 哈尔滨：哈尔滨商业大学，2024.

[2] 张懿 . 创造力竞争力支撑新质生产力发展 [N]. 文汇报，2024-09-25（001）.

[3] 孔琳，等 . 新质生产力赋能外贸高质量发展 [J]. 价格月刊，2024（10）：28

[4] 纪玉俊，等 . 我国新质生产力的地区差异与时空演变：典型城市的比较研究 [J]. 中国海洋大学学报（社会科学版），2024（5）：54.

[5] 张毅，王军 . 自由贸易试验区设立对城市创新能力的影响 [J]. 首都经济贸易大学学报，2024，26（4）：68.

新疆自贸区对甘肃向西开放的影响及建议

梁海燕　杨波[①]

摘要： 新疆自贸区是我国在西北沿边地区设立的首个自贸区，旨在打造促进中西部地区高质量发展的示范样板，助力创建亚欧黄金通道和我国向西开放的桥头堡。新疆自贸区的设立必将对周边区域经济产生重要影响。甘肃作为中国向西开放的前沿阵地和重要枢纽，以及新疆毗邻省份，应紧抓机遇，发挥通道交通区位优势，完善对接政策、探索制度型开放、深化产业合作、营造简政降税清朗营商环境，以更高水平向西开放推动高质量发展。

关键词： 新疆自贸区；甘肃；向西开放；影响

自由贸易试验区（简称自贸区），是指在我国境内设立的，以优惠税收和海关特殊监管政策为主要手段，以贸易自由化、便利化为主要目的的多功能经济型特区，旨在对外应对复杂多变的国际政治贸易新形势，对内探索中国深化制度改革开放新高地，为我国全面深化经济体制改革提供示范。自 2013 年 9 月上海自贸区正式设立以来，我国相继设立了华东、华南、华北、华中、东北、西南地区在内的 22 个自贸区，基本形成“陆海内外联动、东南西北中相互协调”的发展趋势。2023 年 11 月 1 日挂牌成立的新疆自贸区，是我国西北沿边地区设立的首个自贸区，力图通过投资便利化、金融服务功能强化、经济发展数字化和人才供给灵活化等政策供给吸引国内外资源要素向新疆汇聚。甘肃是中国向西开放的前沿阵地和重要枢纽，也是新疆毗邻省份，新疆自贸区必将对甘肃经济发展产生深刻影响。

一、新疆自贸区对甘肃向西开放的影响

（一）新疆自贸区对甘肃向西开放的机遇

1. 助力甘肃凸显交通区位优势

兰新高铁是迄今进入新疆唯一的快速通道，对丝绸之路经济带拓展西向通道具有重要的联通作用。2024 年开通的兰张三四线铁路成为兰州至新疆方向的第二条高铁通道，使西部地区高铁网络提质升级，中欧班列西部通道经过甘肃。同时，连霍高速、京新高速是国家高速公路网的重要组成部分，都经甘肃进入新疆，其中连霍高速更是新疆东向的最重要的通道。新疆打造联通欧亚的综合物流枢纽、建设起乌鲁木齐陆港型国家物流枢纽势必需要甘肃发展通道经济来保驾护航。

2. 助力甘肃稳步扩大制度型开放

制度型开放是新时代高水平的对外开放，是规则、规制、管理、标准等方面的稳步开放。新疆自贸区势必影响周边地区的服务业向自贸区聚集，而服务业又倒逼新疆自贸区本土制造业向外溢出。甘肃拥有较好的制造业基础和优越的区位资源优势，能够很好地承接新疆自贸区制造业的溢出效应。为应对新疆自贸区市场化、法治化、国际化发展的趋势、加快区域资源要素自由流动的要求，甘肃需进一步推进制度型开放，搭建适宜资源自由流动的开放平台，在各类市场主体一视同仁、各类经济成分一律平等、负面清单制度、非禁即入制度等方面深化改革，稳步扩大标准制度型开放。

3. 助力甘肃释放数据要素价值

2021 年，我国正式启动全国一体化算力网络国家枢纽节点建设，实施“东数西算”工程，构建全国算

① 梁海燕，甘肃省社会科学院财政金融研究所副所长、研究员；杨波，甘肃省社会科学院财政金融研究所副研究员。

力网络体系。新疆自贸区在推动数字经济发展方面，将支持自贸区利用新疆能源和气候优势建设数据中心，参与“东数西算”工程建设。甘肃作为全国一体化算力网络八个枢纽节点之一，正在加大对以庆阳数据中心集群为主的全省新型基础设施建设的支持力度，把数字经济作为经济发展的新业态、新方向，作为离新疆最近的算力枢纽节点，距离优势将为甘肃与新疆自贸区算力合作提供可能。

4. 助力甘肃深化经济领域改革

自贸区是以制度创新为核心，通过先行先试、打破贸易壁垒、促进进出口贸易、提供投融资便利等来发展可复制可推广的经验，促进经济增长。新疆自贸区在发展中所实施的改革措施，包括制度创新、服务业开放、功能拓展和制度保障等，在实现自贸区内部快速发展的同时，将会对周边区域产生影响和示范作用，提供改革创新经验，为甘肃改革开放提供借鉴。

（二）新疆自贸区对甘肃向西开放的挑战

1. “虹吸”效应影响

新疆自贸区凭借其管理模式、税收制度、产业政策等竞争优势，对甘肃有一定的“虹吸”效应。自贸区贸易便利化、金融自由化等政策，促使甘肃的更多企业、人才到新疆自贸区，获得自贸区的各项改革红利，对甘肃产业、外贸、招商引资、人才、消费等方面都会造成影响。

2. 辐射作用有限

自贸区在吸引外资、产业升级、技术创新、产业聚集等方面发挥着重要作用，但也不同程度存在自贸区内外差距过大，总体辐射作用不强的问题。一方面限制了自贸区辐射作用的发挥，另一方面也不利于自贸区配套设施和服务的供给，影响自贸区及周边区域的长期可持续发展。

3. 合作机制缺乏

不同地区的不同政策，势必形成区域之间发展的“洼地”。自贸区与周边区域之间缺少科学合理的资源配置和利益分配机制，容易造成产业之间的布局不合理，导致重复建设和资源浪费。

二、向西开放背景下甘肃与新疆自贸区协同发展的优势

（一）区位优势

甘肃以其东西狭长地形把中国陕、川、青、宁、新、内蒙古和蒙古国“六省一国”串联起来，具有“座中七联”“涉藏临疆联蒙”的独特区位优势，是西北地区唯一具有承东启西、南展北拓区位优势的省份。尤其是省会兰州，区位优势十分明显，一是中国大陆板块的几何中心，二是重要交通枢纽，是“丝绸之路经济带”黄金段、唐蕃古道和亚欧大陆桥重要节点以及陆路进出口货物集散中心，决定了其与中西亚国家和地区点对点连接和直达交通的必然。

（二）交通优势

是中原联系新疆、青海、宁夏、内蒙古的桥梁和纽带，尤其是敦煌、兰州，作为亚欧大陆桥和西陇海兰新线经济带主体性关键地段和腹地地区，高速公路、铁路、航空畅通发达。在铁路方面，陇海、兰新、兰青、包兰、兰成、兰渝六大铁路干线是经济通道中国段的主轴，而兰州是主轴的中心节点城市。在公路方面，连霍、青兰、兰海、京藏、G312、G109 等高速公路、国道在此汇聚，打造了丝绸之路国际公路港。在航空方面，“空中丝绸之路”和面向中西亚、欧俄的国际航空港全力推动甘肃省外贸业务高质量发展，承接新疆自贸区红利，具有独特的交通优势。

（三）平台优势

甘肃丝绸之路兰州国家贸易洽谈会、丝绸之路经济带向西开放（兰州）论坛、国际文化产业大会、嘉峪关国际短片展等平台，以及在丝路沿线国家举办“甘肃文化周”“丝绸之路（敦煌）电影节”“丝绸之路（敦煌）音乐节”“丝绸之路（敦煌）当代艺术双年展”“丝绸之路（敦煌）现代舞蹈节”等国际性文化旅游

艺术展演活动，旨在推动丝绸之路沿线国家文物保护领域的学术交流和技术合作，促进区域联动打造丝绸之路文化共同体，加强与丝绸之路沿线国家的文化产业合作和产品贸易，推进华夏文明传承创新区与丝绸之路经济带深度融合发展方面具有重要作用，依托这些平台，甘肃可以建立与丝绸之路沿线国家多层次、广范围的对话机制与合作机会。

（四）旅游优势

甘肃地域辽阔，自然风光独特，历史文化厚重，文物古迹众多。旅游资源具有丰富性、多样性和独特性，拥有除海岛资源外其他各省所有的旅游资源类型。甘肃是丝绸之路、黄河风情和青藏旅游线的必经之路，敦煌、酒泉、张掖、武威、兰州、天水历代都是丝绸之路上的经济、文化、政治、军事重镇，如今仍然是文化旅游的重要城市。以敦煌为中心的节会项目，提升了文化旅游交流的层次，如“敦煌行·丝绸之路国际旅游节”现已成功举办了十一届，品牌知名度越来越高。

三、甘肃对接新疆自贸区的对策建议

加快推动向西开放和提高开放型经济发展水平，甘肃有必要在新疆自贸区构建创新驱动的制度安排和环境保障的同时，积极发挥区位优势，承接新疆自贸区溢出功能，完善体制机制，持续推动高质量发展。

（一）制定完善相关政策

一是建立县区、重点园区与新疆自贸区制度创新举措的对接机制。甘肃相关政府部门应加强与新疆自贸区相关部门的对接机制，密切关注跟踪自贸试验区相关政策的制定情况。加强学习新疆自贸区的制度和管理模式，做好政策研究，及时提出复制建议。制定出台税收、海关、金融方面的配套政策，重点是“放管服”改革、管理制度创新、商事制度改革、贸易便利化、投融资体制改革等方面的制度创新，积极促进政策协同共享，并为产业发展提供便利广阔的融资机会，降低虹吸效应的负面影响。二是推进体制机制改革。依托兰白国家自主创新示范区、现代农业示范区、高新区等，在体制机制、简政放权、产业政策、产城融合等方面大胆创新和改革尝试，发挥甘肃区位优势、交通优势和产业优势等，促进经济制度改革，扩大市场主体行为的自主性，打造优质平台和试验载体，为承接自贸区的溢出功能搭建机会。三是制定重点合作项目清单，促进双方资源的有效整合和高效配置。积极促进企业与自贸区内相关领域优秀企业的合作共进，鼓励企业多以参股、设立子公司、上下游合作等方式享受自贸区的政策优势。加快完善制造、加工、配送、仓储、外包等配套设施，加快形成竞争力和新质生产力。

（二）促进产业发展共赢

（1）扩展开放空间。截至 2024 年 6 月，甘肃累计开通运营国际货运班列线路 21 条，甘肃的“钢铁驼队”满载货物在“一带一路”共建国家间频繁往来，对“一带一路”共建国家进出口总值占到外贸总值的 70% 以上，为甘肃对接新疆自贸区提供了有利的合作基础。甘肃要充分发挥区位、产业、文化、民族等优势，发展通道经济，推动与丝绸之路经济带共建国家的深度合作与经贸往来，加强与周边省份物流网络协作，加速拓展向西开放“黄金通道”。

（2）加强制造业领域合作。甘肃装备制造业具有良好的基础，除在石化通用装备、高档数控机床、电工电器、农机装备等传统领域具有优势外，还在新能源装备制造、新能源汽车、轨道交通装备以及节能环保装备等新领域打造了具有影响力的拳头产品，产业结构向智能化、高端化迈进。新疆正在推动制造业转型升级，甘肃应打造建设国家战略性矿产资源基地和有色金属产业基地，发挥先进制造业集群优势，开拓甘新制造业合作的新空间。

（3）深化现代农业合作。甘肃农业特色优势产业中马铃薯、中药材、苜蓿草、玉米制种、啤酒大麦等 5 个产业和产品产量位居全国第一，瓜菜花卉制种、啤酒花、食用百合、肉羔羊、酿酒葡萄等 10 个产业和产品产量位居全国前五位。甘肃应进一步发展特色农业，拓展农产品出口市场，为新疆建设国家特色医药大宗原料药生产基地提供产品、技术、服务，加快“一带一路”建设助推甘肃高质量发展。

（三）加速“酒嘉”发展，打造甘肃联疆“排头兵”

（1）发展新能源产业，联手新疆新能源基地建设同频共振。嘉峪关积极探索推进源网荷储一体化模式建设，稳步推进氢能综合利用，以优质的新能源资源推进电源侧、电网侧、用户侧储能多元化发展；大力引进和发展新能源装备制造产业；全力打造绿色高载能千亿级产业链条，形成“氧化铝—电解铝—铝材—铝制品深加工”上下游相配套的完整铝产业体系，在新能源产业发展方面初步形成竞争优势。甘肃需要对新能源产业加大要素投入、加快自身发展的同时，争取与新疆联网，开拓电力外送通道，向“一带一路”国家输出，打开国外电力消纳市场自贸区。

（2）推广节能降碳成功经验，促进新疆自贸区低碳发展。酒泉力争碳排放权交易市场试点，开展碳汇交易；以资源节约和循环利用推动工业高质量发展和生态文明建设，强化资源在生产过程的高效利用，削减工业固废、废水产生量，加强工业资源综合利用，促进生产与生活系统绿色循环链接，大幅提高资源利用效率，建成千亿级规模的清洁能源产业链；博伦矿业等 15 家企业被评为国家级、省级、市级绿色工厂，全市工业固废利用均达到同行业先进水平。甘肃省要利用现有节能降碳的成果，把“酒嘉”打造成全省低碳发展“高地”，寻求与新疆自贸区的项目合作，共同实现“双碳”目标。

（四）简政降税营造清朗营商环境

简政放权，做到“法无禁止皆可为”，让职权部门从“卡企业”变成“助企业”，剔除权力的藩篱，激发各种经济形态的活力；降低税收，为企业发展“保驾护航”，尤其在经济下行压力时期，切实给企业，特别是民营企业减轻负担。要深入贯彻落实国务院《优化营商环境条例》以及《甘肃省优化营商环境条例》，持续完善产权保护、市场准入、公平竞争、社会信用等市场经济基础制度，进一步提升跨境贸易便利化水平，增强投资者的投资安全感和投资信心，着力打造市场化、法治化、国际化营商环境，进一步激发市场活力和发展内生动力。深入建设政务诚信，提高政府运行效率，更好地发挥其在公共资源配置、法治建设、公共服务等领域的作用，提高政府公信力，确保招商后承诺及时兑现。

（五）创新发展现代物流体系

（1）持续完善物流设施。完善基础设施建设，对现有中欧班列线路进行优化升级，支持配备相关设施装备，提升列车发车能力，推动班列多式联运业务发展，吸引更多有实力的企业加入中欧班列联运。加强与中东部汽车企业合作，常态化发运中亚 JSQ 汽车出口班列，保障兰州—霍尔果斯图定班列顺利申请，支持开展组货业务及内外贸货物混编运输业务，实现西部陆海新通道与中欧班列、长江黄金水道互联互通、紧密衔接，有效降低社会物流成本。

（2）积极完善服务平台。支持企业在“一带一路”倡议共建国家共建物流中心，有序规划海外仓、展示展销中心、物流仓储平台和冷链物流配送网络，对接跨境电商综试区线上综合服务平台、国内外电商平台拓展业务。省商务厅应组织企业积极与俄罗斯合作方协商，使用人民币、利用 CIPS 跨境人民币支付系统进行结算。

参考文献：

[1] 姜雪颖 . 甘肃省省长答海报新闻：甘肃累计开通运营国际货运班列线路 21 条 [DB/OL].https：//www.dzwww.com/xinwen/guoneixinwen/202406/t20240613_14324709.htm，2024 年 6 月 13 日 .

[2] 罗颉 . 自贸区对我国经济增长的影响研究 [J]. 特区经济，2020（4）：149−152.

[3] 高增安，李肖萌 . 自贸区设立背景下的区域创新发展及其影响路径 [J]. 管理现代化，2019（5）：50−54.

[4] 杨波，任福耀，蔡宏波 . 自贸区设立对区域产业结构升级的影响研究 [J]. 华北水利水电大学学报（社会科学版），2021（1）：60−69.

海南自由贸易港构建国际化、法治化、便利化营商环境的实践研究

陆璐[①]

摘要：本研究聚焦于海南自由贸易港营商环境的优化升级，旨在探索其构建国际化、法治化、便利化营商环境的实践路径。立足于全球视野，深入分析了海南自由贸易港在营商环境国际化构建中的策略与成效，强调了制度创新、服务优化和市场开放等关键要素，为吸引外资、促进贸易提供了坚实的基础。在法治化建设方面，本研究揭示了海南自由贸易港在法律体系完善、知识产权保护、商事纠纷解决机制等方面的进展，以及如何通过法治化环境增强投资信心、保障企业权益。便利化措施的实施，包括简化行政审批流程、优化政务服务、提升基础设施水平，旨在降低企业运营成本，提高行政效率，营造高效便捷的经营环境。通过综合评估与案例分析，本研究总结了海南自由贸易港在打造优质营商环境方面取得的显著成果，同时提出了进一步完善政策、深化改革、加强国际合作的建议，以期为海南自由贸易港乃至全国营商环境的持续优化提供有益参考。本研究的系统性分析与实证研究，不仅为海南自由贸易港的政策制定者和实践者提供了深入的洞察与启示，也有助于全球范围内对自由贸易区营商环境优化的关注与借鉴。

关键词：自由贸易港；国际化；法治化；便利化；实践研究

一、研究背景与目的

在全球经济一体化的背景下，自由贸易区推动地区经济增长和国际投资。海南自由贸易港，作为中国改革开放的前沿，致力于构建国际化、法治化、便利化的营商环境。本研究探讨海南自由贸易港在优化营商环境方面的策略与成效，以及如何促进贸易自由化和吸引全球投资。

海南自由贸易港的建设是国家高水平开放和现代化经济体系战略的一部分。2021 年 9 月出台的优化营商环境条例，体现了海南对标国际高标准规则、解决企业痛点、提升投资吸引力的实质性进展。该条例强调政策的连续性与稳定性，政府的主动服务与市场公平保护，构建了问题反馈与解决的闭环机制，确保营商环境的持续优化和企业权益的有效保障。

本研究将关注海南自由贸易港营商环境的三个核心维度：国际化、法治化和便利化。国际化方面，分析海南如何加强国际交流与合作，评估国内政策与国际协议的兼容性，推进贸易与投资的自由化、便利化。法治化方面，探讨海南在完善法律体系、强化知识产权保护、优化商事纠纷解决机制等方面的进展，以及这些措施如何增强投资者的信心，保障企业合法权益。便利化措施的实施，旨在简化行政审批、优化政务服务、提升基础设施，降低企业运营成本，提高行政效率，营造高效便捷的经营环境。

本研究将采用系统性分析与实证研究相结合的方法，通过综合评估与案例分析，总结海南自由贸易港在打造优质营商环境方面的成果，并提出进一步完善政策、深化改革、加强国际合作的建议。通过深入理解海南自由贸易港的实践经验，本研究旨在为海南乃至全国营商环境的持续优化提供参考，并为全球自由贸易区的营商环境优化提供借鉴与启示。

二、海南自由贸易港营商环境的国际化构建

海南自由贸易港通过对接国际高标准贸易规则，旨在成为全球投资和商业热点。其成功依赖于吸引跨

---

① 陆璐（1986—），女，博士，海南科技职业大学，副教授。研究方向：市场营销、大数据营销。

国公司和国际资本。海南自由贸易港建立了适应国际规则的制度体系，实施负面清单管理，简化贸易流程，提高通关效率，降低企业成本。在知识产权保护方面，海南自由贸易港完善法律体系，加强执法，提供高效的纠纷解决机制。商事纠纷解决机制创新，确保公正高效解决，增强投资者的信心。海南自由贸易港还加强国际交流与合作，优化贸易规则，为国际企业提供开放透明的市场环境。通过这些措施，海南自由贸易港提升了全球经济地位和影响力，未来将继续深化对接国际规则，为全球经济体系贡献力量。

海南自由贸易港认识到人才和资本自由流动的重要性，采取措施促进国际人才流动，实施开放人才政策，简化签证和工作许可流程，设立国际人才服务中心，提供“一站式”服务。同时，海南自由贸易港与国际教育机构合作，提升本地人才国际竞争力。在资本流动方面，海南自由贸易港放宽资本项目限制，简化跨境金融交易审批，设立自由贸易账户体系，鼓励金融机构创新，发展金融科技。这些措施吸引了国际人才和资本流入，促进了科技创新、产业升级和投资贸易活动的繁荣。海南自由贸易港将继续完善人才和资本流动机制，优化政策环境，提升服务水平，为构建全球化经济体系贡献力量。

三、海南自由贸易港营商环境的法治化建设

海南自由贸易港建立了知识产权法院，集中了专业法官和律师，可以提供高效的知识产权争议解决服务。同时，与国际仲裁机构合作，引入国际规则，增强了仲裁服务的专业性和国际信誉。这些措施吸引了创新企业和研发机构投资，促进了创新资源集聚和经济高质量发展。海南自由贸易港通过司法改革和知识产权保护，为国内外企业营造了稳定、可预期的法律环境，推动了经济转型升级。争端解决机制的创新，包括诉讼、仲裁、调解等多元化方式，提升了市场透明度和投资者信心。海南自由贸易港还优化了诉讼制度，提高了司法效率，降低了诉讼成本。通过这些措施，海南自由贸易港为法治化营商环境建设树立了典范，为经济发展和国际竞争力提升提供了坚实的法治保障。未来，海南自由贸易港将继续深化争端解决机制改革，加强与国际规则对接，推动自由贸易港持续繁荣发展。

四、海南自由贸易港营商环境的便利化措施

海南自由贸易港通过简化跨境电商报关程序、实施电子化申报和“单一窗口”服务，降低了企业的时间成本。税收优惠政策进一步减少了运营成本，促进了产业的发展。同时，海南加强了与全球电商平台的合作，提供“一站式服务”，增强了国际竞争力。

为了提高通关效率，海南自由贸易港优化了通关服务流程，实现了多部门信息共享和联动执法，简化了审批流程，缩短了通关时间。24 小时通关服务满足了企业对高效物流的需求。

此外，海南自由贸易港还简化了企业注册流程，推行“一窗受理”“一网通办”，缩短了注册时间。行政许可、税务登记、社保办理等政务服务电子化，提高了行政服务效率。税收优惠政策的“自动申报”机制简化了税务处理流程。商事登记制度的改革与创新，如“证照分离”和“市场准入负面清单”制度，简化了市场准入流程。

海南自由贸易港推行“双随机、一公开”监管机制和企业信用分类监管制度，提高了监管效率，降低了合规成本。这些措施为投资者提供了高效、便捷、稳定的投资环境，促进了经济发展和国际竞争力的提升。未来，海南自由贸易港将继续深化企业服务与监管的创新，完善营商环境。

五、结论与建议

海南自由贸易港在构建国际化、法治化、便利化营商环境方面所取得的成就，不仅体现在制度创新、服务优化和市场开放等关键层面，更在于其系统性地促进了贸易自由化和投资便利化。通过深入分析与综合评估，本研究总结出以下几点核心结论。

（1）国际化视野下的制度创新：海南自由贸易港通过对接国际高标准贸易规则，实施了包括负面清单管理、金融开放创新政策在内的系列措施，成功吸引了国际人才与资本的流入，为自由贸易港的国际化建设奠定了坚实的基础。

（2）法治化环境的全面构建：法治化营商环境的建设是海南自由贸易港深化改革开放的关键。从法律体系的完善与创新，到知识产权保护的强化和商事纠纷解决机制的优化，海南自由贸易港构建了一个全面、

系统、高效的法治化制度框架，为国内外投资者创造了稳定、可预期的法律环境。

（3）便利化措施的高效实施：通过贸易便利化与通关效率的提高、企业注册与运营流程的简化，海南自由贸易港显著降低了企业运营成本，提高了行政效率，营造了高效便捷的经营环境，有力地促进了自由贸易港的经济繁荣。

面对未来，海南自由贸易港在持续优化营商环境的道路上，仍需不断探索与创新，本研究提出以下几点建议。

（1）持续深化制度创新：海南自由贸易港应进一步对接国际高标准规则，不断优化外资准入政策，简化贸易流程，同时深化金融创新，为国际资本提供更加开放、透明、便捷的投资环境。

（2）强化法治化建设：继续完善法律体系，加强知识产权保护，提高争端解决机制的效率与专业性，确保法治化环境的持续完善，增强投资者的信心。

（3）优化便利化措施：海南自由贸易港应持续推进贸易便利化，提高通关效率，同时优化企业注册与运营流程，减轻企业负担，营造更加高效便捷的营商环境。

（4）加强国际合作与交流：海南自由贸易港应加强与国际组织、国家及自由贸易区的交流合作，借鉴国际经验，提升国际竞争力，共同推动全球经济的繁荣与发展。

（5）促进经济结构的转型升级：海南自由贸易港应加大高新技术产业和服务业的培育力度，吸引创新型企业和研发机构，推动经济结构优化升级，实现高质量发展。

通过上述建议的实施，海南自由贸易港将能够进一步巩固其作为全球投资和商业热点的地位，为全国乃至全球营商环境的持续优化提供有益的参考与启示。

参考文献：

[1] 常健 . 海南自由贸易港法治化营商环境建设研究 [J]. 南海学刊，2023（2）：1-11.

[2] 刘大海 . 海南自由贸易港税收争议解决机制研究 [J]. 中文科技期刊数据库（文摘版）社会科学，2024（2）：168-171.

[3] 陈利强 . 海南自贸港自由贸易账户制度构建法治化路径研究 [J]. 国际商务研究，2021（2）：28-37.

[4] 王崇敏 . 海南自由贸易港一流营商环境的法治基础 [J]. 河南财经政法大学学报，2021（2）：34-40.

[5] 王崇敏 . 海南自由贸易港立法研究——以营商环境为核心展开 [J]. 河南财经政法大学学报，2019（6）：70-77.

[6] 周益 .“双循环”背景下先行自贸区港营商环境比较研究 [J]. 统计与咨询，2024（2）：33-36.

[7] 陈利强 . 海南自由贸易港多元化商事纠纷解决机制构建研究 [J]. 上海政法学院学报（法治论丛），2021（2）：57-65.

[8] 姚建宗 . 论制定自贸港（区）法规的技术性原则——以海南自由贸易港法规建设为中心的考察 [J]. 苏州大学学报（法学版），2023（2）：1-16.

[9] 刘云亮 . 中国特色自由贸易港法治创新研究 [J]. 重庆理工大学学报（社会科学），2021（5）：129-137.

[10] 王崇敏 . 海南中国特色自由贸易港建设的法治创新与立法保障 [J]. 江汉大学学报（社会科学版），2019（1）：14-21，123.

海南自由贸易港外贸发展现状与策略

覃娜[①] 张坚[②]

一、海南自由贸易港外贸发展现状

（一）进出口贸易规模与增长

从近十年海南外贸发展状况看，海南外贸总额自 2018 年提出建设自贸港以来稳定发展，并于 2021 年首次突破 1000 亿元人民币，次年再突破 2000 亿元大关，进出口增幅远高于全国平均水平（见表 1）。但外贸出口发展不稳，2014—2016 年出现与进出口额同步下滑，2017 年出口大幅反弹，之后增速又在 2020 年和 2022 年分别出现大落和大起。在进口方面，自 2018 年以来，在贸易便利化政策的推动下，进口额大幅增加，并于 2021 年首次突破 1000 亿元。值得注意的是，海南一直处于贸易逆差状态，且逆差金额有持续扩大的趋势。

表 1　2014—2023 年海南进出口贸易数据

单位：亿元人民币

年度	进出口额		出口额		进口额		贸易顺差	
	当年进出口额	比上年增减 %	当年出口额	比上年增减 %	当年进口额	比上年增减 %	当年贸易顺差	比上年增减 %
2014	974.32	4.25	271.39	17.77	702.93	−0.17	−431.54	−8.90
2015	869.09	−10.80	232.39	−14.37	636.70	−9.42	−404.31	−6.31
2016	749.43	−13.77	140.55	−39.52	608.88	−4.37	−468.33	15.83
2017	702.76	−6.23	295.65	110.35	407.11	−33.14	−111.46	−76.20
2018	848.17	20.69	297.76	0.71	550.41	35.20	−252.65	126.67
2019	905.85	6.80	343.71	15.43	562.13	2.13	−218.42	−13.55
2020	936.26	3.36	277.02	−19.40	659.24	17.28	−382.22	74.99
2021	1459.10	55.84	318.89	15.11	1140.23	72.96	−821.34	114.89
2022	2005.05	37.42	721.89	126.38	1283.17	12.54	−561.28	−31.66
2023	2313.95	15.41	740.28	2.55	1573.66	22.64	−833.38	48.48

资料来源：根据中华人民共和国海口海关公布的海南外贸综合统计表整理所得。

（二）进出口商品结构

从出口商品结构看，2023 年海南出口商品排名前三的是机电产品、高新技术产品和成品油，出口额分别为 286.61 亿元、174.7 亿元和 128.77 亿元，占当年出口总额的 34.74%、21.17% 和 15.61%。在出口的机电产品中，飞机及其他航空器、自动数据处理设备及其零部件、汽车零配件为主要出口产品。从进口商品结构看，2023 年海南进口商品排名前三的是金属矿及矿砂、煤及褐煤、美容化妆品及洗护用品，进口额分别为 357.39 亿元、179.63 亿元、166.85 亿元，占当年进口总额的 22.95%、11.53%、10.71%。

① 覃娜（1981—），女，土家族，湖北五峰人，硕士研究生，副教授。研究方向：国际贸易与经济发展。
② 张坚（1979—），男，汉族，吉林长春人，副教授，海南经贸职业技术学院国际贸易学院院长，硕士研究生。研究方向：世界经济。

（三）进出口地理方向

2023 年，海南前三大贸易伙伴为澳大利亚、中国香港特区和美国，进出口额分别为 299.27 亿元、161.73 亿元和 126.84 亿元，占当年海南外贸总额的 12.94%、6.99% 和 5.48%。近年来，亚洲市场一直是海南最大的外贸市场，2023 年占比达 44.81%，其次是欧洲和大洋洲市场，占比分别为 21.05% 和 13.42%。2023 年，海南的出口商品主要流向中国香港以及荷兰、越南等国家，海南对香港特区出口额占出口总额的 19.27%。同年，海南的进口商品主要来自澳大利亚、俄罗斯、法国等国家，海南对澳大利亚进口额占进口总额的 18.39%。

（四）进出口贸易方式

2023 年，海南外贸进出口的贸易方式主要为一般贸易、保税物流、免税品、加工贸易和租赁贸易等，进出口额分别为 1438.8 亿元、394.24 亿元、220.42 亿元、165.46 亿元和 76.67 亿元，分别占当年外贸总额的 62.21%、17.05%、9.53%、7.15% 和 3.32%。同年，海南出口贸易方式主要为一般贸易、保税物流、加工贸易和租赁贸易等，进口贸易方式主要为一般贸易、保税物流、免税品和加工贸易等。

（五）进出口经营主体

2023 年，海南进出口贸易的经营主体主要为民营企业、外商投资企业、国有企业、报关单位和其他性质的经营主体。其中，民营企业、外商投资企业、国有企业的进出口额分别为 1290.92 亿元、575.47 亿元和 446.06 亿元，分别占当年进出口总额的 55.82%、24.88% 和 19.29%。

二、海南自由贸易港外贸发展特点

（一）外贸增速较快，但贸易规模与外贸发达地区差距较大

自 2018 年党中央提出支持海南全岛建设自由贸易试验区和中国特色自由贸易港以来，海南进出口贸易额一直保持高于全国平均水平的增幅和增速，在 2022 年人民币同比增长甚至达到了 55.84%。2023 年海南的进出口额同比增长 15.41%，同期我国进出口额同比增长只有 0.2%。较高的增长率反映出海南自贸港贸易便利化等相关政策对进出口贸易的助推效果明显，海南外贸呈现出商机多、市场繁荣的特点。但海南与我国外贸发达地区相比，在外贸规模上仍存在较大差距，2023 年海南进出口总额为 0.23 万亿元，而广东当年的进出口贸易为 8.3 万亿元，江苏 5.25 万亿元，浙江 4.90 万亿元；与我国其他经济特区、保税港区等特区相比，深圳 3.87 万亿元，厦门 0.95 万亿元，珠海 0.3 万亿元。由于海南在面积、人口、区位、经济基础等方面与广东、江苏、浙江等沿海经济与贸易发达省份本身存在较大差距，所以外贸规模远落后于这些省份。海南自贸港的外贸规模仍有提升空间和发展潜力，需要用好用足各种政策优势，继续推动外贸稳定和快速发展。

（二）出口商品结构持续优化，进口商品结构凸显自贸港政策红利

2018 年以来，大批高新技术企业和项目入驻海南，使海南外贸的发展动能实现了转换，从之前以汽柴油、农食等初级产品出口为主，变为以机电产品、高新技术产品和有机化工产品等出口为主。据海口海关统计，2017 年，机电产品和高新技术产品在出口总值中的占比分别为 7.63% 和 1.8%，2023 年这两类商品的占比分别跃升至 34.74% 和 21.17%，反映海南自贸港出口商品结构的持续优化和产业结构的转型升级。2023 年海南进口消费品 395.9 亿元，占同期进口总值的 25.2%，其次主要进口金属矿及矿砂、煤炭等初级产品。海南自 2011 年 4 月实施离岛免税政策以来，经多次调整，商品品类更丰富、免税购物额度增加、提货方式更便捷。离岛免税政策的扩容增效和零关税政策的落地实施，使作为免税品销售大类的消费品和作为生产原材料的初级产品成为海南两大主导进口商品，充分体现出自由贸易港的政策红利。

（三）贸易伙伴以周边国家和地区为主，新兴市场增长迅速

东盟、澳大利亚、欧盟为海南的三大贸易伙伴。2023 年，海南对东盟进出口 356.6 亿元，占 15.4%；对澳大利亚进出口 299.3 亿元，占 12.9%；对欧盟进出口 274.2 亿元，占 11.9%。海南位于中国最南端，是沟通

太平洋、印度洋两大水系的海上交通要道。同时，海南紧邻香港、澳门，辐射东盟市场，与共建“一带一路”国家的空中及海上互联互通，处在当今世界最活跃的超大规模国内市场和东南亚市场的“8 字形”战略交汇点上。独特的区位优势使海南与中国香港特区、东盟、澳大利亚等国家和地区经贸往来密切。在巩固传统市场的同时，海南对新兴市场进出口大幅增长。2024 年一季度，对除美、欧、日、港、英等传统外贸市场以外的新兴市场进出口 492.2 亿元，增长 32.2%，占海南外贸总值的 76.6%。这说明利好的贸易政策吸引许多国家和地区到海南投资和发展，市场不断扩大的同时多元化趋势明显。

（四）贸易方式具有自由贸易港特色

不同于广东、江苏、浙江等外贸发达省份以一般贸易和加工贸易为主，保税物流和免税品进口等在海南的贸易方式中占有较大比重。保税物流贸易方式作为一种特殊的海关监管方式，允许货物在进入一国境内后，在特定条件下可暂缓缴纳进口税款，直至这些货物最终被消费或复运出境。保税物流和免税品进口都只能在海关特殊监管区域内才能开展。得益于海南自贸港的政策优势和地理位置优势，海南具备经营这两种特殊贸易方式的便利条件，使保税物流和免税品进口成为海南主要的贸易方式，呈现出与我国其他省份和地区的不同特点。

（五）民营企业是海南外贸发展的主力军

民营企业已连续 4 年成为海南第一大外贸主体，2024 年一季度，在全省进出口总值中所占的比重提升到了 59.6%，成为海南对外贸易的主力军。2024 年一季度海南民营企业进出口 382.7 亿元，增长 20.8%，快于同期全省整体增速 9.5%，对全省外贸增长的贡献率达到 101%，是推动外贸增长的主要力量。民营企业积极开拓共建“一带一路”国家及非洲、拉丁美洲等新兴市场，对新兴市场国家进出口增速快、占比大，是开拓新兴市场的排头兵。

三、海南自由贸易港外贸发展思路与举措

（一）海南自由贸易港外贸发展思路

海南位于中国南海，与东盟各国贸易往来便利，具有发展外向型经济的独特地理区位条件。海南地属亚热带气候，海岸线长，风景秀丽，具有发展生态经济的独特优势。近几年，海南经济增长迅速、产业结构调整显著。海南自由贸易港外贸发展需要立足海南地理区位、自然资源与环境等的优势，结合自身经济基础和产业结构特点，充分利用自由贸易港各项优惠政策法规，全面优化营商环境，调动各类外贸经营主体的活力与干劲，积极开拓国际市场，创新外贸发展模式，重视服务贸易发展，力争实现海南自贸港外贸创新式跨越式发展。

（二）海南自由贸易港外贸发展举措

1. 以更开放的政策推动进出口贸易高质量发展

海南自贸港作为我国深化改革开放的试验区，已陆续出台了许多有利于进出口贸易发展的政策法规，三张“零关税”清单、外商投资准入负面清单、跨境服务贸易负面清单等落地实施，贸易、投资、跨境资金流动、人员进出、运输来往自由便利以及数据安全有序流动的政策制度体系加快建立。2025 年，海南全岛将启动封关运作，实行“一线放开”的进出口贸易政策。建立更加开放的自贸港政策制度体系，将吸引国内外货物流、资金流、人流和信息流等各类关键生产要素在海南聚集，以高水平开放促进海南外贸高质量发展。

2. 以更自由的市场激发外贸经营主体活力

海南自贸港要建立自由贸易的市场，就是要在实现有效监管的前提下，建设全岛封关运作的海关监管特殊区域。对货物贸易，实行以“零关税”为基本特征的自由化便利化制度安排。对服务贸易，实行以“既准入又准营”为基本特征的自由化、便利化政策举措。海南自贸港应坚持“一线放开、二线管住”、岛内自由，海关对自贸港企业及机构实施低干预、高效能的精准监管，实现企业自由生产经营。自由便利的贸易、金

融、投资等政策不仅可以通过减少对外贸企业经营活动的干预，提高其经营进出口业务的主动性和积极性，还能有效吸引国内外对外贸及其相关领域的投资，实现资源优化配置。

3. 以更便利的程序法规减少进出口商交易成本

通过实施更便捷的贸易程序和法规，能减少外贸企业的运营成本，提高其国际市场竞争力。海南自贸港在洋浦保税港区试行“一线放开、二线管住”的货物进出境管理制度，提高货物流通效率。以海关为代表的海南自贸港外贸监管机构和相关政府部门，优化通关查验模式，提升口岸智能化水平，提升外贸综合服务水平，优化口岸营商环境，促进跨境贸易便利化，为外贸企业降本增效。

4. 以更包容的环境促进外贸模式和业态创新

打造制度创新高地是海南自由贸易港建设的关键，这需要破除一切束缚发展的现行体制机制障碍，深化改革，把制度集成创新放在首位，为高水平开放和高质量发展做出相应的制度安排。海南自贸港应抢抓新一轮科技革命和产业变革重要机遇，聚焦发展旅游业、现代服务业和高新技术产业，实现国际贸易结构转型，其中数字贸易、跨境电商、免税品进口、保税维修和离岸贸易可作为海南外贸发展的重点和创新领域。

（1）数字贸易。数字贸易是以数据为关键生产要素、以数字服务为核心、以全球价值链数据链指导智能制造为重要内容，以数字订购与交付为主要特征的新型贸易方式。海南自贸港应加快政策集成设计和制度有效供给，适度超前部署数字基础设施，加快对标国际高标准数字规则，采用平台、场景双轮驱动的发展模式，将数字贸易打造成海南自贸港的特色亮点和对接国际高标准经贸规则的重要端口，努力将海南自贸港打造成为“全球数字贸易枢纽港”。

（2）跨境电商。海南自贸港显著的政策优势和地理便利性，能助力跨境电商快速发展。可通过积极培育跨境电商经营主体，加大金融支持力度，加强相关基础设施和物流体系建设，优化监管与服务，做好海外仓布局，加快培育海南自贸港外贸新质生产力。

（3）免税品进口。2023 年，海口海关共监管离岛免税购物金额 437.6 亿元，比上年增长 25.4%。购物人数 675.6 万人次，增长 59.9%；购物件数 5130 万件，增长 3.8%；人均购物金额 6478 元。持续扩容增效的离岛免税政策，不仅可以推动海南以旅游业为龙头的现代服务业发展，还可以促进海南免税品进口增长，优化进口商品结构，繁荣进口商品市场。

（4）保税维修。随着进境维修免缴保证金、加注保税航油、维修航材免税等一系列海南自贸港飞机维修优惠政策的落地，让海南成为国内外航空维修业瞩目的焦点。海南可利用“一线放开、二线管住”等相关自贸港政策及航运优势，面向“一带一路”共建国家和地区开展“保税维修再制造 + 复运出境”业务，将海南打造成为国际一流的再制造产业集聚发展区，构建低碳环保的再制造产业新动能。

（5）离岸贸易。发展新型离岸国际贸易，可带动大宗商品贸易和各类要素聚集，提升金融服务业的开放水平及服务能力，带动相关产业发展，增强海南自贸港国际影响力，从而吸引更多跨国公司进驻海南。海南应充分利用自贸港政策优势，支持创新外汇结算便利措施，赋予银行更多单据审核自主权、完善金融配套服务等制度创新，加快建设海南区域性离岸新型国际贸易中心，促进新型离岸贸易发展。

海南自由贸易港的贸易创造效应研究：基于合成控制法的证据

程正涛　彭旭辉[①]

摘要：本文基于2010年第1季度到2022年第4季度的省级面板数据利用合成控制方法评估海南自贸区（港）战略对进出口贸易的影响，并对比分析了海南自贸区和自贸港设立以来的贸易创造效应差异。研究结果表明：海南自贸区（港）建设的贸易创造效应显著，其平均影响效应和平均增长率分别为63.584和18.770%；相较于刺激出口贸易规模，海南自贸区（港）更有利于扩大进口规模实现贸易创造，其对进口的平均影响效应和平均增长率分别为37.941和15.120%，均大于出口方面的相应指标。进一步分析发现，在海南自贸区升级为自贸港后，其贸易创造效应表现得更显著，平均影响效应和平均增长率分别从53.549和17.393%上升至69.057和19.421%。本文研究发现均通过了稳健性检验。

关键词：海南自由贸易港；贸易创造效应；扩大进口；刺激出口；合成控制法

一、引言

近年来，经济全球化面临前所未有的严峻挑战，单边主义与贸易保护主义思潮不断蔓延，逆全球化趋势加剧。同时随着我国经济体制改革进入深水区，中国经济发展急需探索新一轮制度创新的突破口（王爱俭等，2020）。自由贸易试验区及自由贸易港成为中国新一轮高水平对外开放中的重要突破点。目前，我国已逐渐在大部分省市（包括全部沿海省市）设立以本地禀赋资源为主要特色的自由贸易试验区（以下简称自贸区），并在海南探索建设自由贸易港（以下简称自贸港），初步形成了区域协调、陆海统筹的全面对外开放新格局。《中国自由贸易试验区发展报告（2023）》显示，截至2022年底，中国21个自贸区和自贸港充分发挥了对外开放新高地作用，实现进出口总额7.5万亿元，占全国的17.8%；实际使用外资2225.2亿元，占全国的18.1%，均远超全国平均水平，其中海南自贸港在推动货物与服务贸易协同、引入高质量外资方面成绩显著，进出口额首次突破2000亿元关口，比上年增长36.8%，增速位列全国第二。

当前，国际贸易正从新冠疫情的影响中不断复苏，但全球经贸复苏进度不平衡趋势仍不断凸显，贸易格局存在较大不确定性，加之地缘政治冲突、粮食安全以及大宗商品价格波动等风险显现，这给我国对外贸易高质量发展带来了更多挑战。因此，基于此背景，本文提出的核心问题是海南自贸区（港）的设立对本地区贸易创造的影响有多大？海南自贸区（港）的设立究竟是有利于扩大进口还是刺激出口？海南自贸区升级为自贸港后对进出口贸易的影响是否有差异？厘清这些问题对进一步实施高水平对外开放战略和建设自贸区及自贸港具有重要意义，也能为中国进一步深化改革开放、提升自贸港发展水平提供理论参考。

二、理论分析与研究假说

海南自由贸易港本质在于对标世界最高水平的开放形态，形成完整配套的、具有国际竞争力的开放政策和制度体系。在贸易领域的开放举措主要体现在以下两个方面：（1）贸易自由化便利化提高。建设高标准国际贸易“单一窗口”，以低干预、高效能为主要目的，对自贸港内企业及机构实施精准监管，实现自贸港内企业自由生产经营。（2）创新贸易综合监管与审批模式。将“一线”放开和“二线”管住有效结合，实行货物“先申报后入区”的监管模式转换为“先入区后申报”的监管模式，通过互联网信息技术优化卡口管理，降低贸易成本、增加贸易效率。由此提出假说1：

假说1：海南自贸区（港）的设立可以促进海南进出口贸易额增长。

① 程正涛（2000—），男，北京师范大学经济与工商管理学院，博士研究生。
彭旭辉（1987—），男，中共福建省委党校经济学教研部讲师，经济学博士后。

建设海南自贸区（港）是新形势下推动形成全面开放新格局的重大措施，也是中国进一步融入经济全球化的重要载体。根据《海南自由贸易港建设总体方案》（以下简称“总体方案”）的设计，在全岛封关运行之前，海南自贸港对部分进口商品实行免征关税、进口流程中的增值税与消费税的优惠税收政策。在全岛封关运行、简化合并税制之后，对允许海南自贸港进口的商品以及在进口征税商品目录以外的所有商品都免征进口关税。通过对海南自贸港进口方面新举措进行梳理可知，海南自贸区（港）在进口方面的政策改革力度更大，有着相对较高的进口需求。由此提出假说 2：

假说 2：相较于出口贸易，海南自贸区（港）建设更有利于扩大进口贸易。

海南自由贸易港作为海南自由贸易试验区的升级，是我国在深化改革方面的重要举措，是在海南自贸区的基础上全面开放的新高地。相对于海南自由贸易试验区来说，海南自由贸易港不仅有着更大的政策实施范围、更高水平的开放力度以及更加自由的贸易政策，并且在投资、金融、产业等方面都有着前所未有的创新突破。总体而言，海南自贸港是相对于自贸区更高层次、更广范围的开放经济区域，政策支持更全面，目标更为远大。在各部门政策协调推进下，海南自贸港将逐步成为中国乃至全球的自由贸易港口和国际化交通枢纽，并助推海南的开放经济迈上新台阶。由此提出假说 3：

假说 3：相较于海南自贸区，海南自贸港设立所带来的贸易创造效应更强。

三、研究设计

（一）模型构建

本文基于合成控制法对海南自贸区（港）政策效应测度进行设计。假设存在 $J+1$ 个地区，地区 1 在 T_0 期开始实施自贸港战略，其他 J 个地区并未实施自贸区（港）战略，并且可观测到 $J+1$ 个地区在 $t \in [1, T]$ 期内的实际出口和进口贸易数据分别为 E_Trade_{it} 和 I_Trade_{it}。记第 i 个地区在 t 时点未设立自贸港战略时，其出口和进口贸易额表示为 $E\_Trade_{it}^{N}$ 和 $I\_Trade_{it}^{N}$；相反，第 i 个地区在 t 时点设立自贸区（港）时，其出口和进口贸易额表示为 $E\_Trade_{it}^{I}$ 和 $I\_Trade_{it}^{I}$。本文使用 Abadie *et al.*（2010）提出的因子模型来估计 $Trade_{it}^{N}$。模型具体表示如下：

$$E\_Trade_{it}^{N} = \delta_t + \theta_t Z_i + \lambda_t \mu_i + \varepsilon_{it} \tag{1}$$

$$I\_Trade_{it}^{N} = \delta_t + \theta_t Z_i + \lambda_t \mu_i + \varepsilon_{it} \tag{2}$$

其中 δ_t 是时间固定效应；Z_i 是（K×1）维不受政策影响且不随时间变化的外生预测控制变量；$\lambda_t \mu_i$ 是不可观测的互动固定效应；ε_{it} 是地区的随机因子，均值为 0。假定存在向量 W^*，使得在 $t \in [1, T_0]$ 时间段内对于地区 1 而言，满足：

$$\sum_{j=2}^{J+1} w_j^* E\_Trade_{jt} = E\_Trade_{1t}，\quad \sum_{j=2}^{J+1} w_j^* I\_Trade_{jt} = I\_Trade_{1t}，\quad \sum_{j=2}^{J+1} w_j^* Z_{jt} = Z_{1t} \tag{3}$$

当 $t \in [1, T]$ 时，可以用 $\sum_{j=2}^{J+1} w_j^* E\_Trade_{jt}$ 和 $\sum_{j=2}^{J+1} w_j^* I\_Trade_{jt}$ 作为 $E\_Trade_{it}^{N}$ 和 $I\_Trade_{it}^{N}$ 的无偏估计，则政策效应可以表示为：

$$\hat{\alpha}_{it} = E\_Trade_{it}^{I} - \sum_{j=2}^{J+1} W_j^* E\_Trade_{it}^{N}，\quad \hat{\beta}_{it} = I\_Trade_{it}^{I} - \sum_{j=2}^{J+1} W_j^* I\_Trade_{it}^{N} \tag{4}$$

因此，这里关键是找到使得等式（3）成立的权重 W^*，选择最小化 X_1 和 X_0W 之间的距离函数 $|X_1 - X_0W|$ 来确定合成控制的向量 W^*。其表达式为 $|X_1 - X_0W| = \sqrt{(X_1 - X_0W)'V(X_1 - X_0W)}$，V 为 K 阶对角矩阵，$X_1$ 为实验组地区在设立自贸区（港）前的特征向量，X_0 为控制组地区在设立自贸区（港）前的特征向量。

（二）变量选取和描述

考虑到西藏地区数据缺失较为严重，本文剔除西藏地区，最后选择 2010 年 Q1 季度—2022 年 Q4 季度为样本区间，以 30 个省及直辖市作为初始样本。基于现有关于自贸区贸易效应的研究（蒋灵多等，2021；康继军和郑维伟，2021），本文选取以下变量作为控制变量：（1）对外开放程度（Open）；（2）消费品零售额（LnConsume）；（3）经济规模（LnGDP）；（4）产业结构（Industry）；（5）居民人均可支配收入（LnIncome）；（6）人口规模（LnPop）；（7）货物运输量（LnTrans）。相关统计数据来源于 CEIC 中国经济数据库、历年《中国统计年鉴》以及国家统计局。

四、实证结果与分析

（一）海南自贸区（港）的贸易创造效应

本文以进出口贸易总额作为海南自贸区（港）贸易创造效应的代理变量。图 1 展示了真实海南与合成海南的进出口贸易总额拟合情况和变化趋势。

图 1 表明，在海南自贸区设立前（2010Q1— 2018Q3）合成的海南进出口总额与真实进出口总额几乎形影不离，拟合程度较好，即表明合成的进出口总额可以较好地作为海南未设立自贸区的“反事实”结果。同时，可以发现在海南自贸区（港）批复设立后，其进出口贸易总额在短时间内出现了较明显的增长，仅在 2019 年下半年短暂出现合成进出口总额高于真实值情况，其余季度合成值均低于真实值。

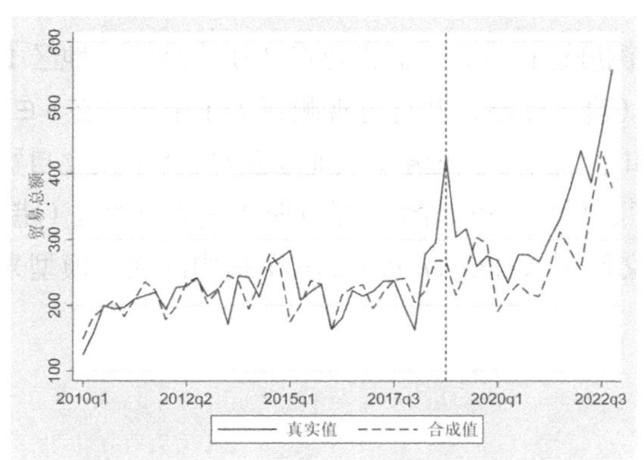

图 1a　海南自贸区贸易创造效应政策效果测度

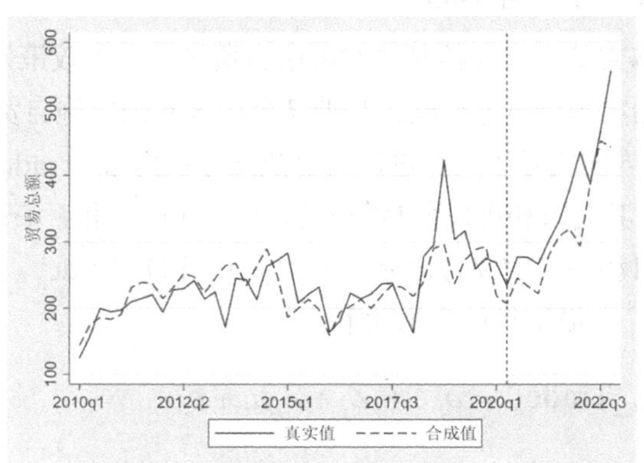

图 1b　海南自贸港贸易创造效应政策效果测度

为了更加直接观测海南自贸区（港）的贸易创造效应。表 1 显示了海南自贸区（港）对贸易总额的影响效应。具体来看，海南自贸区的影响效应仅在 2019 年第 3 季度和第 4 季度出现负效应，其余季度均为正效应，并且总的平均影响效应为 63.584 和平均增长率为 18.770%，这表明海南自贸区（港）的设立显现出较强的贸易创造效应，与本文假说 1 相符。此外，在海南自贸区阶段（即前 6 个季度中）的平均影响效应为 53.549，其平均增长率为 17.393%[①]，而在 2020 年第 2 季度海南自贸区升级为自贸港后（即后 11 个季度中）的平均影响效应和平均增长率分别为 69.057 和 19.421%，均高于自贸区期间的平均影响效应和平均增长率，这表明相较于自贸区，海南自贸港的建设表现出更强的贸易创造效应，与本文假说 3 基本一致。

① 平均增长率由期间影响效应总和与真实额总和相比计算的。

表 1　海南自贸（区）港贸易创造效应政策效果测度[①]

季度	贸易总额			
	真实值	合成值	影响效应	平均增长率
2018q4	422.539	267.984	154.556	17.393%
2019q1	303.917	215.613	88.303	
2019q2	316.669	254.84	61.829	
2019q3	259.889	303.319	−43.43	
2019q4	275.473	293.602	−18.129	
2020q1	268.740	190.576	78.164	
2020q2	234.277	216.891	17.386	19.421%
2020q3	277.582	232.678	44.905	
2020q4	277.234	218.039	59.195	
2021q1	266.734	213.76	52.973	
2021q2	300.922	255.302	45.621	
2021q3	331.217	312.178	19.038	
2021q4	378.706	283.778	94.927	
2022q1	435.097	254.277	180.82	
2022q2	386.219	351.603	34.616	
2022q3	466.370	434.8	31.57	
2022q4	557.076	378.497	178.58	
平均影响效应	63.584			18.770%

（二）海南自贸区（港）：扩大进口还是刺激出口

为了进一步探究海南自贸区（港）的设立对进出口额的影响，本文分别以进、出口贸易额作为自贸区（港）政策进出口贸易创造效应的代理变量。图 2 和图 3 分别描绘了海南在设立自贸区（港）前后地区进口和出口实际值与基于合成控制法得到的预测值变化趋势。

从图 2 中可以发现，在海南未设立自贸区之前，合成海南的进口额与真实进口额在样本大部分时间中都如影随形，这表明合成进口额可以较好地作为海南自贸区（港）未设立时的“反事实”估计结果。而图 3 结果显示在海南未设立自贸区前，合成海南的出口额与真实出口额变化趋势一致但之间仍有着一定差距，在 2016 年之后合成值与真实值更加紧密。这一结果可能的原因是在海南自贸区（港）设立之前，该地区已经设立了诸如经济特区、综合保税港区等贸易政策，在一定程度上干扰了合成出口额对真实出口额的拟合。合成控制的结果表明，海南自贸区设立之后进口额出现大幅度提升，这种促进作用在海南自贸区升级为自贸港后尤为明显，而对出口额的促进作用在海南自贸区升级为自贸港后才逐渐显现。对进口的促进作用在 2019 年底和 2020 年初减弱，出现合成值高于真实值现象，而在海南自贸港设立之后，其季度内合成进口额基本均低于真实进口额。对出口的促进作用在 2020 年和 2021 年出现下降趋势，除此以外的各个季度内合成出口额均低于真实出口额，这主要是受到全球新冠疫情冲击影响，国际贸易整体表现疲软。

① 海南自贸（区）港贸易创造效应政策效果测度结果是根据海南自贸港（2018 年第 4 季度）的合成权重计算的，本文同样也计算了根据海南自贸区（2020 年第二季度）合成权重的结果，基本结论与本文一致。

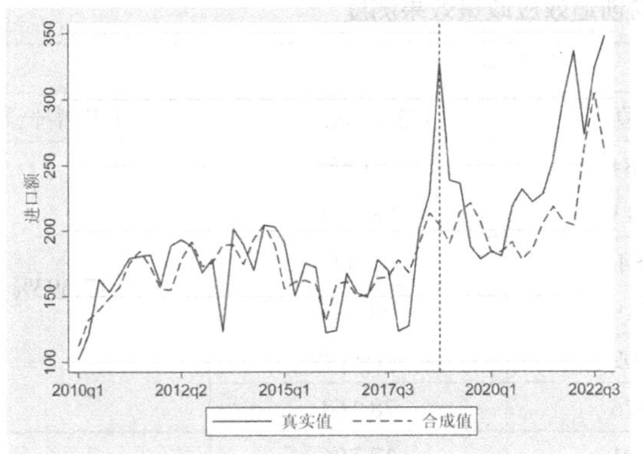

图 2a 海南自贸区进口额创造效应测度

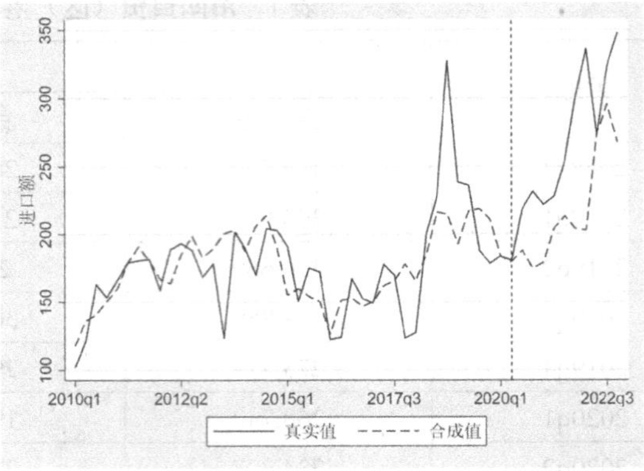

图 2b 海南自贸港进口额创造效应测度

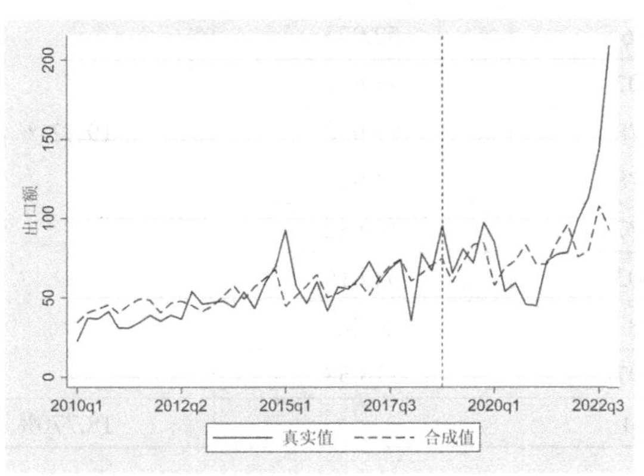

图 3a 海南自贸区出口额创造效应测度

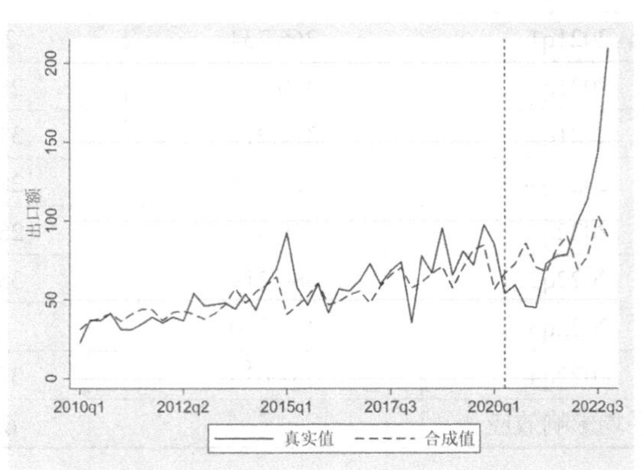

图 3b 海南自贸港出口额创造效应测度

表 2 显示了海南自贸区（港）对进出口额的影响效应。具体来看，从对进口的影响效应来看，仅 2019 年下半年和 2020 年上半年为负效应，其余季度均为正效应，整体平均影响效应和平均增长率分别为 37.941 和 15.120%。其中海南自贸区设立的前 6 个季度的平均影响效应为 21.885，平均增长率为 9.716%，而在 2020 年第 2 季度海南自贸区升级为自贸港后，后续 11 个季度的平均影响效应上升为 46.698，平均增长率为 17.625%，这表明海南自贸区（港）的设立表现出显著的进口贸易创造效应，尤其在海南自贸港设立后这种创造效应更加显著。在出口效应方面，2019 年、2020 年和 2021 年中均出现负效应，其余季度则均为正效应，并且这种正向促进作用在近年来表现出不断增强的趋势，整体平均影响效应和平均增长率分别为 9.193 和 10.469%。其中海南自贸区设立后的前 7 个季度的平均影响效应为 10.536，平均增长率为 12.750%，而在海南自贸港阶段中 10 个季度的平均影响效应为 8.461，平均增长率为 10.469%。这一结果说明，海南自贸区（港）的设立对出口贸易有着创造效应，但是对出口的促进作用低于对进口的促进作用。

表 2　海南进口和出口额的影响效应

季度	进口额				出口额			
	真实值	合成值	影响效应	平均增长率	真实值	合成值	影响效应	平均增长率
2018q4	327.280	204.005	123.274	9.716%	95.260	74.810	20.450	12.750%
2019q1	238.321	190.291	48.031		65.595	59.748	5.847	
2019q2	236.014	214.441	21.573		80.655	72.593	8.062	
2019q3	187.843	221.201	−33.358		72.046	83.448	−11.402	
2019q4	178.184	206.103	−27.919		97.289	84.420	12.869	
2020q1	183.773	184.066	−0.293		84.967	57.578	27.389	

续表

季度	进口额				出口额			
	真实值	合成值	影响效应	平均增长率	真实值	合成值	影响效应	平均增长率
2020q2	180.424	184.049	−3.625	17.625%	53.853	68.841	−14.988	9.335%
2020q3	218.341	191.362	26.979		59.241	73.302	−14.061	
2020q4	231.486	177.513	53.973		45.748	83.072	−37.324	
2021q1	221.810	186.127	35.683		44.924	71.082	−26.158	
2021q2	227.933	205.621	22.312		72.989	71.105	1.884	
2021q3	253.806	218.641	35.165		77.411	84.805	−7.394	
2021q4	300.318	206.534	93.784		78.388	95.959	−17.571	
2022q1	335.913	203.964	131.949		99.183	75.679	23.504	
2022q2	273.159	263.967	9.192		113.060	79.656	33.404	
2022q3	323.439	304.187	19.252		142.931	107.759	35.172	
2022q4	347.808	258.789	89.019		209.268	92.669	116.599	
平均影响效应	37.941			15.120%	9.193			10.469%

五、结论与政策建议

本文利用2010年第1季度至2022年第4季度全国30个省市的面板数据，基于海南自贸区（港）这一准自然实验，采用合成控制法检验了海南自贸区（港）的贸易创造效应，评估了海南实施自贸区（港）政策的影响效果。研究发现：海南自贸区（港）表现出较强的贸易创造效应，其平均影响效应和平均增长率分别为63.584和18.770%。相较于刺激出口，海南自贸区（港）更倾向于扩大进口来发挥贸易创造效应。并且这种贸易创造效应在自贸区升级为自贸港后进一步增强了，即自贸港阶段的平均影响效应和平均增长率均超过自贸区阶段。当然，我们应该深刻认识到海南自贸港建设仍处于“基础期”，其政策红利和制度优越性尚未充分释放，因此，为了激发自贸港的“制度红利”，本文基于研究结论充分结合国内外背景，提出如下政策建议：

第一，优化完善海南自由贸易港相关政策，提升贸易和投资便利化。在后续自贸港政策的深化过程中，应充分分析和总结已设立的自贸区成功经验，结合地方的资源禀赋和经济发展实际情况，进行制度设计，变“摸着石头过河”为“顶层设计 + 摸着石头过河”，发挥海南岛全岛试点的整体优势，尽量形成完善、有效的自贸港制度体系。同时，推动贸易融合发展，进一步优化进出口管理，努力提高货物贸易的自由化、便利化水平，提升货物通关效率，构建自由便利的贸易投资环境，缩短后续政策发挥作用的滞后期，最大限度地发挥区域优势，释放“制度红利”。

第二，提高对外开放程度，加强海南自由贸易港与“一带一路”倡议以及RCEP协定的战略对接。依靠海南自贸港的区位、资源、政策等优势，将其打造为新发展格局下推动全面开放的新引擎。海南自贸港是“一带一路”倡议的重要中心节点和战略门户枢纽。因此，应强化其与“一带一路”倡议的战略对接，加快建立面向南亚、东南亚国家的市场，以海南为中心加快构建“泛南海经济合作圈”，开拓海外新市场，化解国内产能过剩、寻找新的经济增长点，吸引更多外资和技术进入海南市场，使其成为连接内循环与外循环的“桥梁纽带”。

第三，优化产业结构，提升产业竞争力。当前海南整体发展质量仍低于全国平均水平，其经济总量和市场规模存在较大的提升潜力。因此，必须依靠自贸港的政策福利，以自由、开放、便利的消费、投资、进出口贸易政策为优势，将海南打造成国际旅游消费中心，进一步扩大海南自有消费市场规模，不断提升本地消费市场的竞争力和吸引力。此外，优化海南产业结构，打造地区特色优势，在本地优势产业方面进行制度政策的支持，积极发展现代服务业和数字产业。

参考文献：

[1] 蒋灵多，陆毅，张国峰．自由贸易试验区建设与中国出口行为 [J]. 中国工业经济，2021（8）：75-93.

[2] 康继军，郑维伟．中国内陆型自贸区的贸易创造效应：扩大进口还是刺激出口 [J]. 国际贸易问题，2021（2）：16-31.

[3] 王爱俭，方云龙，于博．中国自由贸易试验区建设与区域经济增长：传导路径与动力机制比较 [J]. 财贸经济，2020，41（8）：127-144.

[4] Abadie A，Diamond A，Hainmueller J. Synthetic control methods for comparative case studies: Estimating the effect of California's tobacco control program[J]. Journal of the American statistical Association，2010，105（490）：493-505.

高水平制度型对外开放的安徽实践

陈清萍　李颖　储昭斌[①]

摘要：2020年以来，安徽利用自贸区等开放平台构建高水平开放新机制，提出“向海而行、借船出海”的全新发展思路，走出一条中部地区对外开放的国际化特色道路。未来，安徽将继续提升对外开放平台能级、加密扩容国际开放通道、推动外贸稳规模优结构、打造高端国际“会客”平台，实现对外开放高质量发展。

关键词：制度型开放；开放通道；要素开放；开放平台；高质量发展

2020年以来，安徽利用自贸区等开放平台构建高水平开放新机制，提出“向海而行、借船出海”的全新发展思路，走出一条中部地区外向国际化特色道路。2024年前十个月，安徽对外贸易进出口总额达到7058.8亿元，同比增长6.8%，首次晋级全国第九、中部第一。未来，制度型对外开放将进一步激活安徽省微观主体创新活力，引领安徽国际化发展迈向新阶段。

一、安徽推进对外开放平台建设成效

推进高水平对外开放平台建设对于促进经济发展、增强国际竞争力、推动改革创新、实现互利共赢、完善全球治理体系、促进地方经济发展、推动“一带一路”建设以及加强国际合作具有重要意义。为此，安徽利用自贸区等加速推进对外开放平台建设，并结合全省开放发展实际，提出“向海而行、借船出海”的对外开放新思路，在对外开放的国际化道路中取得诸多成效。

1. 开放平台集聚效应显现

综保区、自贸片区、加工贸易承接平台等开放平台的集聚效应不断显现。合肥综保区、合肥经开综保区、芜湖综税区、马鞍山综保区、安庆综保区、蚌埠综保区5家保税区进出口占全省进出口总贸易额的五分之一；三大自贸片区贡献了全省27%的进出口额、36%的实际使用外资额；6家国家级加工贸易承接平台、全国占比10%。开放平台的建设将进一步完善安徽电子信息、新型显示、装备制造、家用电器等相关产业链布局。

2. 长三角自贸区联动发展

长三角一体化推动了安徽加快融入沪苏浙自贸试验区的联动发展，比如探索了芜湖港与洋山港的“联动接卸”、长三角海关特殊货物检查作业一体化改革等监管模式，提高了长三角区域物流运转效率，缓解港口码头、公路交通接卸运输压力。2021年以来，长三角自贸区联盟推动了贸易投资便利化、产业联动发展和科技协同创新，为深化四地自贸区联动发展作出贡献。2023年，安徽在合芜蚌之外的13个地级市设立联动创新区，推动长三角制度型开放一体化发展。

3. 省级外贸综合服务平台启动建设

2023年初，安徽认定安徽外运、安徽一达通、轻工、海晨、亚美亚等6家企业为省级外贸综合服务企业，同时安排国贸集团搭建全省外贸综合服务平台。省级外贸综合服务平台的搭建，提高了安徽外贸综合服务专业化水平，完善外贸公共服务功能，整合贸易上下游服务资源，挖掘外贸数据价值，更好地服务外贸企业发展。

---

① 陈清萍（1982—），女，安徽省社会科学院城乡经济研究所世界经济研究室主任，副研究员，博士，研究方向：国际贸易理论与政策；李颖（1978—），男，安徽省社会科学院城乡经济研究所助理研究员，博士；储昭斌（1973—），男，安徽省社会科学院城乡经济研究所副所长，副研究员，研究方向：区域经济。

二、安徽着力打造高水平对外开放新优势

自 2020 年 9 月设立自贸试验区以来，安徽加快打造立体通道开放优势，拓展商品贸易开放优势，集聚多重要素开放优势，为加速推进国际化进程奠定坚实基础。

1. 打造立体通道开放优势

（1）突破水运通道建设。江淮运河的通航，安徽将形成长江、淮河、江淮运河“两横一纵”“工”字形航道，打破全省航运南北割裂的困境，改变安徽全域水运格局，同时辐射豫东、联动中部，打通中原腹地与长三角腹地通江达海向海发展的通道，提升了安徽在国家战略通道上联东启西的地位。江淮运河将淮河中上游的蚌埠港到长江中上游地区的水运距离缩短 200–600 公里；芜申运河航道整体提升至三级，可通航 1000 吨级货船，缩短航程 100 多公里。

（2）做好中欧班列。2014–2024 年，中欧班列（合肥）发展迅速，从最初的一月一列发展到每天两列，运量持续增大。截至 2024 年 6 月底，中欧班列（合肥）已累计开行超 4100 列，海铁联运班列超 32 万标箱，横跨欧亚大陆，通达德国诺伊斯、俄罗斯谢格扎等 18 个国家的 147 个国际站点城市，服务企业超过 600 家，服务范围覆盖全省 16 个地市。自开行以来，中欧班列（合肥）承运的进出口产品囊括家用电器、服饰鞋帽、电子设备、机械设备等诸多品类，助力安徽各地深度融入“一带一路”经贸通道。

（3）发展“公转水”“铁转水”。截至 2022 年底，安徽水路运输占比 35.53%、铁路运输占比 2.03%、公路运输占比 62.44%，其中水运比 2012 年提高了 22.5 个百分点，铁路运输和公路运输分别降低了 1.89 个百分点和 20.61 个百分点，省内“公转水”“铁转水”运输结构的调整使得十年间我省水运占比高出全国水运占比 18.94 个百分点。据第三方机构测算，2018–2022 年期间，安徽水运占比提高 7.2 个百分点，为全社会节约物流运输成本 412 亿元，社会物流运输总费用的 GDP 占比从 15.7% 下降至 13.9%。

（4）拓展国际航空运输通道。近年来，合肥新桥国际机场新增合肥至荷兰的阿姆斯特丹和美国的亨茨维尔两条国际全货机航线。目前合肥稳定运行芝加哥（每周 3 班）、伦敦（每周 3 班）、仁川（每周 2 班）、大阪（每周 2 班）、阿姆斯特丹（每周 2 班）、亨茨维尔（每周 3 班）共 6 条国内国际全货机定期航线，其中前 2 条货运航线以“第五航权”航线执飞，为两大航线上装卸第三国货物提供便利，有力保障了全省产业链供应链安全稳定。

2. 拓展商品贸易开放优势

（1）扩大贸易“朋友圈”。近年来，安徽出口贸易伙伴由 169 个增加至 183 个，新增了对刚果（金）、南苏丹共和国、列支登士登等 14 个国家或地区的出口，其中对刚果（金）的出口达 6500 万美元，占比已达全省出口总额的千分之一。动态来看，安徽调整了对外出口的区域布局，提升对欧洲、拉丁美洲以及部分亚洲国家的出口份额，其中欧盟、中国香港分别取代美国、日本成为第 1 和第 4 大贸易伙伴，印度、墨西哥分别跃升为第 5 和第 7 大贸易国。对于欧盟成员国，安徽与德国长期保持着良好的经贸合作关系，拉动了全省对荷兰、波兰、捷克共和国、匈牙利、葡萄牙等国出口占比的较大提升，其中荷兰的出口占比提升了 1.34 个百分点。

（2）升级出口产品结构。安徽出口产品中高技术、高附加值、绿色产品出口增长较快。2024 年 1–7 月，汽车（包括底盘）及零配件合计 679.9 亿元，增长 24.6%，拉动全省出口增长 4.6 个百分点；自动数据处理设备及其零部件 268.3 亿元，增长 24.7%；电动汽车、锂离子蓄电池、光伏产品“新三样”合计出口 273.4 亿元，同比增长 7.3%。

（3）增强区域集聚性。从单个城市来看，全省几乎一半的进出口贸易集中于省会合肥，滁州和池州两市的进出口贸易全省占比出现了不同幅度的上升，马鞍山和阜阳两市的进出口贸易全省占比有所下降。特别要指出的是，皖中皖南十个城市对外贸易占全省进出口比重高达九成，皖北六市对外贸易占比近十年来少有提高、不到全省的一成。

（4）创新外贸新业态新模式。安徽跨境电商交易额从 2017 年的 28.4 亿元增长至 2023 年的 292.9 亿元，年均增速高达 57.2%、规模增长 14 倍以上；市场采购贸易虽起步较晚但发展很快，从 2021 年的 10.3 亿元扩大至 2023 年的 42.39 亿元、年均增速高达 102.9%。凭借着制造业和全球资源运作的优势，省内市场主体

还在保税维修、离岸贸易和新型易货贸易等新业态上做了积极的探索，推动了外贸创新发展。

3. 集聚多重要素开放优势

（1）加快建设创新要素。安徽是全国第二个国家创新型试点省份，全省已建、在建、拟建国家大科学装置12个，高居科创塔尖的“国之重器”总数位居全国前列，有效发明专利数位列第五，拥有216家“国字号”创新平台，高新技术企业突破1.5万家，区域创新能力跃升至全国第7位，连续11年居全国第一方阵，在量子通信、“东方超环”核聚变装置、稳态强磁场超强混合磁体装置、智能语音、新能源汽车等领域取得了一批世界领先、国内一流的重大科技成果。在创新要素的加持下，省会合肥提升了科技成果转化效率、战略性新兴产业产值在工业产值中的占比从2013年的27%提高至2022年的56%①，芜湖打造了首个国家级机器人产业发展集聚区。

（2）加速集聚高素质人力资源。截至2022年底，安徽人才总量突破1100万人，技能人才达665.6万人，高技能人才196.4万人；专业技术人才477万人，高层次人才49.7万人。2023年上半年，安徽分别新增技能人才和高技能人才36.4万人、11.24万人，新增高技能人才占比高达30.88%，人才结构进一步优化。目前合肥市各类人才总量超200万人，其中经认定的高层次人才1.5万人，在合肥服务院士有138位，连续5年入围“魅力中国——外国专家眼中最具吸引力的中国城市”榜单。

（3）吸引更多外资企业增加在皖投资。2012—2022年，安徽实际利用外商直接投资从86.38亿美元增长至215.51亿美元、年均增长9.57%，全国占比从7.13%提高至10.56%、提高了3.53个百分点。安徽制造业具有雄厚的基础优势，吸引了大量外资企业加盟。截至2022年制造业外商投资总额达4560.60亿美元，排名第一。近年来，外资企业从着重布局制造业调整为以批发零售业和科研技术服务业为重点。

三、安徽高水平开放新机制的提升路径

党的十八大以来，我国制度型对外开放迈入新阶段，体制改革有待进一步深化，自贸试验区战略有待进一步提升，“一带一路”新机制有待进一步完善。安徽将一如既往地坚持以开放促改革，提升对外开放平台能级，加密扩容国际开放通道，推动外贸稳规模优结构，打造高端国际“会客”平台，持续推进对外开放高质量发展。

1. 提升对外开放平台能级

（1）提升自贸区能级。对标国际经贸规则，在知识产权、数字贸易、服务贸易等领域开展探索，鼓励自贸区三个片区和联动创新区加大制度开放，加强省内外和国际联动，推动贸易投资便利。推进合肥、芜湖自贸片区QFLP试点紧扣产业需求推出更多制度创新成果。推进自贸区与航空港区及跨境电子商务试验区等与陆上、海上、空中、“网上丝路”等各自的平台优势、通道优势、体制优势等融合进而升级为开放发展的新优势。

（2）促进开放平台提质扩量。完善皖北地区海关特殊监管区的布局，争取芜湖港、安庆港、铜陵港和池州港等沿江口岸获批港区，争取合肥和蚌埠二类水运口岸上调级别，形成高水平对外开放的安徽口岸新生态。加快合肥空港5个功能性监管场地和1个药品进口口岸的建设运营，建设全国有影响力的农副产品分拨集散中心。推动外贸综合服务企业与安徽跨境电商创新服务中心合作，提高外贸综合服务企业精准服务能力，推进全省外贸综合服务平台建设。建立联席会议制度和外贸研究中心，提升企业应对外贸政策风险能力。

（3）持续扩大高端展会影响力。增强世界制造业大会国际影响力，常态化举办有国际水准的行业会展、学术交流、赛事活动。加强与UFI、IAEE、ICCA等国际会展组织的沟通交流，推动我省会展企业、展会项目、会展场馆等争取国际机构认证，打造集聚国内外资源要素的汇聚平台。

2. 加密扩容国际开放通道

（1）打造双向高能级开放枢纽。着力构建开放通道“两枢纽、一中心”，芜湖、马鞍山、安庆、蚌埠

① 财税茶座，经济学人：“合肥模式”的成功极其关键，但想复制并不容易，2023年8月6日。

重点打造以集装箱、商品汽车等货种为主的江海联运港口枢纽，打造长江、淮河流域集装箱枢纽港，构建环巢湖干线航道网，打造江淮联运中心。加快建设合肥国际陆港，“海关 + 口岸 + 国际贸易 + 国际陆港型物流枢纽”四位一体发展，创建陆港型国家物流枢纽，力争成为长三角中欧班列重要的集散中心。推进引江济淮二期航运工程建设，重塑全省水运发展格局。加快合肥机场货站三期规划建设，提升合肥机场区域航空枢纽功能，打造合肥国际航空货运集散中心。

（2）做好联运对接大文章。推动形成“产业 + 通道 + 集结中心 + 贸易”的对外经贸合作新模式，强化与上港集团合作开展长三角多式联运，加深汽车滚装运输业务合作。加快建设虹桥国际开放枢纽安徽联动区，积极参与建设数字贸易港，打造数字贸易增长极，积极参与共建开放的“大虹桥”。大力发展铁海联运，持续推进合肥、芜湖、蚌埠、阜阳等地开行到上海港、舟山港的铁海联运班列。推动联运口岸协作提级，提升中转进出口货物的物流效率。

3. 推动外贸稳规模 / 优结构

（1）壮大外贸经营主体实力。实施外贸龙头企业“养成”工程，力争通过三年时间培育一批进出口规模大、经营模式优、市场拓展力强、带动作用明显的外贸企业。以蚌埠综保区、蚌埠市场采购贸易试点、蚌埠—太仓—宁波舟山港集装箱航线等优势资源建设为抓手，将蚌埠打造为皖北外贸主体集聚地。建设外贸主体培育平台，利用创业孵化基地、众创空间、小微企业创业创新基地、跨境电商平台等各类资源培育壮大外贸经营主体。

（2）贸易结构转型升级。支持芜湖建设自主品牌集聚区，打造全国最大的乘用车出口基地。主动承接上海虹桥，积极放大进博会溢出效应，提升采购成交实效，在采购规模、采购结构等方面实现新突破，倡导鼓励开展进口贸易，培植进口主体，搭建进口平台载体，提升进口总量和质量。利用数字技术与互联网平台，扩大合肥高新区数字服务出口基地、蜀山国家文化出口基地等特色服务出口，培育合肥包河数字创意产业，推动安徽数字服务贸易高质量发展。

（3）优化贸易伙伴结构。深入实施“徽动全球”外资招引行动，深化拓展与“一带一路”共建国家（地区）和 RCEP 成员国合作。加快建设欧侨匈牙利科技产业园、江汽哈萨克斯坦汽车工业园、奇瑞巴西工业园等境外经济园区，以投资带动贸易，推动产业升级，着力提升境外园区的双向辐射能力，建立国际化的研发、生产、销售和服务体系。深入推进省内企业海外仓建设，加快对接“海外智慧物流平台”，完善“皖字号”海外仓布局，提升海外仓数字化、智能化管理水平。

4. 打造高端国际“会客”平台

（1）打造区域纵深开放战略支点。以合肥骆岗中央公园为核心区，提升国际化门户功能，打造安徽对话世界的第一窗口。设置各地市展区，汇聚全球数据流、资金流、信息流、技术流等资源要素，输送至全球。打造国际学术会议中心，吸引国际组织和国际人才。围绕黄山国家外事活动基地，打造高水平对外交流合作平台，推动 2024 年 RCEP 地方政府暨友城合作（黄山）论坛成果落地。

（2）建设虚拟“会客厅”平台。运用元宇宙、人工智能等技术，在云端打造“数字客厅”，囊括全球企业、商协会、科研院所机构等招商资源信息的数据库，通过“云端客厅”定期开展视频会议、经贸洽谈、技术展示、产品交易等人文经贸交流活动，打造集展示推介、撮合交易、商贸洽谈、金融服务、技术交流等于一体的综合性对外开放平台。

（3）建设国际化城市功能区。引入更多国际化文化艺术和商业资源，聚集产业，推进生产性服务业集群集聚，生活性服务业向国际化高品质迈进，打造具有国际范、时尚感、科技感和现代化城市气质的创意城区，成为“智慧生态 + 多元优质”的国际化城市功能区。

参考文献：

[1] 曾凡银 . 利用外商直接投资与培育安徽外贸竞争优势研究 [J]. 合肥工业大学学报（社会科学版），2003（12）：33–38.

[2] 夏兴萍 . 安徽对外贸易的主要特点和发展思路 [J]. 宏观经济研究，2005（3）：45–48.

[3] 张颖，汪飞燕 . 安徽省服务外包产业竞争力及发展路径研究 [J]. 华东经济管理，2013（6）：32–38.

[4] 胡厚翠 . 打造内陆改革开放新高地的合肥实践及其对策建议 [J]. 延边党校学报，2022，38（2）：59–64.

[5] 迟福林 . 走向高水平、制度型对外开放 [J]. 中国军转民，2022（6）：17–18.

[6] 彭园园 . 向海而兴 推进高水平对外开放 [N]. 安徽日报，2024–7–17.

湖南对接粤港澳大湾区的深刻意蕴、现实困境及科学路径

谢晶仁

2019 年 2 月 18 日，中共中央、国务院印发《粤港澳大湾区发展规划纲要》，标志着大湾区建设全面启动。2020 年 9 月 21 日，中国（湖南）自由贸易试验区正式获批，标志着湖南吹响了新一轮对外开放的号角。湖南与粤港澳大湾区毗邻，具有与大湾区合作的广阔空间和独特优势。新形势下，我们应紧紧抓住国家加快粤港澳大湾区建设的重大机遇，立足实际，把对接粤港澳大湾区摆在关系湖南发展全局的突出位置来抓。

一、湖南对接粤港澳大湾区的深刻意蕴

粤港澳大湾区是由广东 9 个市和香港、澳门两个特别行政区形成的城市群，包括广州、佛山、肇庆、深圳、东莞、惠州、珠海、中山、江门在内的地区所组成，是国家建设世界级城市群和参与全球竞争的重要空间载体。

1. 开放型经济发展的需要。湖南始终坚持对外开放的基本国策，不断推进科技创新、文化创新、制度创新以及其他各方面的创新，促进全方位全要素对粤港澳大湾区的合作；积极打造综合保税区、国际快件监管中心等众多开放平台，将湖南打造成中西部地区承接粤港澳大湾区产业转移的“领头雁”。由于自贸区进一步“赋能”，必将为湖南打造全方位、多层次、宽领域、高水平的对外开放新格局插上腾飞的翅膀。

2. 贸易投资自由化便利化的需要。自贸区先行先试扩大开放，有利于湖南实施大自贸区战略，更好地构建与其他国家或地区的双多边经贸合作机制，有效应对贸易保护主义和单边主义的冲击，维护多边贸易体制和自由贸易格局，促进区域经济一体化和经济全球化。同时，鉴于自贸区愈发重视现代服务业开放、电子商务等问题，湖南对接粤港澳大湾区，有助于构建面向全球的高标准的自贸区网络。

3. 政府服务效能提升的需要。在未来的自贸区里，“推地刨坑、拔地而起”的外在变化不是主角，“静水深流、润物无声”的内在变革才是关键。自由贸易试验区将会减少很多经济行为的行政审批，势必倒逼行政审批的进一步精简，以此提高湖南对接粤港澳大湾区的行政效率。湖南将围绕自由贸易试验区建设的目标，深入推进审批服务便民化、程序化、制度化，全面推行审批服务“马上办、网上办、就近办、一次办”，打造“宽进、快办、严管、便民、公开”的审批服务模式，最大限度地减少企业和群众办事跑动次数，极大地方便企业和群众办事创业。

4. 市民出境便捷化的需要。随着湖南自由贸易试验区的获批和建设，湖南自贸片区启用了自助照相机、填表机、预受理机、缴费机、发证机等全流程自助设备，将以往烦琐的办证步骤压缩至指尖滑动，省去办事人来回跑路的麻烦，减少群众办证时间，让市民出国（境）变得越来越便利。例如，市民再次申办港澳签注手续，可免交验户口本、身份证复印件；在非工作时间，因奔丧、治疗紧急重症、探望危重病人、处理境外突发事件等特殊事由且需要立即出国出境的，可通过公安机关出入境办理相关证件，其申请表格简化、将申办时间缩短到 7 个工作日等。这些都大大方便了申请人和市民出境旅游或出国留学、务工等。

二、湖南对接粤港澳大湾区的现实困境

湖南在对接粤港澳大湾区建设中取得了一定的成绩，诸如改革试点和制度创新稳步开展、经贸领域改革创新有序推进、国际投资贸易走廊打造初见成效、营商环境优化提升扎实推进等，为湖南与粤港澳大湾区联动发展创造了良好条件。但是，湖南对接粤港澳大湾区建设还存在不少的问题。主要体现在：

1. 区域间协调联动不强。湖南与粤港澳大湾区的对接效应不是很显著，如存在对接要素不融合、对接规则不统一、创新资源尚未共享等困难，迫切需要加以克服。同时，湖南与粤港澳大湾区对接过程中还存在渠道不宽、平台不完善等问题，尤其是存在“湘粤港澳四地的标准不统一”，没有发挥区域间功能互补的优势。

2. 行政管理体制机制不健全。自由贸易试验区的行政管理体制改革作为新生事物，它不可能在方方面面都考虑得详尽周全，难免出现这样或那样的问题，需要引起足够的重视。一是管理体制不够顺畅。自贸区建设不仅涉及中央部委、省市各级政府职能部门，而且涉及本省的省级领导小组、各片区管委会，行政层级复杂，协调起来有一定的难度。二是存在“业务隔离”。区域间的运行体系和流程不同，业务侧重点和实施进度难以协同，往往引发具体措施不配套、不协调等问题。三是协作力度不强。地区间的改革方案和推进力度参差不齐，并且呈现“碎片化”的现象。

3. 产业转移承接能力不足。一方面，湖南自由贸易试验区对所能接受的产业进行选择性承接的能力不足。在招商引资时更为重视转移企业对湖南投资额的大小，较少考虑转移企业对当地产业链完善、产业链整合的因素，如湖南自由贸易试验区郴州片区的有色资源十分丰富，但没有很好地发挥这一资源优势，尚未及时瞄准粤港澳大湾区的优势企业和重点项目，也没有针对性地引进一些优势有色金属企业和项目来提高郴州片区的有色金属产业技术水平，导致一些转移企业对本地经济拉动作用不明显。另一方面，核心产业链科技创新不足、产业链牵引力和带动力不强、品牌培育力度相对较弱等问题。

4. 生态文明建设意识不浓。湖南着力打造粤港澳大湾区的后花园，但生态优势尚未充分显现，没有完全转化为提高人民群众幸福指数的经济优势。从地方政府对生态治理的情况来看，生活垃圾治理还不到位，尤其是生态环境治理压力仍然较大，没有主动承担起生态治理的责任；从一些农村的情况来看，过量使用农药和化肥作为提高农作物产量的最直接途径，不仅污染水源和耕地，而且扰乱生态系统，对湖南与粤港澳大湾区的食品安全也构成潜在的威胁；从地方政府对生态环境的宣传来看，环保部门还没有就湖南对接粤港澳大湾区的生态建设做好深层次的相关宣传工作，民众对生态环境问题还不够重视，导致民众的环保意识不强，不利于人与自然和谐共生。

5. 高精尖国际化人才短缺。湖南省人口总数 6600 多万，全国排名第七，但人才优势并不突出，缺乏高层次人才和高精尖人才，尤其是缺乏经济社会发展所需的高精尖国际化人才。就湖南自由贸易试验区长沙片区来说，2017 年 6 月实施高精尖人才领跑工程以来，累计认定 17 批次 1769 名高层次人才，认定高精尖人才 73 人，高精尖专业技术人才数量不足。加上人才聚集效应还不够明显，人才流失问题也比较突出。再加上人才管理的“行政化”和“官本位”倾向突出，优秀人才做出成绩后常常会被任命为某个行政职务。这在一定程度上抑制了创新人才发展的活力和动力。

三、湖南对接粤港澳大湾区的对策措施

湖南是粤港澳大湾区的延伸区和拓展区，区位优势凸显。今后湖南将围绕“对接粤港澳，融入大湾区”的战略定位，推动湖南成为大湾区世界级城市群的有机组成部分以及现代产业重要战略腹地。

1. 推进现代产业协同发展。一是要注重产业链精准招商。围绕实体经济、优势产业和战略性新兴产业，创新开展以商招商、中介招商、协会商会招商、资本招商、互联网 + 招商，重点开展“对接 500 强、提升产业链”行动，积极举办跨境电商、总部经济等招商推介活动。坚持链式招商、集群招商，着力补齐产业链短板，提高项目准入标准，增强招商质效。二是要积极承接大湾区产业转移。聚焦大湾区主导产业、优势产业，积极参与上下游配套，探索“大湾区总部 + 湖南基地”“大湾区总装 + 湖南配套”“大湾区研发 + 湖南制造”等产业协作模式。依托制造业基础，重点承接发展新一代信息通信技术、信息安全、物联网、消费类整机等产业。加强前沿材料布局，优化新材料产业化及应用环境建设。三是要突出先进制造业全产业链对接。紧盯大湾区的全球大数据硅谷和国际数据经济创新中心建设，加快与大湾区先进制造业及科技创新对接。强化供应链、产业链、价值链、生态链等“多链”融合，打造新型轻合金、碳基材料、新能源、智能电网等全产业链。四是要完善对接大湾区现代物流体系。拓展物流产业链，建设跨区域多式联运中心、跨国供应链管理中心。积极发展连锁配送、电子商务等新型物流业态，注重物流大数据应用与物流技术装备创新。大力发展智慧物流和第三方物流，积极开展智能配送、无人配送等新的服务业态，促进电子商务和快递物流协同发展。

2. 构建科学的区域协同创新体系。首先，要推动科技创新共同体建设。支持与粤港澳大湾区共建产业技术创新战略联盟，共建综合性国家科学中心、国家企业技术中心、国家技术创新中心及重点实验室、工程（技

术）研究中心等技术创新研发平台，开展重大技术联合攻关，共同培育建设若干技术转移中心。支持湖南的优质企业赴港澳设立办事处或技术研发中心，反向吸收粤港澳大湾区的先进科技和经营管理理念。改进和完善实验室成果或理论成果的载体，将湖南自由贸易试验区打造成粤港澳大湾区科技成果转化中试基地。其次，要优化区域科技创新创业环境。深化与大湾区知识产权、行政、海关等部门在跨区域信息通报、配合调查等方面协作，推动以仲裁、调解等非诉讼方式处理知识产权纠纷。强化知识产权行政执法与司法保护衔接，深化诉调对接机制。密切与大湾区在知识产权创造、运用、保护等方面的合作，促进知识产权合理有效流通。再次，要完善科技协同创新机制。要聚焦核心技术和应用需求，共同制订产业技术合作创新推进计划。建立基于云计算和大数据管理技术，开发集产业技术创新信息公共服务、协同创新开放互动合作、企业技术需求动态监测于一体的信息交流平台。

3. 强化平台引领对接。一是要将湖南打造成粤港澳大湾区重要的产业承接地。以湘南湘西承接产业转移示范区为主战场，构建与粤港澳大湾区合作的科技产业配套基地和制造业转移承接基地。二是要推进创新资源平台共享。以高新技术产业开发区和综合保税区为载体，协同构建开放包容的资源共享服务平台。瞄准粤港澳大湾区主导产业和优势产业，共同打造多层次产业创新大平台。三是要建立跨区域金融合作示范区。支持香港的金融机构在湖南设立分支机构，鼓励湖南的企业赴香港开展电子商务国际金融结算业务和离岸金融结算业务。支持湖南的企业在粤港澳大湾区设立投融资平台、赴深圳和香港上市，开展直接融资和发行人民币债券。

4. 突出生态文明建设。一是要制定碳排放达峰行动方案。坚持以生态保护红线、环境质量底线和资源利用上线为硬约束条件，以降碳为重点战略方向，推动减污降碳协同增效，共同打造碳中和产业生态圈和创新生态链。加强应对气候变化能力建设，提高防灾减灾能力。二是要推进生态绿色一体化发展。坚持生态导向，以城市公园、街头绿地为板块，以重大交通干线两侧绿化带为廊道，共同推进生态绿色一体化发展。建立湘粤跨省山林、流域生态环境保护合作长效机制，加强联合监测和数据共享。三是要加强环境污染联防联控联治。建立健全应急响应联动机制，加强大气污染源监管，及时有效处理空气质量轻度及以上污染问题。加强环境保护科学的基础研究、环保技术攻关及环保产业等领域合作，共同提升区域环境污染防治水平。

5. 注重人才队伍建设。一是要完善人才吸引政策。创新人才引进政策，进一步完善人才引进、评价和激励机制。建立紧缺人才清单制度和人才直通车制度，定期发布紧缺人才需求信息，拓宽创新人才招揽渠道。打通人才跨区域流动障碍，对高层次人才在出境、入境、签证居留、项目申请、创新创业等方面给予优惠政策。二是要多渠道引进人才。组建人才引进专家咨询委员会，打造良好的人才创新创业环境。加快构建全方位、宽领域、立体化的引才引智模式，打造区域性创新人才聚集中心。加强柔性引才引智工作，吸引具有国际视野的高端人才。三是要加大人才培育力度。探索与粤港澳大湾区开展优秀干部交流挂职，提升湖南自由贸易试验区干部的管理能力和服务水平。强化人才管理体制机制创新，探索市场化用人机制，激发人才内生动力和创新活力。

新发展格局下海南自贸港吸引境外医疗消费研究

周义龙　李安琪①

摘要：作为世界最大的自由贸易港，海南拥有独特的区位优势、优惠的政策环境和丰富的自然资源等优势，吸引境外医疗消费，环境与条件得天独厚，可以在我国吸引境外医疗消费中扮演关键角色。吸引境外医疗消费，海南自贸港优势与劣势并存，机遇与挑战同在。在"双循环"新发展格局中海南自贸港吸引境外医疗消费可以实施提升医疗服务质量与水平、拓展医疗旅游与康养产业、优化医疗消费环境与服务、加强市场竞争与品牌建设等策略。

关键词："双循环"新发展格局；吸引境外医疗消费；海南自贸港

随着全球经济一体化进程的不断深化，国际人口与资本流动性日益增强。在教育、医疗、旅游、零售等多元领域，国际消费流动已成常态，医疗消费同样呈现出显著的国际化趋势。随着收入水平提高和健康意识增强，人们对个性化、定制化及高品质医疗服务的需求日益增长，越来越多的患者出于性价比和其他因素考虑选择境外医疗消费，接受国际领先的诊疗技术、专家咨询、健康体检、康复治疗、健康管理和预防保健等。医疗保健费用的差异不断上升，使得前往新兴市场的医疗游客不断增加，特别是那些拥有先进医疗设施和靠近发达国家的医疗游客[1]。医疗旅游甚至被称为"医疗服务的第六产业"，是一个日益发展的利基市场。目前，世界范围内至少有 2% 的诊疗程序是为医疗旅游者提供的[2]。医疗旅游产业预计未来 10 年将有高达 25% 的同比增长率，预计全球 3%-4% 的人将进行国际医疗旅游[3]。据医疗旅游权威机构 Patients Beyond Borders 等发表的研究估算，预计 2030 年将有大约 3,000 亿美元的市场规模。全球医疗消费市场规模预测如图 1 所示。

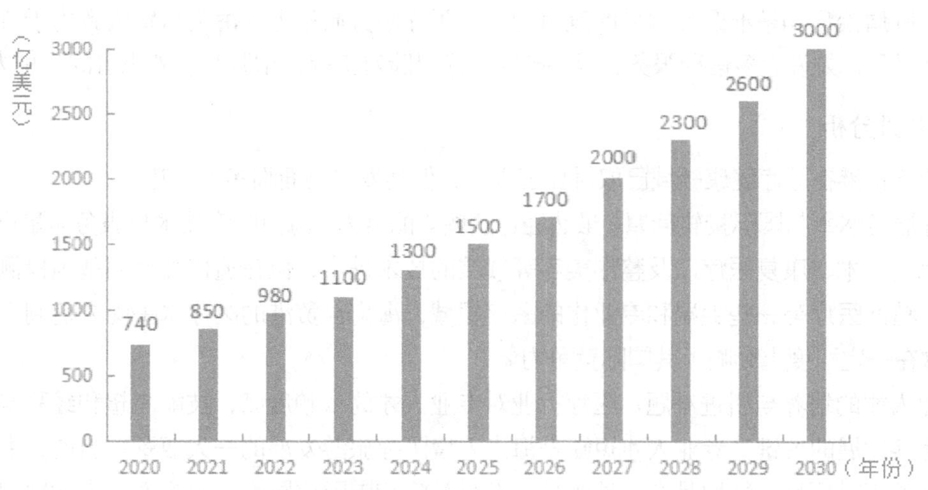

图 1　全球医疗消费市场规模预测（2020 — 2030 年）

① 基金项目：国家社科基金一般项目"新发展格局下吸引境外医疗消费回流协同治理框架构建与政策路径选择研究"（项目号：23BJY138）；2023 年海口经济学院校级科研项目"'双循环'新发展格局下海南吸引境外医疗旅游消费回流研究"（项目号：HJKY（ZD）23-07）。

周义龙（1973— ），男，江西临川人，海南省旅游商品研究基地主任、海口经济学院教授，主要研究方向为医疗旅游、休闲农业与乡村旅游。李安琪（1995— ），女，山东龙口人，海口经济学院教师，主要研究方向为旅游管理、研学旅游。

在这种背景下，中国政府适时提出“以国内大循环为主体，国内国际双循环相互促进”的新发展格局战略理念，旨在充分挖掘内需潜力，同时吸引海外消费与海外消费回流，尤其是高端消费，从而驱动国内服务行业的转型升级和提质增效。作为世界最大的自由贸易港，海南拥有独特的区位优势、优惠的政策环境和丰富的自然资源等优势，这为其在“双循环”新发展格局中吸引境外医疗消费扮演关键角色提供了可能。

一、海南自贸港吸引境外医疗消费的 SWOT 分析

（一）优势分析

1. 区位优势。作为中国唯一的热带岛屿省份，海南年均气温适宜，阳光充足，具有康复和疗养得天独厚的自然环境和生态条件[4]。海南岛位于中国最南端，靠近当前国际医疗旅游的热门目的地东南亚区域，地理位置优越，交通便利。海南拥有海口美兰国际机场、三亚凤凰国际机场、琼海博鳌国际机场等多个国际机场，已经开通了多条国际航线，连接了全球主要城市。海南岛内部交通网络也十分发达，高速公路和铁路连接了岛内各个主要城市和景区。特别是海南环岛高铁和环岛旅游公路的开通，使得岛内交通更加便捷。

2. 政策优势。吸引境外医疗消费，海南自贸港的政策优势尤为突出。博鳌乐城国际医疗旅游先行区不仅是中国内地唯一的医疗旅游先行区，国家的税收优惠政策允许海南自贸港在医疗设备进口时享受零关税和低税率的双重利好政策优势，使得自贸港得以充分利用这些优势，不仅便于引进和应用全球领先的医疗技术和设备，还能刺激医疗领域的创新与研发。另外，自 2011 年起在海南试点实施了离岛免税、离境退税政策。叠加 59 国人员免签入境、全面免签和单方面免签政策，77 国人员可免签入境海南。

3. 资源优势。海南拥有独特的自然环境、天然的气候优势、丰富的热带资源，海滩、热带雨林、温泉等自然景观丰富多样，被誉为“天然氧吧”，发展医疗旅游得天独厚。还拥有琼海的官塘温泉、三亚的南田温泉等丰富的温泉资源，这些温泉富含多种对人体有益的矿物质，具有很好的医疗保健效果。海南的海岸线长达 1823 千米，沙滩洁白细腻，海水清澈透明，是理想的度假胜地。

4. 医疗优势。海南医疗与旅游的融合催生了如抗衰老治疗、美容整形、中医养生等一系列特色医疗旅游项目，吸引着全球医疗游客。海南自贸港的医疗团队由在心脏病学、肿瘤学、妇产科等多个领域积累了丰富临床经验的国内外知名专家组成。以博鳌超级医院等高端医疗机构为例，海南自贸港已构建起了一支具备国际视野和一流专业技能的医疗人才队伍。质子治疗中心和高级影像诊断设备等先进医疗设备的引入，增强了海南在肿瘤治疗和精准医疗领域的竞争力。在医疗服务质量上，海南自贸港致力于打造与国际接轨的五星级医疗服务，如设立多语种服务、提供国际医疗保险对接等，增强对境外患者的吸引力。

（二）劣势分析

尽管海南自贸港在医疗健康领域已取得显著进展，但其发展仍面临多重劣势。

一是医疗服务水平与国际接轨问题。虽然经过这些年的努力，海南医疗技术与服务质量已有显著提升，如在心血管疾病手术、康复医疗以及整形美容等领域的技术进步，但在遗传性疾病基因检测、神经科学与脑疾病治疗、精准医疗等一些尖端和专业化的医疗领域，海南自贸港的医疗水平尚未达到全球顶尖医疗机构的水准，这在一定程度上影响了其国际竞争力。

二是专业人才的培养与引进难题。医疗行业对专业人才的依赖度高，技能高超和经验丰富的医疗专家和专业团队是其发展的关键。专业人才短缺是海南入境医疗旅游发展的一大瓶颈。当前，海南在医疗健康领域的人才储备相对不足，特别是在高端医疗、专科医疗和国际化医疗人才方面，人才缺口尤为明显，与国际国内知名医疗机构相比，海南在医学研究资源和职业发展机会上仍存在不足，这可能导致顶尖医疗人才的流失，从而影响到医疗服务质量与创新速度。

（三）机会分析

一是“双循环”新发展格局的提出，旨在强化国内大循环，同时促进国内国际双循环的深度融合，这为海南自贸港在医疗健康服务领域的创新发展提供了新的机遇。

二是国家和地方政府的大力支持。2013 年 2 月 28 日，国务院批复设立海南博鳌乐城入境医疗旅游先行

区，试点发展特需医疗、健康管理、照护康复、医美抗衰等入境医疗旅游相关产业，并给予支持其先行先试的政策优惠——“国九条”。国家的税收优惠政策允许海南自贸港在医疗设备进口时享受零关税和低税率的双重利好。

三是“一带一路”倡议。“一带一路”倡议推动形成陆海内外联动、东西双向互济的开放新格局，为海南乃至整个中国的对外开放提供了广阔的平台和机遇。随着中国与“一带一路”共建国家的经济合作不断加强，人员往来日益频繁，海南自贸港的医疗健康服务有望拓展至共建国家，尤其在中医药服务、热带疾病预防和治疗、母婴健康等方面，形成中国医疗健康服务出口的重要输出地。

四是入境医疗旅游发展中心逐渐向亚洲国家转移。近年来，海南周边亚洲国家（地区）入境医疗旅游业发展势头强劲，入境医疗旅游产业重心正在移步亚太地区，亚洲正在成为全球最富有潜力的跨境医疗旅游服务市场，这为海南发展入境医疗旅游提供了前所未有的机遇。

（四）挑战分析

一是法律法规与监管体系完善问题。海南国际医疗旅游的发展需要一个健全的法律法规体系和有效的监管机制。目前，海南在医疗旅游领域的法律法规和监管体系尚不完善，存在一些法律空白和监管盲区。

二是市场竞争加剧与品牌塑造压力。随着全球医疗旅游市场的不断壮大，海南入境医疗旅游面临着激烈的市场竞争。国际上许多国家和地区都在积极发展医疗旅游产业，如泰国、印度、韩国等，这些国家和地区在医疗旅游领域已经积累了丰富的经验，具有较强的竞争优势。国内其他省市也在大力发展医疗旅游，如北京、上海、广州等，这些城市在医疗资源、服务水平和品牌影响力方面都具有较强的优势。

三是在快速发展的医疗科技领域，技术的更新迭代速度也对海南自贸港吸引境外医疗消费构成了巨大压力。例如，精准医疗、基因编辑、人工智能辅助诊断等前沿技术日新月异，自贸港需不断投资研发和引进，及时跟进新技术，满足患者日益增长的个性化和定制化需求，从而保持其医疗服务质量的领先地位。

二、海南自贸港吸引境外医疗消费的策略建议

（一）提升医疗服务质量与水平

提升服务质量是吸引境外医疗消费的核心要素。一是可充分利用海南自贸港特殊医疗优惠政策，如博鳌乐城国际医疗旅游先行区的“国九条”、零关税和低税率的医疗设备进口等，大力引进、发展国际先进的基因检测、细胞治疗、抗衰老疗法等高附加值的医疗服务。二是加强高端医疗人才的培养与引进。海南自由贸易港在医疗健康服务领域实现可持续发展，吸引境外医疗消费，关键在于形成一套系统性、多元化的医疗人才支撑体系，涵盖从人才引进、培养到激励的全过程。三是充分利用数字化和互联网技术，构建智能化医疗服务平台，通过移动应用、远程医疗咨询、在线预约、电子处方等手段，提升医疗服务的获取途径和效率[5]。把握数字健康和人工智能的潮流，推动智慧医疗的发展。四是强化医疗法规和行业标准的建设，确保国际医疗认证，以吸引更多的国际医疗保险合作，降低就医成本，提升医疗消费的可负担性。五是提供英语、法语、德语、日语、俄语等全面的多语种服务，满足全球不同国家和地区患者的需求。六是通过数字化手段优化预约流程，如建立在线预约系统，集成人工智能助手提供 24/7 的个性化咨询服务，同时利用大数据分析优化医生的排班和患者的就诊时间，减少等待时间。七是实施持续的医疗专业教育和最新医疗信息的更新，提高医疗咨询和诊疗精准度。

（二）拓展医疗旅游与康养产业

一是可以利用海南得天独厚的自然风光和生态环境，开发一系列融合医疗保健与休闲度假的创新项目[6]。如设立集海滨疗养、森林康养、山地康复等多种主题的医疗康养度假村，为游客提供体检、抗衰老治疗、健康咨询、心理咨询服务、瑜伽疗愈课程等全面的健康服务。二是与豪华酒店集团、高端医疗机构及知名 SPA 运营商等国际知名品牌建立战略联盟，共同推出定制化、高品位的医疗旅游套餐，如健康筛查之旅、美容抗衰老计划，甚至设立特色疾病管理与预防项目，如肥胖管理、心理健康咨询等。三是优化旅游基础设施，包括提供直飞全球主要城市的航班，增设多语种标识，提升住宿设施的舒适度和餐饮的多样性，

以吸引不同国家和地区的医疗旅游消费者。四是开发雨林徒步、海洋运动等具有地方特色的文化活动和户外探险项目，满足不同类型游客的休闲需求，实现医疗康养与旅游度假的完美融合。

（三）优化医疗消费环境与服务

为了吸引境外消费者，海南自贸港致力于构建一个安全、便捷且亲和的消费环境。一是提升医疗设施的现代化与智能化，引入电子病历管理、预约系统、自助服务终端等先进的医疗信息系统，减少患者等待时间，提升就医效率[7]。例如，可以推行移动应用，使患者能够轻松查看医生信息、预约诊疗时间，甚至实现远程医疗咨询。同时，通过大数据分析优化医疗资源分配，减少患者在医院的等待时间。二是优化支付环节。支持信用卡、借记卡以及第三方支付平台（如支付宝、微信支付等）等多种国际支付方式，同时，考虑到海外患者的支付习惯，需引入并兼容 Visa、Mastercard 等国际信用卡支付。三是采用区块链技术进行医疗费用的实时清算，确保跨境支付的安全性和透明度，保证交易的可追溯和不可篡改，提升患者医疗消费支付过程的安全感和信任感。四是充分考虑国际游客的特殊需求。例如，为多语言环境提供支持，如设置多语言导诊服务，确保语言障碍不会成为就医的难题。五是可以通过与国际保险公司合作，为海外患者提供一站式理赔服务，解决其在海南就医的后顾之忧。六是建立健全的医疗事故预防和处理机制，以及严格的数据安全和隐私保护措施，确保医疗服务质量并维护良好的国际医疗品牌。

（四）加强市场竞争与品牌建设

在医疗消费市场，海南自由贸易港正遭遇国内外竞争对手的严峻挑战。为了在这一竞争格局中塑造独特的市场定位，海南自由贸易港需要精心塑造其品牌形象，充分利用海南独特的热带海滨环境和优良的气候条件，大力发展医疗旅游产业，如设立康复疗养中心、健康度假村，以及结合中医理疗、温泉疗养等特色服务，打造全球独一无二的健康休闲目的地。

此外，海南自由贸易港应充分利用数字化和互联网技术，构建智能化医疗服务平台，通过移动应用、远程医疗咨询、在线预约、电子处方等手段，提升医疗服务的获取途径和效率[8]。通过与谷歌、阿里健康、腾讯医疗等科技巨头合作，打造线上线下一体化的医疗服务网络，以满足不同境外医疗消费者的需求。借助社交媒体平台，如微博、微信、抖音等，分享患者成功案例和良好评价，增强境外医疗消费者对海南自由贸易港医疗服务品牌的信任和认同[9]。同时，通过 KOL 营销、健康类博客和论坛的正面口碑传播，以及与旅游网站、评价平台的合作，进一步扩大品牌影响力，将海南自由贸易港建设成为全球医疗消费者心中的优选医疗目的地。

参考文献：

[1]Neha Malhotra，Kartik Dave.Dimensions and drivers of medical tourism industry： a systematic review of qualitative evidence[J]. International Journal of Business and Globalisation，2024，36（1）：60–82.

[2]Piotr K.Kowalewski，Tomasz G. Rogula，Ariel Ortiz Lagardere，Haris A.Khwaja，Maciej S. Walędziak，Michał R.Janik.Current Practice of Global Bariatric Tourism—Survey–Based Study[J].Obesity Surgery，2019，29（11）：3553–3559.

[3]Radovcic Z.，Nola I.A.Medical tourism globe–trotting：Features，impacts，and risks[J].International Journal of Healthcare Management，2020，13（1）：94–100.

[4] 周长强 . 融入新发展格局 加快建设医疗旅游消费中心 [J]. 今日海南，2021（4）：5–8.

[5] 沈悦，赵强，朱雅玲 . 产业智能化对消费升级的作用机制研究—理论分析与实证检验 [J]. 经济纵横，2021（3）：78–88.

[6] 叶洋洋，唐代剑 . 产业融合视角下医疗旅游融合发展研究 [J]. 经济体制改革，2021（2）：116–123.

[7] 张贝尔，王红，李元 . 康养旅游产业数字化水平调查与提升策略 [J]. 经济纵横，2022（12）：112–117.

[8] 孙茜，冯霞，隆云滔，等 . 数字技术赋能我国医疗治理现代化建设研究 [J]. 中国科学院院刊，2022，37（12）：1705–1715.

[9] 李北伟，宗信，李阳 . 产业视角下国内外数字化转型研究：综述及展望 [J]. 科技进步与对策，2022，39（2）：150–160.

发展自贸港民俗文化生产力的价值意蕴及有效路径探析

贺东建[①]

摘要：发展民俗文化生产力是新时代铸牢中华民族共同体意识、创造人类文明新形态的重要举措。民俗文化具有重要的生态价值、审美价值及规范调节功能。海南民俗文化资源非常丰富，勤劳勇敢的海南人民在生产生活实践中创造的民间工艺、民间艺术、民间习俗节日等民俗文化是中华文化的重要组成部分。发展海南民俗文化生产力对夯实海南乡村治理基础、促进乡村有序有效发展、提升人民的心灵共情能力、提振精神上的愉悦感、增强人民的民族认同感、发展乡村特色文化旅游业产业等方面具有深远的价值和意义。遵循文化发展规律、坚持“两个结合”、创新传承宣传方式、打造乡村文化旅游品牌、发挥政府主导作用、创新传承机制等是发展民俗文化生产力，赋能自贸港发展的有效路径。

关键词：自贸港；民俗文化生产力；价值意蕴；有效路径

生产力是推动人类文明发展的最终决定力量。任何一种新型生产力的出现都会对人类文明的发展产生巨大的影响。作为新型生产力形态的文化生产力，它的出现必然会引起人类文明的变革。发展新型文化生产力本身意味着对优秀传统文化的传承与创新发展，对文物保护利用和文化遗产保护传承创新发展。发展民俗文化生产力，培育新型文化发展业态，充分发挥传统民俗文化的价值功能作用，对铸牢中华民族共同体意识、促进社会和谐稳定发展、推动文化强国建设有着重大意义。

一、民俗文化的多元价值功能

民俗文化是生活文化的一种，它和人们的日常生活休戚相关，通常以民俗物质为载体，体现一地的特有历史文化和民众思想。个体的行为举止生活习惯生成不了民俗文化，民俗文化体现的是群体的生活习性和行为模式，这种行为模式并非静止不变，而是具有扩散性和传承性，在传承过程中会不断适应周围环境的变化而做出相应的调整，同时在不断适应社会发展需要方面做出相应的变革，以满足人民多样化的精神文化需求。

（一）民俗文化蕴含生态价值

民俗文化作为一种约定俗成的人们日常生活理念和行为规范，从哲学的角度看，民俗文化包含丰富的宇宙观、世界观、伦理观、人生观等思想观念，是一种“原生态”哲学。丰富多彩的民俗文化产生于人们各种社会实践活动，人们通过各种实践活动作用于自然环境，产生了相应的民俗文化，同时，民俗文化又会反作用于自然环境。通过考察各种民俗事项，可以发现人们适应环境、利用环境、协调人与自然环境关系的技巧本领。通过考察人们对住址的选择、服饰的选材、款式的制作，饮食的取材加工以及交通工具的使用情况等，可以发掘人们与自然和谐相处的生态智慧与生存技能。

（二）民俗文化具有审美价值

民俗文化蕴含着丰富的审美价值，具有较强的鉴赏性。民俗文化是民间社会生活的真实反映，它贯穿于人们的日常生活之中，与人们的生产、生活、娱乐、信仰等方面紧密相连，具有鲜明的生活属性，它的审美与生活密切相关。“他们在发现生活的审美价值方面有特殊的敏感，在审美地对待生活以致由看似平常的事物寻求审美体验方面有着独到的能力。”[1] 各个民族在饮食、居住、服饰方面有着各自的审美特点，

① 贺东建（女），硕士，湖南隆回人，海南软件职业技术学院马克思主义学院副院长、教授。主要从事马克思主义理论以及海南地方历史文化研究。

这都是他们不同的生活使然。所有的美都是生活之美，这种美不同于自然美，是民众群体共同创造的美，内涵群体的审美价值观，表现了人们对生活的挚爱和对生命的永恒追求。

（三）民俗文化具有教化规范功能

民俗作为一种文化现象，在个人社会化过程中起着重要的教化和塑模作用。正如美国学者本尼迪克特所指，“个体生活历史首先是适应由他的社区代代相传下来的生活模式和标准。从他出生之时起，他生于其中的风俗就在塑造着他的经验与行为。到他能说话时，他就成了自己文化的小小创造物，而当他长大成人并能参与这种文化的活动时，其文化的习惯就是他的习惯，其文化的信仰就是他的信仰，其文化的不可能性就是他的不可能性。”[2] 民俗文化通过节日庆典、婚丧嫁娶、民间信仰等形式，传递着诸如尊老爱幼、勤俭节约、诚实守信、团结互助等价值观念，这些价值观念在潜移默化中成为人们的行为准则和道德标准，对个体和社会具有深刻的教化规范作用。

二、发展自贸港民俗文化生产力的价值意蕴

海南民俗文化资源丰富，有列为世界级非物质文化遗产项目的黎族传统纺染织绣技艺，有多姿多彩的民俗节庆活动，有独特的建筑形式，还有享有国内外盛誉的民间艺术。丰富的海南民俗文化有着深厚的文化内涵和独特的民族精神，研究和挖掘好海南民俗文化，发展民俗文化生产力，对赋能自贸港高质量发展，意义重大，影响深远。

（一）有利于构建共建共治共享社会治理机制，推动经济社会有效有序发展

民俗文化是村民认可的事实上的村规民约，为乡土社会提供了人民更易接受和遵守的法律样式，在维持社会稳定、促进社会发展方面发挥着不可替代的作用。把民俗元素融入海南法治建设中，可以增强法律的可接受性和执行力，对完善共建共治共享的社会制度，推进自贸港社会治理体系和治理能力现代化有着重大作用。海南的传统民俗节日军坡节，虽含有一些封建迷信的因素，但也有利于促进海南稳定发展、值得传承的文化因素。军坡节讲究礼尚往来，热情善待客人；倡导行善积德，好善乐施；主张和睦相处，安居乐业，团结友爱，倡导爱国主义和忠诚精神；推崇仁义道德，弘扬社会正气，反对以大欺小等积极文化因素。政府在推进乡村治理的实践中，可充分挖掘民俗文化内涵的积极因素，创建具有海南特色的共建共治共享社会治理机制，推动乡村社会和谐稳定持续有效发展。

（二）有利于提升人民的民族认同感和心灵共情能力

民俗文化反映了人们对自然、社会、历史、思想、情感等方面的认识和态度，也体现了人们的生活方式和审美情趣。不同民族可以通过共同的语言、共同的节假日、共同的民俗信仰和习惯来增强彼此之间的情感联系，民俗文化具有较强的共情性和认同性。“民俗是要建构一个认同的体系，个人不可能搞一个民俗，它是一群人形成的共同的东西，社会共有的东西。有了民俗，有了认同，社会才是稳定的。”[3] 民俗文化在促进民族认同和情感交流方面作用不可替代。海南黎锦图案反映了黎族人民对勤劳勇敢与自然和谐相处价值观的认同，展现了黎族百姓独具特色的生产活动和生活方式，记载着黎族人民刀耕火种、狩猎捕鱼、男耕女织、喜庆丰收、迎亲娶亲以及节日庆典等原生态的文化风貌，蕴含着黎族人民在社会生产、婚恋爱情、宗教信仰等方面的价值观念。特别是黎锦中最为常见的人形纹图案，内容丰富，彰显了黎族人民对繁衍生育、子孙满堂和追求美好生活的共情与认同。

（三）有利于人民释放心理压力和提振精神上的愉悦感

快节奏的现代社会生活、竞争激烈的职业市场、科学技术的突飞猛进，人们面临的生活工作压力越来越大。对作为一种社会生物的人来说，长期积压会对人的精神健康产生负面影响，人会变得易怒、烦躁甚至抑郁，必须及时释放压力，缓解焦虑情绪，变通疏导紊乱的心理障碍。通过参与民俗活动、欣赏民间艺术作品等形式，人们可以感受到美的熏陶和感染。通过对民俗的感知而悦耳悦目，得到美的享受，产生心意愉悦之感，从而达到悦志悦神的精神境界。[4] 海南老爸茶作为一种休闲文化，一直以来备受人们喜爱，

老爸茶坊是茶客们的精神和思想乐园，在这里，生活中遇到的悲伤、痛苦、烦恼、失落、焦虑均可以在品茶和交流中释放和消解。同样，人生中的喜乐、荣耀、收获也可以在这里张扬和膨胀。一些时事、大政话题以及各种社会生活趣闻都可以在这里讨论交流。老爸茶不仅是一种经济现象，还是一种文化精神追求，在释放人的心理压力、提振精神上的归属感、幸福感方面发挥着重要作用。

（四）有利于打造乡村文化旅游品牌和发展特色文化旅游产业

打造乡村文化旅游品牌和发展特色文化旅游产业对于推动乡村经济、文化传承、社会发展和生态环境保护等方面具有不可估量的价值。海南有着丰富的民俗文化资源，如崖州合院民居、火山石民居、客家围屋民居、黎族的船型茅屋等都是海南典型的标志性的建筑民俗文化，是海南历史、文化和智慧的结晶。荣获首批十大“中国历史文化名街”称号的海南骑楼老街，是海南一张亮丽的历史文化名片。此外，原汁原味的黎族风味美食南杀菜和苗族的三色饭、五色饭等都体现了人与自然密不可分的山风野味，特色鲜明，味道独特。临高的人偶戏，不仅受到琼崖百姓的盛赞，在世界范围内也享有盛誉。此外，如黎苗三月三、军坡节、嬉水节、赶海节、国际椰子节、南山长寿文化节等都是海南特有的风情习俗，可充分挖掘利用，发展具有海南特色的文化旅游产业。

三、发展自贸港民俗文化生产力的有效路径

丰富的民俗文化资源是海南拥有特色文化魅力的源泉。民族的就是世界的，整理和开发民俗文化资源，发展民俗文化生产力是海南全面深化改革开放，赋能自贸港高质量发展的必然举措，需要久久发力，多管齐下。

（一）遵循文化发展规律，坚持“两个结合”

人是文化创作的主体，文化是人们在生产生活实践中产生的，它的累积和形成并非一朝一夕，而是经历了一个漫长的历史发展过程。这种累积和形成是在人们传承、发展中进行的。文化一旦累积形成为人们共同遵守的习俗和谋生生存的技能技艺，就成了建立在一定经济基础之上的精神意识，具有较强的稳定性，服务于特定历史时期经济社会的发展需要，文化的终极目标是实现人的自由而全面发展。无产阶级要发展的文化必须服务于广大人民群众，创新发展中华优秀传统文化，一定要遵守文化的发展规律，不可随心所欲地涂抹传统文化为己所用，要在取其精华去其糟粕的过程中传承和累积。要创新文化传承发展方式，切忌生搬硬套、人为地制造民俗文化的伪特色。要使其所蕴含的价值观念、思想情感、人文情怀等得到广泛认同，增强海南人民的文化自信，为自贸港的发展提供源源不断的发展动力。

（二）创新保护传承路径，多渠道加强宣传力度

要让收藏在博物馆里的文物、陈列在广阔大地上的遗产、书写在古籍里的文字都活起来。我们可以深刻体悟到中华优秀传统文化，既突出了中华优秀传统文化的魅力，又提升了中华民族一以贯之的文化自信。传承好海南民俗文化，要借助现代科技的推动，加强民俗文化文创设计中现代元素的融入，以老百姓喜闻乐见的形式，展示传统民俗文化的内涵之美。要培养一支业务素质高、专业知识扎实深厚的民俗文化人才队伍，充分发挥他们在民俗文化保护发展中的骨干作用。要把优秀的传统民俗文化融入学校教育，让更多的年轻人了解海南多姿多彩的民俗文化资源，增强青年大学生对中华优秀传统文化的认同感和自豪感。

（三）大力发展文化旅游产业，加强文化旅游品牌建设

海南要从各地的资源优势出发，坚持“旅游＋文化”融合发展战略，打造一批有特色、有创新力、有文化内涵的民俗旅游文化产品，让先进科技真正赋能民俗文化产业的发展。要结合海南乡村的传统节日和庆典活动，通过媒体技术平台，多渠道展示海南乡村民俗风情和特色文化。发展文化产业的重点应放在内容创意上，要增加文化产品的文化内涵，而不是大兴土木、扩大规模、单纯追求经济利益。[5] 对已有较大影响力的文化旅游品牌景点，如呀诺达、槟榔谷、三亚千古情等旅游产业要不断升级重塑，打造民俗文化旅游新产业新业态，大力发展创意类特色民俗文化旅游产品，不断提升文化旅游产品的内涵。要充分运用

大数据等手段，及时捕捉人们文化消费的心理、习惯等，推动文化产品从传统向现代转型升级，提升文化产品的附加值与核心竞争力，增强文化旅游新时尚，彰显海南文化自信，打造国际文化旅游消费中心，向世界讲好海南故事。

（四）充分发挥政府主导作用，创新民俗文化传承发展机制

深化文化体制改革，要建立文化遗产保护传承工作协调机构，建立文化遗产保护督察制度，推动文化遗产系统性保护和统一监管。加强对文化遗产的系统性保护和统一监管是一项系统性工程，政府是主导者和推动者。在抢救与保护民俗文化遗产的实践中，政府要有正确的保护理念，采取科学合理的保护方法和措施。近年来，随着城镇化的快速推进，曾经宁静和谐的古村落正面临钢筋水泥的侵蚀，取而代之的是一座座现代化的高楼大厦，许多承载着民族文化记忆和生活方式的古村落正逐渐消失。要以全面深化文化体制改革为抓手，坚持“以人民为中心”发展思想，贯彻新发展理念，坚持守正创新，保护好历史文脉，留住乡愁，留住根，不要将乡愁变成乡痛。要加强顶层设计，创新传承和发展机制，发展民俗文化新业态，推动民俗文化生产力可持续发展。

总之，发展自贸港民俗文化生产力是一项社会系统工程，是一项需要长期坚持的艰巨任务。政府要发挥好主导性作用，充分协调好政府、社会和个人在民俗文化传承与发展中的关系，创新民俗文化传承发展机制，营造良好的社会民俗文化保护氛围，借助现代先进的科学技术，大力推动民俗文化和旅游融合发展，积极培育新兴文化消费业态，着力提升文化旅游产品开发和服务设计的数字化水平，打造一个具有独特文化魅力、国际竞争力强的高品质旅游胜地，赋能自贸港高质量发展。

参考文献：

[1] 吕品甜 . 中国民间美术观念 [M]. 长沙：湖南美术出版社，2007：317.

[2][美] 露丝 . 本尼迪克特（Ruth Fulton Benedict），文化模式 [M]. 何锡章，黄欢，译. 北京：华夏出版社，1987：2.

[3] 田兆元 . 中国新时期民俗学研究 [J]. 社会科学家，2016（4）：4.

[4] 邹本涛 . 民俗学概论 [M]. 北京：科学出版社，2012：62.

[5] 李春华 . 文化生产力与人类文明的跃迁 [M]. 北京：中国社会科学出版社，2016：42.

海南自由贸易港赋能职业教育

黄文翔 ①

摘要：本文旨在探讨海南自由贸易港建设背景下职业教育的发展路径、面临的挑战与机遇。通过分析海南自贸港的时代背景、政策优势、产业结构及人才需求，结合国内外职业教育发展的先进经验，提出了一系列赋能职业教育的策略与措施。海南自贸港建设为职业教育提供了广阔的发展空间，而职业教育也将为自贸港的发展提供坚实的人才支撑。

引言：随着全球化和区域经济一体化的深入发展，自由贸易港作为开放型经济的新高地，逐渐成为各国竞相布局的战略重点。海南自由贸易港作为中国对外开放的新前沿，其建设与发展不仅关乎国家整体发展战略，也对区域职业教育提出了新的要求。本文将从时代背景、政策环境、产业结构、人才需求等多个维度，深入剖析海南自贸港如何赋能职业教育，以及职业教育如何助力自贸港建设。

一、海南自由贸易港建设的时代背景

1. 全球经济环境变化

当前世界正在经历新一轮大发展、大变革、大调整，经济全球化遭遇更大的逆风和回头浪。在此背景下，中国通过建设海南自由贸易港，推进高水平开放，建立开放型经济新体制，支持经济全球化，构建人类命运共同体。首先是经济全球化与区域一体化趋势，自 20 世纪 70 年代以来，经济全球化和区域一体化潮流加快发展，推动了世界经济和国际分工的快速发展，对世界格局的演变产生了深远影响。特别是互联网科技革命，进一步推动了全球化深入发展，使各国经济紧密相连。但是，随着时代的发展，也出现了一些不利的现象。例如，全球贸易保护主义抬头，2008 年国际金融危机后，全球贸易保护主义倾向加剧，许多国家出台了贸易保护主义措施，导致全球贸易增速连续多年低于世界经济增速。特别是美国特朗普政府奉行“美国优先”理念，频频出台贸易保护主义政策，为全球经济增长前景蒙上阴影。面对这种形势，我国怎么办？我们认为应该进行全球价值链重构，在全球产业发展和价值链的新趋势中，服务业的比重不断上升，服务贸易占世界贸易总额的比重也在持续上升。我国作为新兴市场经济体，必须抓住这一历史机遇，实施新一轮高水平对外开放，扩大外资流向金融、文化、医疗等服务领域。

2. 国内经济发展需求

中国经济发展进入新常态，需要进一步深化改革，扩大开放，推动经济高质量发展。海南自由贸易港的建设是贯彻新发展理念，推动高质量发展，建设现代化经济体系的战略选择。

（1）改革开放进入新阶段：中国改革开放已取得举世瞩目的成就，但面临的国际政治经济形势也日趋复杂。我国经济已由高速增长阶段转向高质量发展阶段，正处在转变发展方式、优化经济结构、转换增长动力的攻关期。因此，需要通过更高层次的开放来促进国内改革，推动经济高质量发展。

（2）海南的特殊地位和优势：海南岛孤悬海外，具有独特的地理位置和资源优势。新中国成立以来，特别是 1988 年海南建省办经济特区以来，海南发展取得了显著成就。但与此同时，海南经济发展起步晚、底子薄、基础薄弱，亟须通过新一轮的改革开放来激发发展潜力。

（3）国家战略部署：建设海南自由贸易港是着眼于国际国内发展大局作出的重大决策。这一决策旨在彰显中国扩大对外开放、积极推动经济全球化的决心，也是推动我国经济转型升级、提升国际竞争力的重要举措。海南自由贸易港的建设是中国区域发展战略的重要组成部分，通过打造开放型经济新高地，推动

---

① 黄文翔，共青科技职业学院、专职教师、高级会计师。

海南成为引领中国新时代对外开放的鲜明旗帜和重要开放门户。海南自由贸易港的建设也是中国在国际合作与竞争中提升自身地位和影响力的战略举措，通过吸引全球资源，推动制度创新和产业升级，增强国际竞争力。海南自由贸易港的建设也是中国在国际合作与竞争中提升自身地位和影响力的战略举措，通过吸引全球资源，推动制度创新和产业升级，增强国际竞争力。

（4）政策支持与法治保障：中共中央、国务院印发的《海南自由贸易港建设总体方案》为海南自由贸易港的建设提供了政策支持和法治保障，明确了建设的总体要求、制度设计、实施范围和重点任务。

（5）风险防控与可持续发展：在推进自由贸易港建设的同时，海南也注重风险防控和可持续发展，确保在开放过程中能够有效管理和控制潜在的经济、金融、社会等领域的风险。

二、海南自由贸易港的政策环境分析

海南自由贸易港（Hainan Free Trade Port）的建设国家非常重视，给予了许多优惠的政策和措施，主要有以下几点。

1. 自由贸易港政策优势

海南自由贸易港自设立以来，享受一系列国家层面的政策优惠，包括税收减免、贸易便利化、投资自由化等。

（1）贸易投资物流自由便利：海南自由贸易港实施了一系列贸易自由化措施，包括“一线放开、二线管住”的管理模式，对货物贸易实行“零关税”政策，以及对服务贸易实行“既准入又准营”的政策，以促进跨境贸易和投资的便利化。投资自由便利：大幅放宽市场准入，实施市场准入承诺即入制，对外商投资实施准入前国民待遇加负面清单管理制度，减少禁止和限制条款，以吸引更多的外资进入。实施高度自由便利开放的运输政策，推动建设国际航运枢纽和航空枢纽，加快构建现代综合交通运输体系。

（2）社会治理现代产业体系重构：推进政府机构改革和政府职能转变，鼓励区块链等技术集成应用于治理体系和治理能力现代化，构建系统完备、科学规范、运行有效的自由贸易港治理体系。大力发展旅游业、现代服务业和高新技术产业，不断夯实实体经济基础，增强产业竞争力。

2. 人才培养与引进政策支持

海南省政府高度重视职业教育发展，出台了一系列政策措施，如《海南省支持职业教育产教融合赋能提升十条措施》等，旨在通过产教融合、校企合作等方式，提升职业教育质量，培养适应自贸港建设需要的高素质技术技能人才，这些政策为海南吸引了大量国内外资本和人才，为职业教育的发展提供了良好的外部环境。

（1）跨境资金人才流动自由便利：推动跨境货物贸易、服务贸易和新型国际贸易结算便利化，实现银行真实性审核从事前审查转为事后核查，探索建立新的外债管理体制，提升外债资金汇兑便利化水平。实行更加开放的人才和停居留政策，为外籍高层次人才提供出入境便利，完善国际人才评价机制，放宽外籍专业技术技能人员停居留政策。

（2）税收、法治保障：海南自由贸易港实行“零关税、低税率、简税制”的政策，对在海南自由贸易港工作的高端人才和紧缺人才，其个人所得税实际税负超过 15% 的部分予以免征。对注册在海南自由贸易港并实质性运营的鼓励类产业企业，减按 15% 征收企业所得税。建立以海南自由贸易港法为基础的法治体系，营造国际一流的自由贸易港法治环境，为自由贸易港建设提供原则性、基础性的法治保障。

三、海南自由贸易港的产业结构与人才需求

海南自由贸易港（Hainan Free Trade Port）作为中国深化改革开放的重要试验区之一，其产业结构与人才需求反映了海南经济发展的方向和特点。根据目前的信息，海南自由贸易港的主导产业和相关人才需求主要包括以下几个方面。

1. 产业结构分析

（1）四大主导产业：根据《海南自由贸易港建设总体方案》，海南自由贸易港确定了四大主导产业，

即旅游业、现代服务业、高新技术产业和热带特色高效农业。旅游业：海南不断提升旅游业的附加值，打造知名旅游品牌，如中国国际消费品博览会等，吸引境外高端购物、医疗和教育等消费回流。现代服务业，包括金融、现代航运、数字贸易、新型离岸贸易等现代服务业业态不断涌现，推动产业转型升级。高新技术产业：海南充分利用国家科研平台开展原创性、引领性科技攻关，引进和培育各种类型的研发机构，建成种业、深海、航天科技创新高地。热带特色高效农业：迈向特色化、规模化、品牌化、产业生态化和生态产业化，成为海南经济发展的重要支撑。

（2）新增鼓励类产业：为加快现代产业体系建设，海南自由贸易港还新增了一系列鼓励类产业，如农、林、牧、渔业中的水产品质量安全保障体系建设与运营、热带经济林基地建设等；制造业中的深远海养殖、加工产业及装备示范应用、深海鱼油、蛋白粉、甲壳素提取等水产品加工等；建筑业、批发和零售业、交通运输、仓储和邮政业、住宿和餐饮业、信息传输、软件和信息技术服务业等多个领域的鼓励类产业。

2. 人才需求

随着海南自由贸易港产业结构的不断优化升级，对人才的需求也日益迫切和多元化。

（1）高层次人才：海南自由贸易港急需高层次经营管理人才、科技研发人员、工程师及高技能人才。这些人才应具备较高的专业素养和创新能力，能够引领和推动相关产业的发展。

（2）专业技能人才：随着旅游业、现代服务业、高新技术产业和热带特色高效农业的快速发展，海南自由贸易港对专业技能人才的需求也日益增加。这些人才应具备扎实的专业知识和技能，能够满足产业发展对人才的实际需求。

（3）国际化人才：作为中国特色自由贸易港，海南需要大量国际化人才来参与国际交流与合作，推动产业的国际化发展。这些人才应具备国际视野和跨文化交流能力，能够胜任涉外工作和国际项目。

（4）复合型人才：随着产业融合的加速发展，海南自由贸易港对复合型人才的需求也日益凸显。这些人才应具备多个领域的知识和技能，能够在多个领域间进行跨界合作和创新。

四、海南自由贸易港赋能职业教育的路径

海南自由贸易港（Hainan Free Trade Port）作为中国对外开放的新高地，正在积极探索和实践职业教育的发展新模式，以适应自贸港建设和产业转型升级的需求。以下是海南自由贸易港赋能职业教育的一些路径。

1. 建设产教融合试点城市

引导海口、三亚、儋州、琼海等市发挥示范引领作用，积极申报国家产教融合试点城市。通过出台产教融合型企业认证标准和评价办法，加强产教融合型企业孵化培养，完善产教融合型企业培育库，力争于2025年使海南产教融合型企业数量达到50家。

2. 完善职业教育专业设置

引导职业学校聚焦海南自由贸易港主导产业和未来产业，优先发展航天航空、现代物流、先进制造等产业急需的新兴专业。同时，结合海南实际，改造升级一批传统专业，撤并淘汰重复率高、供给过剩、就业率低的专业。引导企业深度参与职业学校专业规划、教材开发、教学设计等环节，培养符合市场需求的高素质技术技能人才。

（1）聚焦产业发展需求：引导职业学校聚焦海南自由贸易港四大主导产业、三大未来产业以及重点园区产业体系，优先发展航天航空、现代物流、现代港口、先进制造、新能源、新材料、生物技术、人工智能等产业急需的新兴专业。

（2）改造升级传统专业：结合实际情况，改造升级一批传统专业，撤并淘汰重复率高、供给过剩、就业率低、职业岗位消失的专业，提高专业的针对性和适应性。

（3）推动课程体系改革：加强职业教育课程与产业需求的对接，引入行业标准和企业需求，推动课程体系的现代化和实用化。

3. 提升职业学校教师素质能力

建立校企人才双向流动机制，探索选聘行业协会、企业业务骨干、优秀技术和管理人才到职业学校任

职的路径。加强“双师型”教师队伍建设，制定职业教育“双师型”教师认定标准与实施办法，统筹推进“双师型”教师分类评价工作。于 2025 年使职业学校“双师型”教师占专业教师比例不低于 60%，企业兼职教师比例不低于 20%。

4. 深化产教融合校企合作

（1）共建实训基地：推动职业学校在园区、企业设立实习实训基地，推动企业在职业学校建设培育基地，形成校企双元育人格局。

（2）开展协同创新：支持职业学校联合企业、科研院所开展协同创新，共建重点实验室、工程研究中心、技术创新中心等创新平台，服务中小微企业技改攻关和产品研发。

（3）推广“1+X”证书制度：在职业学校中推广“1+X”证书制度，即学生在获得学历证书的同时，取得多类职业技能等级证书，提升学生的就业竞争力。

5. 支持产教融合实训基地建设

推动职业学校在园区、企业设立实习实训基地，推动企业在职业学校建设培育基地。优先支持契合海南自由贸易港产业发展方向的专业领域实训基地建设。通过争取中央预算内资金支持符合条件的院校建设产教融合实训基地。鼓励市县政府与知名职业学校或高校合作共建产教融合创新实践基地。

（1）搭建产教融合信息共享平台：及时发布产教融合政策、产业人才供需、产教合作项目等信息，提供更多校企合作的机会。

（2）建立对接会商机制：建立行业主管部门、职业学校、企业三方参加的对接会商机制，按年度发布产教融合人才供需预测白皮书，每半年召开一次产教融合对接会，打通供给侧和需求侧人才流动的“双向通道”。

五、结论与展望

海南自由贸易港的建设为职业教育提供了广阔的发展空间和机遇。通过建设产教融合试点城市、完善职业教育专业设置、提升职业学校教师素质能力、深化产教融合校企合作等措施，可以全面提升职业教育质量和效果，为自贸港建设提供坚实的人才支撑。未来，随着海南自贸港建设的深入推进和职业教育改革的不断深化，职业教育将迎来更加美好的发展前景。

参考文献：

[1]“Hainan’s Free Trade Port： Opportunities and Challenges in the New Era of China’s Openness”.

[2]“The Role of Hainan Free Trade Port in Promoting Regional Integration and Economic Cooperation”.

[3]“Policy Innovations and Institutional Reforms in Hainan Free Trade Port”.

[4] 海南省发展改革委等部门印发的《海南省支持职业教育产教融合赋能提升十条措施》。

[5] 教育部发布的《职业教育示范性虚拟仿真实训基地建设指南》等文件及相关学术论文、新闻报道等资料。

自贸港建设对海南水产品出口的影响研究

谭文华　麦洪勤[①]

摘要：海南省拥有独特的地理位置和自然资源，水产品资源丰富，是重要的水产品生产和出口基地。随着自贸港建设的推进，对海南水产品出口贸易也产生了重大影响。因此，研究海南省水产品出口的现状，探讨海南自贸港建设对海南水产品出口的影响，针对存在的问题提出可行性的对策，对促进海南省水产品出口的发展具有重要的现实意义。

关键词：自由贸易港；海南省；水产品；出口

中图分类号：F746.12　**文献标识码：**A

随着我国对外开放程度的不断提高，海南自贸港建设成为我国发展经济的一项重要战略举措。海南自由贸易港实行更加开放的贸易投资政策，包括进出口关税的减免、国外投资的便利化等，这对发展海南水产品出口贸易有利也有弊。因此，为了解决海南省水产品出口贸易发展面临的问题，使其得到更好的发展，有必要对自贸港建设对海南水产品出口的影响进行深入探讨和研究。

一、海南省水产品出口贸易现状分析

海南是一个海洋资源丰富的省份，拥有广阔的海域、多样性的海洋生态系统，其中包括鱼类、虾蟹、贝类等。水产业是海南省农业领域中的支柱产业之一，也是海南省重要的经济来源之一。

图 1 所示是海南省水产品 2018—2022 年出口情况，从出口额可以看出，海南的水产品出口额处于逐年增长的趋势，总体的发展趋势乐观，但在 2020 年出口额波动率较高。2020 年受到全球新冠疫情、水产品消费萎缩等影响，中国的水产品贸易均有所下滑，海南省的水产品贸易自然而然受到国际环境的影响，整体水产品的出口额下降明显，出口总额降低。

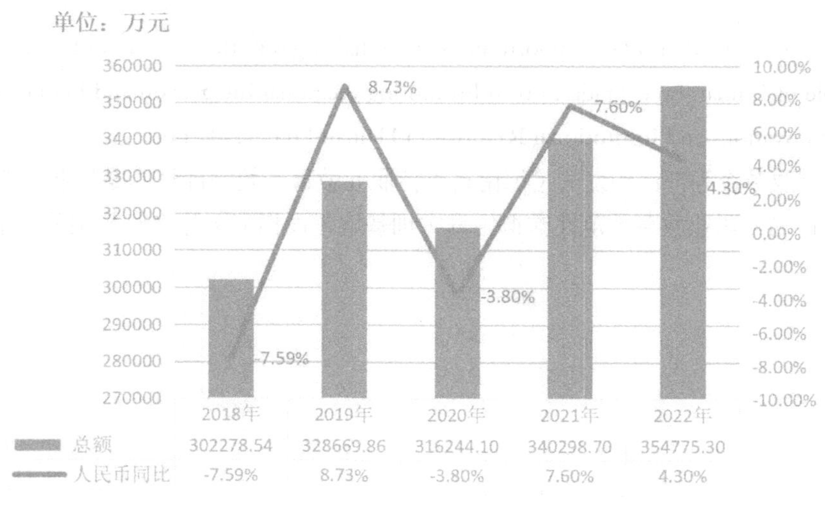

图 1　2018—2022 年海南水产品出口总额图

数据来源：中华人民共和国海口海关总署。

① 谭文华，（1972—），女，籍贯广西柳州，海口经济学院副教授，研究方向：货物进出口贸易。
麦洪勤，（2020—），女，籍贯海南三亚，海口经济学院 22 级国际经济与贸易（专升本）1 班学生。

海南出口水产品主要有罗非鱼、对虾、带鱼、金鲳鱼等品种，出口目的地已由过去的美国、日本、韩国等国家扩大到全球。如图 2 所示，2018 年海南水产品出口额最高的是亚洲 213 万元人民币，同比增长 3.1%，销往拉丁美洲的出口额最低 8.7 万元人民币，2019 年海南水产品出口额最高的是亚洲 224 万元人民币，同比增长 8.47%，销往非洲的水产品出口总额最低 8.9 万元人民币，同比增长 −39.6%。2020 年海南水产品出口额最高的是亚洲 179 万元人民币，同比增长 −19.8%，销往非洲的水产品出口额最低 9.6 万元人民币，同比增长 8.7%。2021 年海南水产品出口额最高的是亚洲 179 万元人民币，同比增长 −0.7%，销往大洋洲的水产品出口额最低 10 万元人民币，同比增长 −32.8%。2022 年海南水产品出口额最高的是亚洲 405 万元人民币，同比增长 133.2%，销往大洋洲水产品出口额最低 8.3 万元人民币，同比增长 −21.3%。

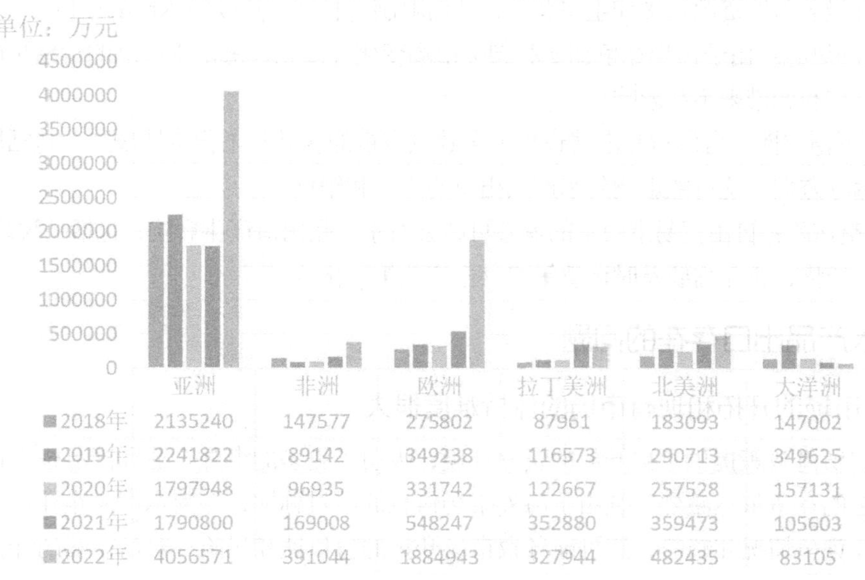

图 2　2018—2022 年海南水产品出口地区总额图

数据来源：中华人民共和国海口海关总署。

近年来，由农业农村部和海南省海洋与渔业厅组织，先后三次对海南水产品药物残留进行抽检，检测结果均为百分之百合格，居全国第一名。目前，海南水产品在亚洲、欧洲等外销市场保持良好声誉，水产品已成为海南出口货值最高的商品。

二、自贸港建设对海南水产品出口的影响分析

自由贸易港建设对海南水产品出口具有明显的促进作用，全面推进水产品产业的健康发展，对水产品出口具有多方面的积极影响。

（1）市场拓展机遇：海南自贸港开拓了水产品的广阔国际市场。通过改善港口和航空等交通运输设施，海南的水产品可以更迅速地进入国际市场，扩大出口规模。

（2）关税和贸易便利化：自贸港实施零关税，降低了水产品的出口成本，提升了其国际竞争力。同时，简化的贸易程序提高了出口效率和货物流通速度，使海南水产品更具吸引力。

（3）提升产品质量和标准：为了达到自贸港对水产品的出口品质与安全标准，海南水产品生产商会更加重视在生产技术和品质监控上的投入，这将有助于提升海南水产品的整体品质，并提升其在全球市场上的竞争力。

（4）拓展多元化市场：自贸港的建设将带动海南水产品出口市场的多元化拓展。除传统的出口市场外，还可以开拓更多的国际市场，如东南亚、中东等地区，降低出口市场的风险，提高海南水产品的市场多样性。

（5）加强品牌建设：自贸港政策有助于海南水产品建立更加知名、优质的品牌形象。通过加强品牌宣传和市场推广，提升海南水产品的品牌认知度和美誉度，进而增强其在国际市场上的竞争优势[3]。

（6）资源可持续利用：自贸港建设也需关注水产品资源的可持续利用与管理。海南水产品出口的增长

将会对海洋资源产生压力，应加强渔业管理，保护海洋生态环境，确保水产品资源的可持续开发与利用。

虽然海南自由贸易港建设对水产品出口有着积极的推进作用，但也需要关注其可能带来的不利影响。

（1）竞争加剧：随着自由贸易港建设，更多的水产品企业可能涌入市场，导致市场竞争更加激烈。对海南现有水产品生产企业而言，可能面临来自其他地区甚至国际市场的竞争压力，影响其出口市场份额和利润率。

（2）贸易摩擦风险：自由贸易港建设可能引发国际贸易摩擦，导致出口水产品面临贸易壁垒、关税增加或其他贸易限制。这可能使海南水产品出口贸易遭受限制，影响出口量和价格。

（3）资源环境压力：水产品的大规模出口可能对海洋资源和生态环境造成压力，尤其是过度捕捞、环境污染等问题，可能会引发资源枯竭和生态恶化，从而限制了长期可持续的水产品出口。

（4）价格波动风险：由于市场竞争加剧和国际市场变化等因素，海南水产品的价格可能会出现波动，给出口企业的经营和利润带来不利影响。

（5）供应链不稳定性：自由贸易港建设可能导致供应链的变动和不稳定性增加，包括原材料供应、生产环节、物流运输等方面，这可能影响到水产品出口的生产和销售。

（6）政策调整风险：自由贸易港政策的调整可能会对水产品出口产生影响，包括关税政策、贸易规则、市场准入等方面的变化，企业需要及时调整策略以适应政策变化。

三、海南水产品出口存在的问题

（一）对新市场的开拓和现有市场的保持难度很大

尽管海南省自贸港政策提供了更开放的贸易环境，吸引了更多的海外企业和产品进入市场，但海南水产品在国际市场上的竞争依然激烈。且由于海外市场信息的不对称性，海南水产品企业可能难以准确了解目标市场的需求、竞争情况和趋势，这可能导致市场开拓的盲目性和风险，对新市场的开拓和现有市场的保持可能是一个挑战。

（二）水产品流通监管联动性差

水产品的监管涉及多个部门，如渔业、农业、质检、海关、公安等。这些部门之间的沟通和协调不足将导致信息共享不畅、责任模糊，影响监管的合作。

（三）市场准入问题

尽管自贸港建设提供了更开放和便利的贸易环境，但不同国家和地区的进口限制、认证要求和质量标准等准入壁垒，增加了出口管理难度和成本。国外对海南水产品出口企业的限制事件频繁发生，影响了出口贸易。发达国家加强对农产品进口的监管，提高了海南水产品的出口风险。海南水产品出口蓬勃发展，但国际市场检测标准不断提高，农药残留问题成为重要难题和技术贸易壁垒。

（四）营销与品牌建设不足

海南省水产品在品牌建设方面存在不足。首先，海南省水产品的品牌知名度相对较低。与其他地区相比，海南省水产品的品牌知名度还不够高，缺乏对消费者的广泛认知和认可。其次，海南省水产品在品质和安全方面依然存在隐患，这给消费者带来了担忧，也影响了品牌形象的建立。最后，海南省水产品在市场定位方面也存在一些困扰，不能找准自己的市场定位，不明确自己的目标消费群体。

（五）可持续发展和环境保护问题

在海南自贸港的水产业中，环境监管和管理体系尚未健全，导致部分企业未能充分遵循环保法律与标准。由于缺乏有效的监督和惩罚机制，环境污染的问题未能得到及时处理。以及长期以来过度捕捞和不当的渔业资源管理，包括使用底拖网等破坏性捕捞方法及废水排放，已经对海洋生态系统造成伤害，海南自贸港部分渔业资源正面临衰退甚至枯竭的威胁，影响了海洋生物多样性和生态平衡。

（六）运输和物流方面的挑战

由于海南是一个岛屿，水产品出口需要通过海运或空运进行运输，这将会带来较高的运输成本。海运涉及长航线和船运费用，而空运则需要支付高额的运费和适当的冷链设施。这些成本可能会对水产品出口企业的盈利能力产生影响。并且水产品的出口运输和储存需要保持良好的冷冻环境，以确保水产品的新鲜度和质量。然而，冷链物流体系在海南自贸港地区可能面临挑战，如冷库设施的不足、温控车辆的有限和冷链运输网络的建设等。这些问题将会导致水产品在运输过程中的品质损失和安全风险。

四、自贸港背景下促进海南水产品出口的对策

（一）积极开拓国外市场

海南水产品出口企业应当充分了解海南自贸港政策和国外的情况，进行充分的市场调研和分析，了解当前市场的需求、竞争格局、消费者行为等关键信息，从而确定适合产品的市场定位和营销策略。积极寻求政府和相关机构的支持，如港口、税收和财政方面的优惠政策。与当地政府合作，获得国外政府资源和政策支持，努力开拓国外市场。

（二）加强水产品流通监管联动灵活性

为了解决水产品流通监管性差的问题，可以从以下几个方面进行：（1）建立跨部门协作机制，明确各部门在水产品流通监管中的职责和合作方式，加强沟通和协调，形成高效的联动机制。（2）建立信息共享平台，实现监管信息的全面、及时流通，提高监管工作的准确性和效率。（3）加大重点出口产品的质量检测，提高产品的检测标准，从而避免其他国家恶意抵制。（4）加大对水产品流通监管的投入，优化资源配置，提升监管部门的能力和效能。

（三）破除国际市场准入壁垒

为了进一步拓展海南水产品在国际市场上的影响力，需要破除海南自由贸易港出口产品在国际市场上的准入壁垒，可以采取以下措施：（1）确保海南出口产品符合目标市场的法律法规、质量标准、卫生安全要求，产品质量、安全性、认证和标准等方面。（2）建立完善的质量控制体系，严格按照国际标准和规范进行养殖、捕捞、加工等环节的管理，确保产品的质量和安全。（3）投资于技术研发和创新，提高产品附加值和竞争力，开发符合国际市场需求的新产品和新技术。（4）与国际组织、标准化机构和认证机构合作，争取产品认证和标准的互认，提高海南产品在国际市场的认可度。（5）深入了解目标市场需求和趋势，调整产品结构和营销策略，提升产品的市场竞争力。

（四）加强国际市场营销与品牌建设

加强海南水产品的国际市场营销和品牌建设，离不开水产品质量的提升，因此海南省政府可以重点推进食品质量安全可追溯体系的建立与完善，并以法律的形式进行推广，促使水产企业认识到质量管理的重要性。同时，企业通过参与国际性的展览、合作交流等方式，扩大海南水产品在全球市场的影响力。水产养殖企业在进行品牌建设时，应注重打造独特的品牌形象。例如，可以选取寓意积极向上、环保健康的名称，设计简洁大方的标志和标识，采用环保材料的包装等。通过这些方式，为企业树立具有辨识度和吸引力的品牌形象。

（五）优化可持续发展和环境保护

在海南自贸港的建设背景下，可持续发展和环境保护问题非常重要，可以采取以下对策：（1）加强渔业管理：海南可以实施更加严格的渔业管理政策，包括设置渔业保护区、限制捕捞数量和尺寸、禁止不合法捕捞行为等。（2）提倡资源循环利用和减少浪费：鼓励水产品出口企业开展资源循环利用，教育和宣传消费者节约意识，改进供应链管理。（3）推行可持续渔业认证：鼓励水产品出口企业获得可持续渔业认证，如国际海洋认证委员会（MSC）的认证。

（六）加强物流运输

海南省自贸港为了应对运输和物流挑战，可以采取以下措施：（1）政府提供相应的政策支持，鼓励冷链物流设施的建设和降低运输成本。（2）加大冷库设施、温控车辆等冷链物流基础设施的建设力度，确保水产品在出口运输过程中的质量和新鲜度。（3）通过使用先进的供应链技术和信息系统，优化水产品供应链的管理和协调，以减少运输时效和降低成本。（4）建立健全质量控制和监管机制，保障水产品在运输过程中的安全性和符合质量标准。

参考文献：

[1] 时文博，王愿宁，苏梦寒，等 . 我国出口水产品面临的质量安全问题现状及对策分析 [J]. 河北渔业，2023（10）：32–35.

[2] 苏美映，朱凡，左斌 . 海南省水产品质量安全监管存在的问题与策略探讨 [J]. 食品安全导刊，2023（18）：21–23.

[3] 高佳男 . 贸易便利化对大连市水产品出口的影响研究 [D]. 大庆：黑龙江八一农垦大学，2022.

海南金融业增加值“两个占比”下降问题与对策建议①

徐建龙　陈剑②

摘要：研究海南金融业增加值“两个占比”在自由贸易港建设期间的反转下降现象具有较强的现实意义。通过统计分析发现，海南金融业增加值“两个占比”下降虽然起始于2019年，与自贸港建设高度重合，但相关金融业投入指标早在2016年就已经下降，主要表现为当年银行本外币贷款先下降，2017年扩展到省外委托贷款和证券融资，2018年扩展到未贴现银行承兑汇票。其结论是，如果没有自贸港建设，海南金融业增加值“两个占比”本轮下降现象将会更加严重。建议把金融业定位从国际转到岛内、重点发展货币金融服务业。

关键词：全国金融业占比；全省生产总值占比；4个大类行业；货币金融服务

一、引言

海南金融业增加值的“两个占比”分别是指海南金融业增加值在全国金融业增加值总额中所占比重（以下简称全国金融业占比）和在全省地区生产总值中所占比重（以下简称全省生产总值占比）。海南自贸港建设已进行6年多。有些学者套用中国香港和新加坡的经验提出，海南应超前发展金融业[1][2]、打造区域金融中心[3]等观点。与之相比，虽然省委、省政府文件的提法稳妥许多，但仍有稍高之嫌。如《海南省国民经济和社会发展第十四个五年规划和2035年远景目标纲要》提出，2025年金融业增加值占地区生产总值比重提升至10%[4]；《海南省金融业“十四五”发展规划》的提法是，着力构建面向印度洋、太平洋的金融窗口和面向南亚、东南亚的金融服务中心[5]。但现实情况是，2018年以前，海南金融业增加值“两个占比”都呈上升趋势，持续14年；2019年开始却是逐年下降，到2023年延续5年（以下简称本轮下降），下降幅度之大、持续时间之长，历史罕见。详见图1。

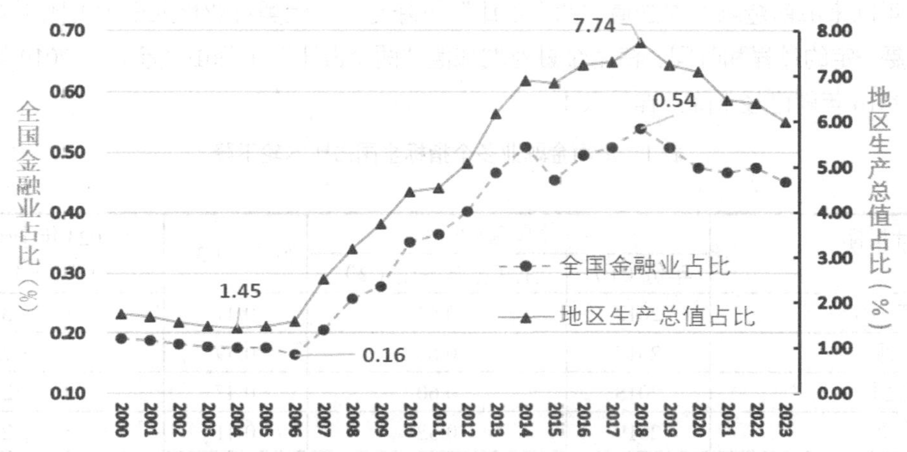

图1　2000—2023年海南金融业增加值“两个占比”

来源：除2023年海南金融业增加值来自同年该省统计公报外，其他数据根据国家统计局网站（stats.gov.cn）2024年10月6日的数据测算。

① 基金项目：海南省哲学社会科学规划课题“机器算法评估数字经济赋能自贸港乡村振兴的效应”（编号：HNSK（QN）23-98）；海南省哲学社会科学重点实验室“金融创新与多资产智能交易实验室”专项支持项目。

② 徐建龙，三亚学院盛宝金融科技商学院二级研究员，国务院政府特殊津贴专家，海南自贸港C类人才；陈剑，三亚学院盛宝金融科技商学院2021级本科生。

海南金融业增加值“两个占比”为什么会在自由贸易港建设期间反转下降，其中的4个大类行业特别是货币金融服务业表现如何？原因何在？影响如何？本文给予探索。

二、文献回顾及评论

与本文相关文献主要是金融业增加值测算，金融业在海南自贸港建设与运作中的定位和自贸港建设对海南金融业的影响。

（一）金融业增加值测算

我国金融业年度增加值采用收入法测算[6]，季度增加值算法最近也做了调整[7]。在金融业增加值总额中，分4个大类行业测算，2008—2012年货币金融服务业占比在74.60%至84.09%之间变动[8]。就海南省来说，中国人民银行海口中心支行课题组和刘仁伍测算的结果是，2006年货币金融服务业占比高达72.82%，居主导地位；其他3类合计占比为27.18%[9]。

（二）金融业在自贸港建设与运作中的定位

在对自贸港金融业定位时，许多学者的期望都比较高。如海南要通过“一线放开”实现资金流动、人民币资本项目可兑换、离岸金融市场建立、外资机构准入门槛放松和新的金融交易平台建立等，建设中国特色自贸港金融中心[3]；超前性、分阶段开放资本项目，建立跨境融资交易渠道等[1]。

关于自贸港建设中金融与实体经济的关系问题，陈经纬的设想就比较客观，他的提法是选择“供给领先型”模式，借力外部资金，适当主动发展区域金融业，由金融业为实体经济注入活力，最终实现经济全面腾飞[2]。

（三）自贸港建设对海南金融业的影响

随着《海南自由贸易港建设总体方案》的推进，自贸港在金融领域的建设快速进步，取得了骄人的阶段性成绩，为当地金融带来跨境特色，主要表现在离岸金融等方面[10]；2018—2023年金融机构框架不断完善，金融改革创新蓬勃展开[11]。

三、海南金融业增加值“两个占比”本轮下降的行业原因

在国民经济中，作为门类的金融业包括4个大类行业：货币金融服务、保险业、资本市场服务和其他金融业。2018年以来海南金融业增加值“两个占比”下降与4个大类行业投入全国占比下降密切相关。从投入到产出需要一定的过程和时间，海南金融业增加值“两个占比”下降虽然起始于2019年，但相关金融业投入指标在2016年就已经下降。详见表1。

表1　海南金融业多个指标全国占比本轮下降

单位：%

统计指标	下降起始		2023年（3）	到2023年全国占比下降幅度（4）=（3）（2）−1
	年份（1）	上年全国占比（2）		
1. 银行业总资产	2017	0.63	0.41	−34.92
本外币贷款余额	2017	0.68	0.49	−27.94
本外币存款余额	2018	0.60	0.47	−21.67
2. 原保险保费收入	2019	0.52	0.41	−21.15
原保险赔付支出	2022	0.53	0.45	−15.09
3. 沪深股票年末市值	2017	0.76	0.40	−47.37
证券市场筹资总额	2017	3.95	0.91	−76.96
期货总成交额	2016	2.06	0.75	−63.59
4. 金融业增加值	2019	0.54	0.45	−16.67

资料来源：根据国家统计局网站（stats.gov.cn）2024年10月6日的数据和《2023年海南省国民经济和社会发展统计公报》的数据得出。

经测算，在海南金融业增加值总额中 4 个大类行业的占比分别为 82%、11%、5% 和 2%。因此推理得出结论：本轮海南金融业增加值全国占比下降的行业原因是货币金融服务业全国占比下降。

金融业增加值主要来源于金融给实体经济提供的服务。社会融资规模增量是一定时期内金融体系为支持实体经济发展提供的全部资金总额。就货币金融服务业来说，与社会融资规模有关的 3 个指标分别是银行本外币贷款、省外委托贷款和未贴现银行承兑汇票[16]。在本轮海南金融业增加值“两个占比”下降过程中，它们不仅全国占比下降，而且绝对额也下降，下降开始年份也更早。详见表 2。但三者对海南金融业增加值“两个占比”的影响在 2016—2018 年还未显现，其叠加效应在 2019 年及其以后年份才逐渐显露。

表 2　海南银行业主要指标绝对额本轮下降

单位：RMB 亿元

项目	下降起始		2023 年数额	期间最小额	
	年份	上年数额		年份	数额
银行本外币贷款增量	2016	1199	777	2018	244
省外委托贷款增量	2017	459	−35	2017	−152
未贴现银行承兑汇票增量	2018	126	−41	2020	−122

数据来源：中国人民银行网站 2024 年 10 月 6 日。外币折算成人民币计算。

海南社会融资规模增量指标下降，与企业的经济效益考量有密切关系。根据数据来源情况，这里追溯至 2017 年。图 2 反映了 2017—2023 年海南与全国银行不良贷款率和资产利润率变化。

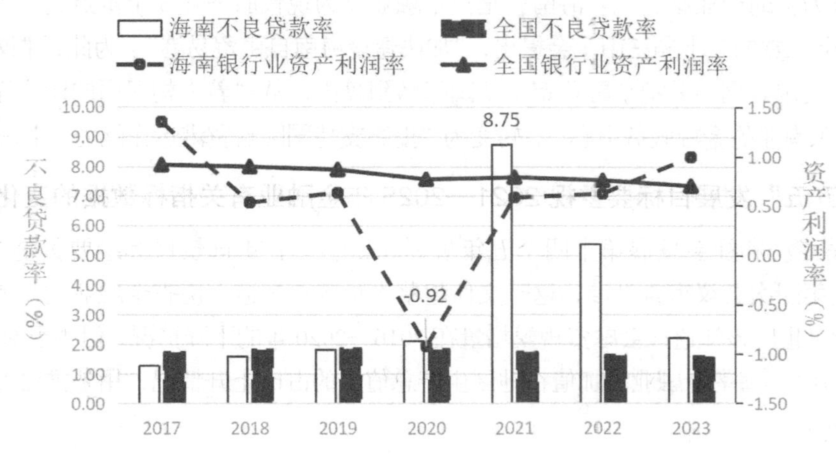

图 2　2017-2023 年，海南与全国货币金融服务业两个经济效益比较

就两个经济效益指标看，2020 年是关键时点，不仅海南银行业资产利润率变为负值，而且从此开始，各年海南银行业不良贷款率由低于变为高于全国水平。其间较重要的事件是海航破产重组，2020 年政府指派的海航集团联合工作组入驻公司，2021 年实施方案。

四、海南金融业增加值“两个占比”本轮下降的根源

追根溯源，这里认为，海南金融业增加值“两个占比”下降现象是多年发展过程中银行业对一些企业激进投资行为监管不严积累的后果，随着 2016 年国家防范化解金融风险政策出台而加速暴露出来。首先在当年银行本外币贷款上有所反映，2017 年扩展到省外委托贷款，2018 年扩展到未贴现银行承兑汇票，再加上股市低迷、直接融资额下降，多重因素影响叠加最终导致 2019 年开始“两个占比”下降，这时恰好撞上自贸港建设。这就是说，有没有自贸港建设、有没有国家政策它都会爆发，是 2016 年及其以后的国家政策导致它在 2019 年及其以后恰巧出现。

2016 年 10 月，国家发布《非银行支付机构风险专项整治工作实施方案》，开展互联网金融风险专项整治；2017 年中央经济工作会议提出要坚持“房子是用来住的，不是用来炒的”定位，严格限制信贷流向投资投机性购房；4 月“前银监会”开展“四不当”专项治理，5 月“前保监会”开展保险资金运用风险排查专项

整治工作，11 月发布《资管新规》征求意见稿，当年被称为“史上最严金融监管年”；2018 年 4 月发布《资管新规》正式稿。

就海南来说，此次国家金融监管效果在 2018 年及其以后更加明显，而 2018—2023 年自贸港政策促进海南金融业发展的效果，由于投资偏重资本市场服务业且时滞因素当期显现较少，致使前者影响超过后者，合计导致海南金融业增加值“两个占比”下降现象出现。也就是说，如果没有自贸港建设，海南金融业增加值“两个占比”本轮下降现象将会更加严重。

五、对策建议

2024 年 9 月 26 日的中央政治局会议要求“财政与货币政策均要放松，促进房地产市场止跌回稳，努力提振资本市场”，指明了前进方向，为海南扭转金融业增加值“两个占比”下降趋势带来机遇。2025 年自贸港将封关运作，海南将制定“十五五”发展规划纲要，经济将重新启航。在此之际，需要反思 2018—2023 年海南金融业增加值“两个占比”下降现象。

1. 更加客观地明确金融业在海南自贸港经济发展中的定位

海南自贸港区位不仅距离香港和新加坡较近，而且距离全国金融中心之二的深圳和广州也较近，金融业处于这 4 个城市的“发展阴影区”，今后发展不仅要考虑努力扩大 4 个城市发展扩散效应对自身的有利影响，而且要顾及尽量抑制它们极化效应产生的不利影响。海南“要瞄准国际标准提高水平，下大气力调优结构，重点发展旅游、互联网、医疗健康、金融、会展等现代服务业，加快服务贸易创新发展，促进服务业优化升级，形成以服务型经济为主的产业结构”。海南就是把金融业作为现代服务业 5 个重点之一加以发展，近期不宜对之单独过分强调。党的二十届三中全会提出，“加快建设海南自由贸易港”。为此，建议《海南“十五五”国民经济和社会发展规划纲要》把金融业定位从国际转到岛内，从“着力构建面向印度洋、太平洋的金融窗口和面向南亚、东南亚的金融服务中心”，转变为“提高支持国际自贸港运作能力、丰富跨境服务内容”。

2. 制定“十五五”发展目标要重视 2021—2025 年金融业有关指标数据的变化

《海南省国民经济和社会发展第十四个五年规划和二〇三五年远景目标纲要》是 2021 年 1 月 28 日由海南省六届人大第四次会议审查批准，这时文件起草人员应该知道海南省金融业增加值“两个占比”在 2019 年的下降情况，也应该知道社会融资规模增量在 2016—2020 年的下降情况，但由于对这些变化不重视，还习惯于 2000—2018 年海南金融业增加值在地区生产总值中的占比上升情况，用外推法模拟，致使把 2025 年的目标确定为 10%。

建议《海南省国民经济和社会发展“十五五”发展规划纲要》制定金融业发展目标时，吸取以前的教训，重视研究 2021—2025 年社会融资规模增量情况，争取提出更加科学的数量目标。

3. 重点发展货币金融服务业

在海南金融业 4 个大类行业效益都与全国有差距的情况下，按照比较优势原理，应该选择差距较小的加以发展，货币金融服务业就是如此。重点发展货币金融服务业，建议如下：一是进一步围绕外籍人员的吃穿住行开展供应链金融服务。考虑到入琼外籍游客和商贩越来越多的情况，在解决支付便利的基础上，争取在优化外籍人员来琼经商、工作、生活和旅游上方便提供更优质的金融服务，进一步围绕外籍人员的吃穿住行开展供应链金融服务，提高他们生活、工作的便利性和幸福感。二是为跨境电商提供更好的金融服务。自贸港承担着促进“三大境外消费回流”任务，要围绕它进一步创新开展医疗金融、教育金融和消费金融等活动，努力加大对相关跨境电商发展的金融支持力度。三是大力发展养老金融。紧跟中央“促进房地产市场止跌回稳”战略部署，支持三亚、海口等市建设更多更好的养老小区，促进相关产业回暖；加大银发产业金融支持力度，围绕旅居老人生活习惯改进金融服务方式，能否为家政企业、医疗机构上门服务提供金融支持？

参考文献：

[1] 裴长洪：《海南建设中国特色自由贸易港"特"在哪里？》，《财经问题研究》，2021 年第 10 期，第 3–13 页。

[2] 陈经伟:《海南自由贸易区（港）建设中的产业与金融》,《银行家》, 2018 年第 10 期, 第 60–63+6 页。

[3] 王方宏、杨海龙：《国际自贸港金融发展特点及海南自贸区（港）金融发展研究》，《海南金融》，2019 年第 7 期，第 24–32 页。

[4]《海南省国民经济和社会发展第十四个五年规划和 2035 年远景目标纲要》，《海南日报》，2021 年 1 月 29 日，第 A01 版。

[5]《海南省金融业"十四五"发展规划》，琼府办〔2021〕62 号文。

[6] 央行调查司课题组：《我国金融业增加值规模较大的原因和效果》，《金融时报》，2019 年 2 月 22 日第 2 版。

[7] 张吉光：《金融业增加值核算口径调整的意义》，《中国金融》，2024 年第 14 期，第 83–85 页。

[8] 王立平、魏博文:《 收入法核算框架下我国金融业增加值增长原因分析——基于国际对比视角 》《上海金融》，2018 年第 2 期，第 43–47 页。

[9] 中国人民银行海口中心支行课题组、刘仁伍：《从金融业增加值角度看海南省金融发展中存在的问题》《海南金融》，2008 年第 2 期，第 33–38 页。

[10] 薛键：《自贸港绿色金融实践》，《中国外汇》，2023 年第 20 期，第 51–52 页。

[11] 中国人民银行海南省分行货币政策分析小组：《海南省金融运行报告（2023）》[R/OL]（pbc.gov.cn）.

高等教育深度集聚赋能新质生产力的逻辑与路径

崔友兴[①]

摘要：高等教育深度集聚是智能时代高等教育融合创新发展的新形态，体现出空间集聚、目标协同、要素统整和深度合作的特征。高等教育深度集聚赋能新质生产力主要体现为培养拔尖创新型人才，实现新质劳动力的再生产；通过科技创新，赋能劳动资料尤其是劳动工具的颠覆性升级；拓展劳动空间，深化劳动对象，进而培育和发展新质生产力。遵循高等教育深度集聚赋能新质生产力发展的内在逻辑，需要从理念形塑、思维转型、共同体构建和治理优化等向度推动高等教育深度集聚赋能新质生产力高质量发展。

关键词：高等教育深度集聚；新质生产力；新质人才；高质量发展

新质生产力是创新起主导作用，摆脱传统经济增长方式、生产力发展路径，具有高科技、高效能、高质量特征，符合新发展理念的先进生产力质态。新质生产力的培育和发展离不开科技创新，科技创新的关键在人才，人才培养的主要路径在教育。高等教育是培养拔尖创新人才，推动科技创新，发展新质生产力的重要引擎。新时代高等教育从集群发展走向深度集聚，实现协同发展和集成创新，进而培育和推动新质生产力发展。基于此，厘清高等教育深度集聚的实质，揭示高等教育深度集聚与新质生产力发展之间的内在逻辑，并在此基础上剖析高等教育深度集聚赋能新质生产力的实现路径具有一定的理论意义与实践价值。

一、从集群到深度集聚：高等教育融合创新的时代转向

高等教育深度集聚发展是在高等教育集群发展基础上的升级，是智能时代高等教育融合创新发展的新形态，是百年未有之大变局背景下高等教育直面新形势、新问题和新要求的使命担当。当下，全球竞争态势愈演愈烈，其本质是人才的竞争和高科技的竞争，谁占领了尖端技术和拥有创新型人才，谁就有话语权并在复杂的竞争中处于优势地位。在新时代，高等教育深度集聚以创新型人才培养为目的，以技术创新为核心，以服务重大产业为导向，直接致力于新质生产力的发展。

进一步而言，高等教育深度集聚呈现出如下特征：一是空间集聚。高等院校和科研院所突破了空间上的区隔，不仅限于大学城这样一种貌似物理距离很近却少有协同合作的样态。在空间上高等教育深度集聚通常围绕特定的人才培养目标和重大战略任务聚集在一起，如海南陵水黎安国际教育创新试验区、三亚崖州湾科技城等。这些高等院校和科研院所在特定的空间内实现了人力资源、财力资源和物力资源等办学要素的全方位深层次集聚。二是目标协同。高等教育深度集聚不是多个高等院校或者科研院所集中在特定的空间独立办学，而是围绕特定的目标制定发展规划，协同开展教学科研和人才培养工作。如三亚崖州湾科技城聚焦“种业振兴”和“海洋强国”重大战略，统筹推进教育、科技、人才、产业“四位一体”协同融合发展，初步形成以国家级科创平台为核心、优质科研资源和多元创新主体加速集聚的高质量发展新格局。三是要素统筹。高等教育深度集聚旨在破解办学资源闲置以及人力、财力和物力资源利用率不高的问题，通过教学设施、科研平台、图书馆、实验室等的合理高效利用，以及硕士、博士、博士后高层次人才和导师、专家等各类人才的协同合作，促进高等教育各要素之间的有机协同和高效协作，提升资源利用率和科研水平。四是深度合作。高等教育深度集聚以产业需求为导向，围绕战略性产业、新兴产业和未来产业培养既掌握新兴技术又熟谙产业运作规律的复合型人才。

① 崔友兴（1986—），男，海南师范大学教育学院副院长、副教授、硕士生导师（海南海口，571158）。

二、高等教育深度集聚赋能新质生产力的逻辑关联

高等教育深度集聚赋能新质生产力主要体现为对拔尖创新型人才的培养，实现新质劳动力的再生产，增强新质生产力的主体力量；通过科技创新，赋能劳动资料尤其是劳动工具的颠覆性升级，促进生产力的几何级增长；拓展劳动空间，深化劳动对象，形成新质生产力倍增效应。

（一）高等教育深度集聚培养新质人才，促进劳动力再生产，增强新质生产力发展的主体力量

高等教育深度集聚的旨归之一便是培养高素质、专业化和创新型的新质人才，进而贯彻落实人才强国战略，促进人口大国向人口强国的转型。“新质人才是新模式的创造者、新产业的引领者、新业态的塑造者、新领域的开拓者、新赛道的竞跑者、新动能的提供者，也是新优势的建设者。”[3]新质人才是推动科技创新、生产工具改进和生产资料拓展优化的关键力量。为此，高等教育深度集聚指向新质人才培养，为新质生产力发展积蓄强有力的主体力量。高等教育深度集聚明确了新质人才的培养方向，具备了新质人才培养的支撑条件和资源要素，能够按照人才的成长规律推动新质人才培养，进而为新质生产力发展夯实人力基础。

（二）高等教育深度集聚促进科技创新，推动劳动资料升级，赋能新质生产力几何级增长

“教育是孕育和创造新技术的重要源泉，也是新技术实践运用的先行者。”[4]教育在科技创新，尤其是尖端技术的研发方面发挥着不可替代的作用。高等教育深度集聚坚持以科技创新为驱动，力图在新一轮科技革命中实现高精尖技术新突破，强化新质生产力核心要素，赋能新质生产力几何级增长。高等教育深度集聚以问题为导向，直面国家和行业发展的痛点堵点，瞄准制约科技创新和战略性产业发展的“瓶颈”问题，通过高层次高水平的拔尖创新型人才集聚，依托先进的科研平台和实验设备，充分发挥制度集成优势，集中优势力量攻关，推动科技创新，进而改进和优化劳动资料，推动劳动工具的升级换代，赋能新质生产力高质量发展。高等教育深度集聚能够充分发挥资源优势、人才优势和技术优势，优化生产力发展的动力系统、信息传递系统和能源系统，夯实新质生产力发展的强力之基。

（三）高等教育深度集聚拓展劳动空间，深化劳动对象，形成新质生产力倍增效应

高等教育深度集聚一方面有助于促进知识创新，形成对劳动对象的新认识和新理念，进而推动劳动对象的扩展和深化。在高等教育跨领域、跨学科和跨专业的交流互动中，通过知识的结构化组织以及跨界对话能够有效地促进跨学科知识的生成，即“通过对海量知识进行提纯加工、多维链接、结构重组，创新理念和创新知识就会涌现出来，进而扩展对劳动对象、劳动材料的新认知，促进科技创新，加快新质生产力的形成。”[5]另一方面，各高等院校和科研院所通过有组织的科研，在深度协同合作中促进融合创新，拓展劳动对象的范畴，并充分发挥劳动对象的功能，实现其价值最大化。如在高等教育的协同攻关中，在智能化技术的支持下，借助现代先进技术和装备实现“上天入地”，既能对月球土壤进行采集和分析，又能对深海构造进行探究，还能对微生物进行剖析，进而在宏观、中观和微观等不同层面拓展和深化劳动对象，不断赋能重要基础产业、新兴产业和未来产业，提升新质生产力发展水平。

三、高等教育深度集聚赋能新质生产力的实现路径

高等教育深度集聚以新质人才培养为核心，通过创新型劳动力再生产、劳动资料改进和优化，以及劳动对象的拓展与深化，推动新质生产力发展。遵循高等教育深度集聚赋能新质生产力发展的内在逻辑，需要从理念形塑、思维转型、共同体构建和治理优化等向度推动高等教育深度集聚赋能新质生产力高质量发展。

（一）形塑“教育、科技、人才、产业”一体化发展理念，聚焦新质人才培养

高等教育深度集聚赋能新质生产力发展，首先需要转变理念，打破“独立办学”“封闭式办学”的理念，形塑“教育、科技、人才、产业”一体化发展理念，并指向新质人才培养，增强新质生产力发展的坚实主体力量。人才是科技创新的决定因素，也是产业发展尤其是战略性基础产业、新兴产业和未来产业实现转型升级和创新性发展的重要力量。人才培养的主渠道和主阵地在教育，新质人才的培养离不开教育的引导、助推和

培育。高等教育深度集聚旨在通过办学资源、人才资源、科研平台等办学要素的融合创新助力新质人才培养，进而为科技创新和产业发展积蓄力量。总之，“建设教育强国、科技强国、人才强国具有内在一致性和相互支撑性，要把三者有机结合起来、一体化统筹推进，形成推动高质量发展的倍增效应。”[6] 同时，贯通“教育、科技、人才、产业”之间的内在逻辑关系，瞄准科技发展前沿，直面产业发展“瓶颈”和现实需求，通过高等教育深度集聚发展和融合创新，促进新质人才培养，进而赋能新质生产力发展。

（二）秉持适当超前思维，强化高等教育深度集聚赋能新质生产力发展的顶层设计

高等教育深度集聚赋能新质生产力发展不仅要瞄准产业发展新业态，适应数字经济、智能技术、“互联网 +”、人工智能等新兴产业的发展需求，而且更要未雨绸缪，秉持适当超前思维，以未来的视野和战略性的眼光对高等教育深度集聚赋能新质生产力发展进行系统谋划和优化设计。

一是加强基础研究，坚持基础研究的基础地位不动摇。科技创新，尤其是新兴技术的发明离不开基础研究。高等教育深度集聚赋能新质生产力发展一定要加强基础研究，对数学、物理、化学、生物等基础学科开展持续深入的探索，奠定技术创新的扎实基础。二是瞄准战略性产业和未来新兴产业，紧扣新质生产力的核心要素进行超前谋划。高等教育深度集聚一方面要充分借助智能技术实现自身的智慧转型和迭代升级，另一方面要围绕战略性产业和未来新兴产业开展科学研究，助推产业升级换代，尤其是聚焦航空航天工程、深海工程、人工智能、芯片技术、智能制造、生物制药和生命工程等开展前沿性研究，赋能新质生产力高质量发展。三是坚持对外开放，提升国际化水平，建设具有重大影响力的世界重要教育中心。如注重顶层设计和系统谋划，对标世界一流教育中心；引进国际顶尖人才，增强师资力量，提升科研水平；强化国际合作，发挥全球智慧资源和创新要素的集聚效应，真正地发挥高等教育深度集聚赋能新质生产力高质量发展的多重功能。

（三）加强政府、高等院校、科研院所、企业之间的联结，构建赋能新质生产力发展共同体

高等教育深度集聚赋能新质生产力发展需要从更为广阔的视角，加强政府、高等院校、科研院所、企业之间的联结，畅通协同合作环节，构建赋能新质生产力发展共同体。

政府既是推动高等教育深度集聚发展的重要力量，也是赋能新质生产力发展共同体的关键主体之一。一方面政府为高等教育深度集聚发展提供政策支持和资金保障，并引领其发展方向；另一方面政府在赋能新质生产力发展共同体构建和运行过程中扮演着引导者和支持者的角色，发挥着导向功能、决策功能和支撑功能。高等院校和科研院所是赋能新质生产力发展共同体的核心主体，高等教育深度集聚主要体现为高等院校和科研院所在办学空间、发展资源、科研平台、学科领域以及研究方向等方面的协同合作与融合创新，进而攻克制约新质生产力发展的技术“瓶颈”以及痛点、堵点问题。企业是推动高等院校和科研院所的研究成果有效转化，并应用于生产过程中，产出高质量产品，进而形成新质生产力的重要主体。企业在赋能新质生产力发展共同体中扮演着生产力物化和可视化呈现的重要角色，是彰显新质生产力和推动社会经济高质量发展的重要主体之一。基于此，各主体在明晰自身角色和积极发挥各自独特功能的基础上，围绕新质人才培养，聚焦技术创新和产业升级，开展深度协同合作，充分发挥共同体的整体协同功能，真正赋能新质生产力发展。

（四）完善治理体系，为高等教育深度集聚并赋能新质生产力发展提供坚实保障

完善高等教育深度集聚的治理体系，提升其治理水平，亟须以善治推动高等教育深度集聚有序运行，不断释放高等教育深度集聚效能，进而推动新质生产力高质量发展。治理制度是高等教育深度集聚有序运行的依据和保障，一般包括学校日常管理制度、教学科研制度、文化交流制度等。充分发挥制度“扬善抑恶”的功能，需要强化制度供给，建立起具有正义性、系统性和操作性的治理制度，营造积极向上的制度环境，为高等教育深度集聚赋能新质生产力发展奠定制度基础。在治理方式方面，推动高等教育深度集聚赋能新质生产力发展需要转变治理方式，即打破“金字塔”式的、垂直的、单一行政式的管理方式，并向“橄榄型”的、扁平的、多元协同的治理方式转型，构建多元主体平等参与、沟通对话商议共治的治理体系。治理评价是指对高等教育深度集聚治理的过程与成效，以及其赋能新质生产力的水平的监测和评定。发挥治理评

价的积极功能，一是要秉持发展性评价理念，实现以评促改、以评促建和以评促发展。从新质人才培养的初衷和新质生产力的持续发展着眼，摒弃短视眼光，用长远的眼光来审视高等教育深度集聚及其赋能新质生产力发展的成效。二是将过程性监测和终结性评价有机结合，实施综合性评价。这就需要对高等教育深度集聚运行的过程及其成效做好常规监测，使其科学化和理性化运作。同时，还要对高等教育深度集聚及其赋能新质生产力的水平进行终结性评价，精准掌握其发展成效。三是借助数字技术和人工智能等现代化手段提升治理评价的科学性和有效性。通过大数据收集、系统处理和精准分析，快速准确获得反馈信息，提升高等教育深度集聚效能，进一步推动新质生产力高质量发展。

参考文献：

[1] 祝智庭，戴岭，赵晓伟，等 . 新质人才培养：数智时代教育的新使命 [J]. 电化教育研究，2024（1）：52-60.

[2] 黄少成，赵姗姗 . 新时代数字教育的多维面相、潜在风险及应对 [J]. 湖北社会科学，2024（1）：85-92.

[3] 姜朝晖，金紫薇 . 教育赋能新质生产力：理论逻辑与实践路径 [J]. 重庆高教研究，2024（1）：108-117.

[4] 加快建设教育强国为中华民族伟大复兴提供有力支撑 [N]. 人民日报，2023-05-30（1）.

中国自贸试验区高质量发展路径探析

雷祖军[①]

摘要：中国自由贸易试验区作为我国深化改革和扩大开放的试验田，近年来，在促进贸易便利化、提升投资准入、推进金融改革等方面取得了显著成效。在全球经济格局变化和“双循环”新发展格局背景下，自贸试验区的高质量发展成为推动我国经济转型升级的关键。当前自贸试验区面临诸多挑战，包括制度创新侧重贸易领域、投资便利化不足、绿色发展面临压力等问题。面对这些挑战，制度创新是推动高质量发展的核心，投资便利化与金融开放是发展动力，产业升级与技术创新是长期竞争力的保障，绿色发展与可持续性是未来的战略方向。

关键词：自由贸易试验区；高质量发展；制度创新；投资便利化；绿色发展

一、中国自贸试验区的设立及发展历程

中国自贸试验区的设立是国家进一步推进对外开放的重要战略布局，起步于 2013 年 9 月设立的上海自贸试验区。上海自贸区作为首个自贸试验区，通过实行负面清单管理模式、贸易便利化改革和金融创新，取得了显著成果，为后续的自贸试验区建设提供了宝贵经验。自上海自贸区之后，国家陆续在广东、天津、福建等地设立自贸区，并逐步向全国范围扩展。

自贸试验区的设立从东部沿海地区起步，逐渐向中西部和东北地区延伸，形成了覆盖全国的自贸试验区网络。自贸试验区的数量从最初的 1 个扩展至 22 个，涵盖了大部分经济活跃的区域，旨在通过制度创新、市场准入、产业升级和贸易便利化等手段，推动经济高质量发展。近年来，海南自由贸易港的设立标志着中国在探索更高水平开放经济体制上迈出了重要一步。海南自由贸易港作为全国唯一的自由贸易港，不仅在产业结构升级和绿色经济发展上承担着重要任务，也在制度创新上发挥着更大的试验和示范作用。

二、中国自贸试验区的建设现状与挑战

（一）自贸试验区的整体布局

1. 自贸试验区的数量与分布

自 2013 年首个自贸试验区在上海设立以来，中国自贸试验区的数量逐步增加，至今已达到 22 个。这些自贸区分布于全国各地，包括东部沿海经济发达地区、中西部和东北地区。上海、广东、天津、福建、北京等 5 个自贸试验区和海南自由贸易港外向型经济发展水平较高。东部地区如上海、广东、福建等地的自贸试验区侧重于金融、贸易等高端服务业的开放，而中西部地区的自贸区则更加注重促进内陆开放和推动区域经济协调发展。

2. 各地自贸试验区的功能定位

每个自贸试验区的功能定位各有不同，形成了各自的特色。上海自贸区作为全国首个自贸试验区，侧重于金融创新和服务贸易开放；广东自贸区则依托粤港澳大湾区，推动制造业转型升级和现代服务业的融合；天津、辽宁等自贸区则重点推进京津冀一体化和东北振兴，增强区域经济的辐射带动作用。自贸区的功能定位在一定程度上反映了国家战略和区域发展的需要，为不同地区提供了差异化的发展路径。

---

① 雷祖军（1985—），男，湖北荆州人，重庆外语外事学院讲师，在读博士。

3. 海南自由贸易港的战略意义

海南自由贸易港是中国自贸区体系中的特殊存在，它不仅是全国唯一的自由贸易港，还肩负着制度创新、生态保护和国际化的特殊使命。海南自贸港的设立旨在打造全球最高水平的开放平台，探索具有中国特色的自由贸易港建设路径。它不仅在政策层面享有更大的自主权，还被赋予了国际投资、绿色发展和现代服务业转型的重大任务，是推动中国高质量开放的重要抓手。

4. 自贸试验区的区域联动效应

各自贸区之间的联动效应逐渐显现，尤其是在推动区域经济一体化和资源整合方面，产生了积极影响。长三角地区的上海自贸区、浙江自贸区和江苏自贸区通过产业协同和政策配合，实现了区域内的资源优化配置。此外，自贸区的区域联动效应还体现在跨境电商、物流服务、金融创新等方面，为区域经济一体化和国际合作提供了新的机遇。

（二）现阶段存在的问题与挑战

1. 制度创新偏重于贸易便利化

尽管自贸区在贸易便利化方面取得了显著成效，但在投资便利化、服务贸易等方面的制度创新相对滞后，部分自贸区的改革尚未完全跟进。这种创新不均衡的现象限制了自贸区在推动更高层次对外开放中的作用。

2. 投资便利化的制度创新不足

在外资准入方面，尽管负面清单管理模式得以推广，但部分行业的外资准入门槛依然较高，外资企业在市场准入后面临的政策不确定性也较大。这一问题不仅影响了外资企业的投资信心，也对自贸区的国际化水平产生了一定的负面影响。

3. 自贸试验区与国际经贸规则不匹配

随着国际经贸规则的不断演变，自贸区在知识产权保护、政府采购等方面与国际高标准经贸规则的差距逐渐显现。这种不匹配不仅影响了自贸区吸引外资的能力，也限制了其在全球经济中的竞争力。

4. 绿色发展与可持续发展的压力

在全球绿色经济发展大势下，自贸区的绿色发展和可持续性建设面临较大压力。尽管部分自贸区已经开始推动低碳技术的应用和绿色金融的发展，但总体上，绿色发展尚未成为自贸区发展的主流方向，区域内的产业结构仍需进一步调整，以适应全球绿色经济的要求。

三、中国自贸试验区高质量发展的路径

（一）深化制度创新

1. 强化与国际经贸规则的对接

自贸试验区的制度创新需要更紧密地与国际高标准经贸规则接轨，特别是在跨境投资、服务贸易和知识产权保护等方面。目前，自贸试验区已在部分领域进行试点，但仍需加强与国际标准的衔接。通过参与国际经贸规则的制定和调整，自贸区不仅可以提高对国际投资者的吸引力，还能为全球贸易秩序的重构贡献中国方案。

2. 推进投资便利化与市场准入改革

投资便利化和市场准入改革是自贸区高质量发展的重要驱动力。各地自贸区需要继续完善负面清单管理模式，进一步缩减限制性措施，简化行政审批程序，确保外资能够顺利进入更多领域。同时，在市场准入环节，应加大开放力度，推动服务业和高端制造业等重点行业的开放，从而提高自贸区的产业层次。

3. 完善自贸试验区的法治化建设

法治是自贸试验区营商环境的重要基石。当前自贸区的法治建设仍有提升空间，特别是在外商投资保护、知识产权保障、争端解决机制等方面。通过完善法律法规，构建公平、透明的市场环境，能够提高国内外企业的投资信心，形成更加开放、规范的法治环境。

4. 提升数字经济与智慧自贸区建设水平

数字经济是未来经济发展的新引擎，自贸试验区应充分利用现代信息技术，加快智慧自贸区建设。通过大数据、人工智能、区块链等技术手段，提高自贸区的行政效率和管理水平，促进贸易、投资等各类业务的线上化、智能化运作，形成高效、便捷的智慧自贸区生态体系。

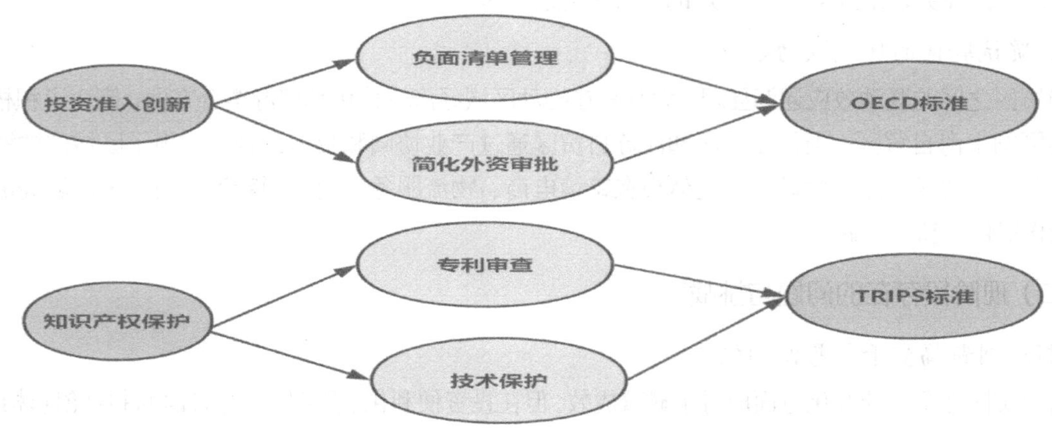

图 1　制度创新与国际规则接轨流程图

（二）推动投资便利化与营商环境优化

1. 简化外资准入审批流程

外资准入审批是影响自贸区吸引外资的重要因素。当前，部分自贸区的审批程序相对烦琐，影响了外资进入的效率。未来需要进一步简化审批流程，实施“一站式”服务模式，减少审批环节，缩短审批时间，提升外资准入的便捷性。通过这一举措，能有效提升自贸区对外资的吸引力，促进全球资本流入。

2. 打造透明、稳定的营商环境

稳定且透明的营商环境是外资企业做出长期投资决策的重要依据。自贸区应进一步规范政策制定和实施，确保政策的一致性和可预见性。通过建立完善的政策评估和反馈机制，减少政府政策频繁变动对企业经营的影响，进而为企业提供一个稳定的经营环境。

3. 构建有效的投资争端解决机制

投资争端的快速、有效解决是优化营商环境的关键。自贸区应建立国际化的投资争端解决机制，确保外资企业在法律框架下能够及时获得公平公正的裁决。这不仅有助于减少投资纠纷的负面影响，也可以增强外资对中国市场的信心。

4. 降低企业合规成本，增强投资信心

合规成本过高是阻碍企业投资的另一大难题。自贸区应进一步简化合规要求，减轻企业在税务、环保、社会责任等方面的负担，增强投资者的信心。通过合规流程的优化和成本的降低，能够让企业将更多资源投入到技术研发和业务扩展中，促进自贸区内企业的可持续发展。

（三）促进产业结构升级

1. 引导高新技术和战略性新兴产业发展

自贸区的高质量发展离不开产业结构的转型升级，尤其是高新技术和战略性新兴产业的发展。自贸区应加大对创新技术和新兴产业的支持力度，鼓励国内外企业在自贸区设立研发中心或科技园区，推动人工智能、5G、物联网、新能源等技术的产业化，促进产业链的现代化和高端化。

2. 推动自贸区与产业链协同创新

自贸区内的产业发展应与全球产业链紧密协同，通过制度创新、政策引导，实现上下游产业链的协同发展。自贸区可以借助全球资源，推动本地企业融入全球供应链，并通过技术引进、合作研发等方式，提升产业的整体竞争力和创新能力，形成全球领先的产业集群。

3. 培育数字经济和创新产业集群

数字经济已经成为全球经济增长的主要动力之一，自贸区应通过政策扶持，打造以数字经济为核心的创新产业集群。通过构建良好的创新生态环境，吸引更多数字经济领域的企业和投资，推动自贸区内数字化转型和产业集群的形成，增强自贸区的全球竞争力。

4. 加强产学研结合，促进技术转移

产学研结合是技术创新的重要途径。自贸区应加强与高校、科研机构的合作，通过政策激励和机制创新，推动科研成果向产业的转化。同时，建立高效的技术转移体系，帮助企业加快创新技术的市场化应用，提升自贸区的整体技术水平。

（四）深化金融开放与创新

1. 推动资本项目人民币可兑换试点

金融开放是自贸区发展的核心任务之一。在条件成熟的情况下，自贸区应积极推进资本项目下的人民币可兑换试点。这不仅能够推动人民币的国际化进程，还能够为跨境投资提供更加灵活的金融服务，进一步提升中国金融市场的全球影响力。

2. 建立灵活的外汇管理制度

外汇管理制度的灵活性是提高跨境资金流动效率的重要保证。自贸区应继续深化外汇管理体制改革，探索更加灵活的外汇管理模式，确保企业和投资者能够更加便捷地进行跨境资金操作。通过外汇政策的放宽和透明化，自贸区能够吸引更多国际资本的流入。

3. 支持绿色金融与可持续发展金融产品

绿色金融是推动绿色经济和可持续发展的重要工具。自贸区应进一步完善绿色金融体系，支持绿色债券、绿色基金等金融产品的创新与发展。通过金融工具的创新，为低碳技术、清洁能源项目等提供资金支持，推动区域内经济的可持续发展。

4. 试点数字货币和跨境金融创新

随着数字经济的快速发展，数字货币正在成为全球金融市场的热点议题。自贸区应积极探索数字货币的应用试点，特别是在跨境支付、国际结算等领域，通过金融科技的创新，提高金融服务的效率与安全性，推动金融开放的深度和广度。

（五）推进绿色发展与可持续发展战略

1. 建立自贸区内的绿色金融框架

绿色金融框架的建设是推动自贸区绿色发展的重要基础。自贸区应建立完整的绿色金融政策体系，鼓励绿色金融产品的研发与推广，通过绿色债券、绿色贷款等金融工具，为低碳项目提供融资支持，帮助企业实现绿色转型。

2. 鼓励低碳技术的引进与应用

低碳技术是实现绿色发展的关键。自贸区应加强政策引导，推动低碳技术的引进与应用，帮助企业通过技术革新减少碳排放，提高能源使用效率。通过低碳技术的推广与应用，自贸区能够在全球绿色经济发展中占据领先地位。

3. 推动绿色产业与低碳经济发展

绿色产业是未来经济发展的重要方向。自贸区应大力扶持绿色产业的发展，推动循环经济、可再生能源等行业的崛起。同时，通过政策激励，帮助传统企业进行绿色转型，逐步向低碳经济迈进，打造可持续发展的经济体系。

4. 制定企业减排政策，支持碳中和目标

为了实现碳中和目标，自贸区应制定严格的企业减排政策，并通过政策引导、技术支持等手段，推动企业积极参与碳减排行动。通过碳市场的建设和碳交易机制的完善，自贸区将能够在绿色发展的大潮中发挥引领作用，助力国家实现碳中和目标。

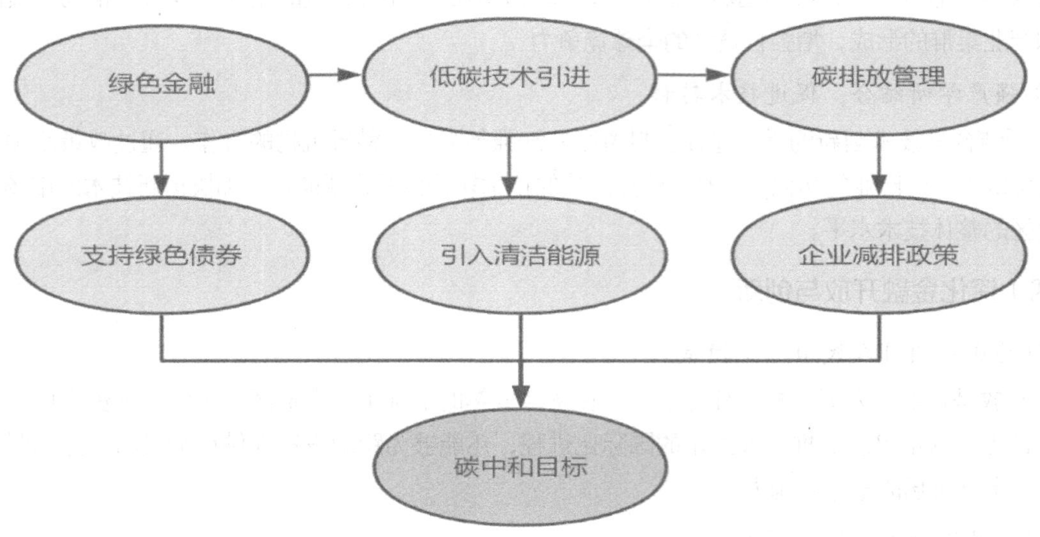

图 2　绿色产业与低碳经济发展路径图

四、政策建议

（一）加强自贸试验区的顶层设计与战略规划

为了推动自贸区的高质量发展，顶层设计和战略规划至关重要。国家应根据区域差异和发展需求，进一步明确自贸区的功能定位和发展方向。通过差异化的顶层设计和政策安排，使各自贸区能够根据自身优势进行制度创新和产业布局。在此基础上，还应加强中央与地方政府的协调，确保各类改革措施在自贸区内得到有效落实，并为全国范围内的经济改革提供可复制、可推广的经验。

（二）深化与国际高标准经贸规则的接轨

在全球经贸规则快速演变的背景下，自贸试验区应积极推动与国际高标准经贸规则的接轨。这不仅有助于提升中国自贸区的国际化水平，也将增强自贸区吸引国际资本和技术的能力。未来，自贸区应继续完善知识产权保护、政府采购、竞争中立等方面的制度，以便更好地融入全球经济。同时，自贸区还可以借助区域全面经济伙伴关系协定（RCEP）等国际多边贸易协定的实施，推动中国与其他国家和地区的深度经贸合作，进一步提升自贸区的国际竞争力。

（三）推动自贸试验区在双循环格局中的作用

“双循环”新发展格局要求自贸区在国内国际两个市场和两种资源中发挥重要作用。作为国内大循环和国际大循环的连接点，自贸区应充分发挥其开放优势，推动国内市场与国际市场的高效对接。通过优化自贸区的贸易和投资环境，自贸区不仅可以吸引外资和先进技术进入中国，还能够通过推动国内企业“走出去”，提升其在国际市场上的竞争力。同时，自贸区应进一步加强与“一带一路”共建国家的合作，通过多层次、多领域的合作，推动形成国内国际双循环相互促进的新局面。

（四）构建全球领先的自由贸易区网络

中国自贸区的发展不仅局限于国内市场，而是要在全球范围内构建领先的自由贸易区网络。通过进一步扩大自贸区的国际影响力，中国可以在全球经济治理中发挥更加积极的作用。在构建全球领先的自由贸易区网络过程中，自贸区应加强与国际主要自由贸易港和经济特区的合作，推动政策互通、资源共享，从而形成全球自由贸易网络中的重要节点。这不仅有助于提升中国在国际经济治理中的话语权，也为全球自由贸易体系的稳定提供中国方案。

参考文献：

[1] 李善民 . 中国自由贸易试验区发展蓝皮书（2021–2022）[M]. 广州：中山大学出版社，2022.

[2] 廖佳，黄建忠 . 国际自贸区新实践、新规则与我国自贸试验区高质量发展 [J]. 中国经贸，2024（6）：45–53.

[3] 达潭枫 . 以制度型开放创新为核心高标准高质量推进中国（新疆）自贸试验区建设 [J]. 新疆社会科学，2024（1）：97–106.

[4] 孔庆峰 . 中国自贸试验区十周年：成就、挑战与机遇 [J]. 人民论坛 · 学术前沿，2023（19）：84–95.

[5] 裴长洪，崔卫杰，赵忠秀，等 . 中国自由贸易试验区建设十周年：回顾与展望 [J]. 国际经济合作，2023（4）：1–32.

地缘经济关系下的海南自贸港国际传播话语体系建构

阮毅　张一弛[①]

摘要：以海南自由贸易港建设为契机向世界讲好“中国制度”故事，是对中国式现代化的国际传播话语建构的实践回应。东盟国家与海南地缘相近、人文相亲，是推进海南故事和中国声音全球化、分众化表达的重要实验区，可以形成区域同频共振并影响世界对华舆论和传播秩序。分析2018年以来东盟地区媒体有关海南自由贸易港的新闻报道，发现文化符号缺失，刻板化痼疾未改。未来海南的国际传播战略应针对“他塑”的形象，把握地缘经济关系，设置文旅、海洋议题转变话语体系，注重共情策略增加民间声量，推动“中国智慧”的在地化传播。

关键词：国际传播；地缘经济；东盟；区域形象；话语体系

构建鲜明特色的中国战略传播体系，这是关乎我国国际形象、影响力和传播力的重要任务。在百年未有之大变局时代背景下，以国家视角为切入点、以主流媒体为平台、以宏大中国的叙事为内容的传统国际传播模式需要进一步丰富手段和提高效能，立足于全球互联网平台、以城市/区域为传播路径、以中国式现代化为核心叙事的国际传播迎来新的实践空间[1]。以自贸港建设为契机向世界展示“海南形象”，是讲好“中国制度”故事以及建构中国式现代化国际传播话语体系的实践回应。

一、基于地缘经济关系的国际传播战略的重要性

中国话语体系的建设和国际传播战略的建构需要在深刻洞察和尊重国际关系变化趋势的基础上，遵循“客观现实—主观认知—话语表达”的逻辑，这样才能做到顺势有为，并取得预期的效果。

（一）中国式现代化框架下国际传播战略体系构建的内涵转变

中国式现代化不同于西方现代化模式，是根植于中华优秀传统文化、体现科学社会主义的先进本质、借鉴吸收一切人类优秀文明成果的全新的人类文明形态。在这样的背景下，中国国际传播战略体系的构建也存在内涵上的转变。

国际传播的根本要求是“讲好中国故事，传播好中国声音，展示真实、立体、全面的中国”。“讲故事”的基础是国家治理，起点是治理事实，终点是治理的制度安排及其价值体系。中国坚持走中国特色的社会主义道路的“道路自信”“理论自信”和“制度自信”，不仅指导国家发展，更应成为新的历史机遇中国际传播的重点。做好制度传播，讲好“中国制度故事”，也就意味着国内、国外的信息传播坚持一个整体，遵循同一准则，内外相互配合，形成协同效应。

（二）城市/区域的国际形象塑造是对中国式现代化国际传播话语建构的实践回应

国家形象是区域形象的集中体现和具有主权象征意义的代表，而区域形象是国家形象的重要组成部分和基础。[2] 媒介如何描述、呈现、评价城市/区域，将在很大程度上影响人们对其的认知、观念和态度。尤其在国际传播语境中，由于个体经验的限制，媒介建构的符号真实有时甚至成为人们形塑形象的唯一认知来源。《中国城市国际传播影响力指数报告》《中国城市海外网络传播力建设报告》等都指出区域的行政等级、地理位置与国际传播影响力密切相关，并且不同城市的差异显著、国际主流媒体报道的曝光率、显示度都参差不齐，城市/区域国际传播还有极大的潜力与空间需要拓展。

① 阮毅，海南科技职业大学，办公室主任、讲师、博士生；张一弛，江西日报记者，硕士。

（三）地缘经济关系中城市 / 区域形象国际传播具有必要性和便利性

合作性参与的地缘经济战略不仅事关中国式现代化发展的前景，也事关中国和平崛起与世界秩序形成良性互动的程度。地缘经济是以民族国家为中心，地区、跨国企业、区域性组织作为参与者，基于地理区位、资源禀赋、经济结构等因素所形成的合作、联合或竞争、对立乃至遏制等经济关系[3]。因地缘经济而构建的各类组织无不影响着国际社会生活的日常建构和制度化，这些组织构建着多元信息在世界范围内的传播流动秩序，又巩固和生成新的地缘经济圈。基于地缘关系的城市间的经济合作或竞争，是城市 / 区域发展的必然选择，并不完全受国际政治关系的影响和阻碍。在此基础上，城市 / 区域的国际传播活动，是“讲好中国制度故事”，营造国家形象以及反驳涉华负面舆论的必要且便利的路径。

二、东盟十国媒体报道中的“海南自由贸易港”形象

东盟国家与海南地缘相近、人文相亲，是推进海南故事和中国声音全球化、分众化表达的重要实验区，可以形成区域同频共振并影响世界对华舆论和传播秩序。然而，有学者研究发现，2005—2019 年，海南与泛南海国家的地缘经济联系强度处于较低水平[4]。“海南自贸港”未来的国际传播策略应以怎样的路径进行回应和互动，需要我们首先了解其在东盟十国媒体的建构中究竟以何种形象呈现。

（一）基于“国家利益”逻辑的新闻框架

检索 Factiva 道琼斯新闻数据库中以“Hainan”为关键词的东盟十国地区的新闻报道，自 2018 年 4 月 13 日以来，共有 76 篇。

东盟媒体报道海南自由贸易港的高层次新闻框架（图 1）有 10 个，东盟国家关注海南的经济发展，偏好从政治安全角度解读海南的对外开放战略。东盟地区涉海南的报道主题以经济类居多（图 2）。

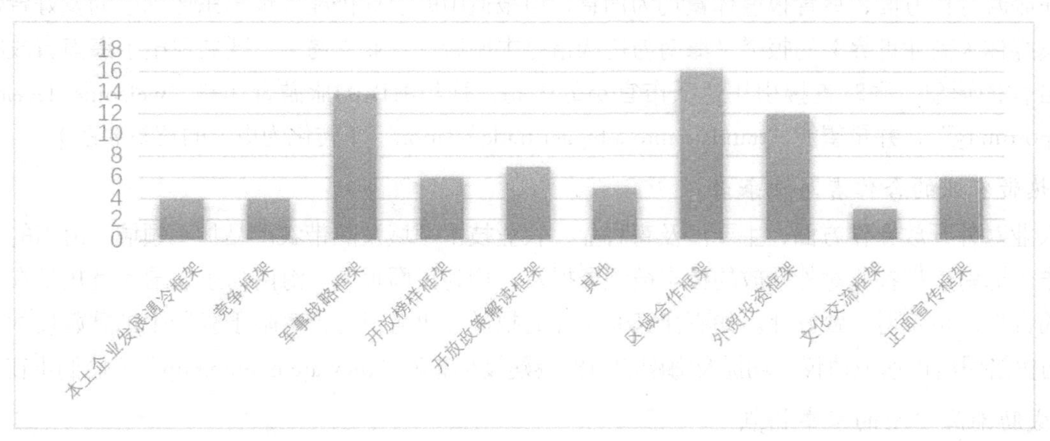

图 1　高层次新闻框架占比图

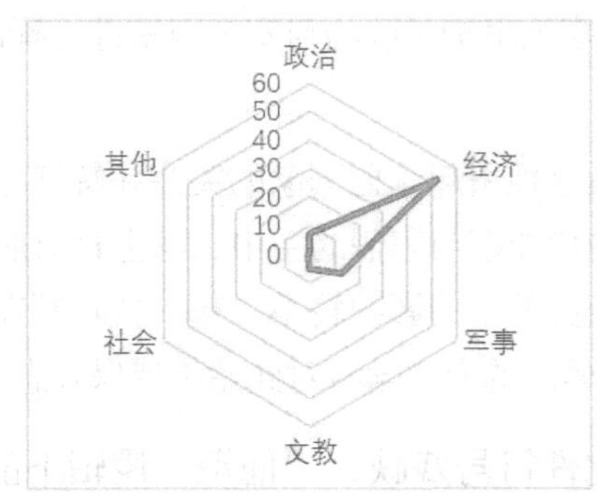

图 2　报道议题占比图

东盟媒体对海南自贸港的意见话语主要集中于介绍中国建立海南自贸港这一事件本身（图 3），突出海南相关的历史背景，主要分为地理区位、历史地位和军事冲突三个方面。引用本土政府官员的言论多集

中于解读中国的战略部署、披露历史证据、号召合作互鉴、呼吁对华强硬等。引用中国政府官员的言论多展现其在“对外开放”问题上的迟疑态度、对南海主权的矛盾说法。企业组织的言论则多集中于互相释放贸易投资的友好信号、赞赏中国经济的强大活力以及表达对中国营商环境的担忧。

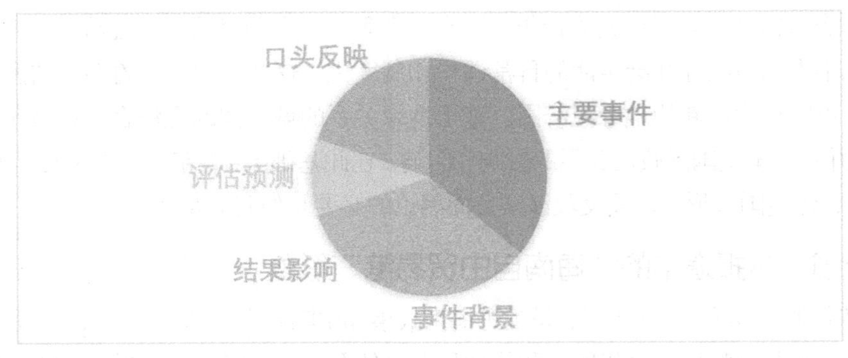

图 3　中层次框架分布图

（二）东盟 10 国媒体报道构建的“海南自贸港形象”

总体而言，海南自由贸易港形象在东盟十国的媒体描绘下呈现以下几个层次。

1. 热带旅游产业的合作者与学习榜样

泛南海经济圈的合作内容主要有热带旅游、热带农业、智慧海洋以及油气经济四个领域，其中旅游产业是低敏感领域。海南省实施的多国人员入境旅游免签证政策，备受同为度假胜地的泰国、印度尼西亚的关注。在旅游合作方面，尽管报道体裁均为消息，但报道中的引语仍能展现出东盟国家的友好合作态度，如菲律宾媒体《商业世界》的报道《海南与达沃市寻求旅游、农业交易》，既展现出了海南省政府积极寻求友好合作的形象，同时直接引用达沃市官员的表态，称与海南的旅游合作是“welcome development”“ an opportunity”，并希望能“translate into a bigger trade relation”（转化为更大的贸易关系）。

2. 热带农业的合作者与竞争者

在农业对外开放合作方面，主要涉及育种业、农业技术领域及热带农产品加工领域。海南的南繁育种基地，作为海南热带农业对外开放的标志被频繁提及，均为正面报道。海南与东盟国家就热带农业适应技术开展的合作，也获得一致好评。如菲律宾通讯社的报道《伊洛伊洛市着眼于复制中国蘑菇技术》《中国海南省与伊洛伊洛市达成协议》均提及海南的自贸港建设标志着“they are opening up”（他们正在开放）。

3. 威胁南海安全的军事据点

对海南自贸港的新闻报道并没有绕开南海争端，涉及南海争端的报道数量多且报道倾向均为负面。菲、越等南海声索国，因南海争端对中国持有战略疑惧态度，而非声索国对中国的看法与认识也受此影响。因此，对于中国在南海地区的建设，东盟国家均附加了政治与安全因素进行解读。

4. 观望中的自贸港经济发展

海南自贸港建设的动态以及政策落地引起东盟国家的关注和解读。相关报道除以消息的形式报道海南与东盟国家缔结友好协议、海南新增和加密与东盟的空中、海上直航航线外，更多的是评估海南建设自贸港能否成功。认为南海争端对双方经贸关系的影响较小，基本被限制在政治安全领域，态度较为积极。但在东盟国内，尤其是部分来自南海声索国的专家学者对此始终持保守态度。

（三）对抗性刻板未改，文化性符号残缺：“他塑”逻辑下的海南

地缘经济关系不仅有对抗，还有经济之间的合作共赢，更有文化上的互相呼应。海南与周边国家之间的经贸互补性大于竞争性，已经形成互相依赖的地缘经济格局[7]。在这种“竞争—合作”的框架下，媒体表现“海南形象”的话语体系也反映着这样的关系：对抗性的刻板形象并不会在短时间内消失，新的合作符号若隐若现，原本相依相连的文化符号则被有意无意忽略。

从地缘来看，海南与东盟十国都面临着海洋经济与文化的共同议题，都曾经历过文化的交融以及被某些历史问题割裂的经历；从社会生活的习俗风貌来看，还有诸多相连之处。这些原本需要"共商、共建、共享"的话题在东盟十国的媒体报道中并不凸显，或者是没有更好的表述路径。这也将成为我们塑造"真实、全面、立体"的海南的突破点——补齐信息不对称的符号话语，建构具有南海意识的"人类命运共同体"。

三、直面"他者"，主动建构"人类命运共同体"的文化话语体系与传播战略

针对东盟对海南形象的"他塑"，我们应该从以下几个方面提升对外宣传的工作效能。

（一）面向东盟受众，设置文旅、海洋议题，转变话语体系

东盟媒体报道的议题对文化、海洋这类原本应有共性、共识的话题讨论较少或有意回避。实际上，海南省素有"华侨之乡"的美誉，东盟成员国内华人群体与海南有着深厚的血脉渊源，为形成有效传播打下良好基础。此外，海南是海洋大省，生态保护、海洋保护问题既是海南建设自由贸易港本身就关注的议题，也是全球性议题，一样能够激发海外民众包括东盟国家民众的共鸣。

国际传播一直在强调要转变话语体系，构建话语体系。话语能直接影响受众对信息的接受程度。因此，我们国际传播的议题、陈述的方式不能自说自话，而应当"人无我有"，适当补充，适当互动。

海南的对外传播应该扩大诸如生态环境保护、少数民族文化、科技成果创新和营商环境优化等议题，放大契合点。同时淡化地理区位优势、海洋资源开发、国防安全等容易引起争端和联想的议题。要善于将海南发展热带高效农业、热带旅游业等产业发展经验、海南发展的未来规划加以提炼，以生动、有趣的方式进行正面情感的传播。

（二）增加民间声量，注重"共情"策略

在国际政治经济文化互融互通的过程中，民间传播主体会具有更好的亲和力和交流弹性，进退也能游刃有余。除通常意义上的文体名人和思想智库外，跨国公司、外贸企业也都能在国际传播领域担任和发挥着不容忽视的角色与作用。尤其对于海南国际自贸港而言，其特色就是高度自由化、便利化的贸易投资，作为市场主体的企业之间的交流成为影响对外传播效果的中坚力量。如 @hihainan 2021 年 7 月 29 日发布的"20 家英国企业以及英国国际贸易部、英国驻广州总领事馆代表与三亚市投资促进局进行会晤"的相关推文，收获了 859 个点赞。众多 NGO 组织都可以成为走出国门进行传播的主体，甚至一些具有特定属性的 NGO 组织还更具有交流的亲和力。

数量庞大的华侨和留学生也是国际传播主体的重要组成部分。其双重文化背景的身份可以超越文化和意识形态差异，在日常点滴中潜移默化地塑造海南良好的对外形象。合理运用"移情法"和共情策略，通过华人华侨中的非政府组织人士、在海南的外国人之口，谈开放、谈发展、谈共赢，能让海外受众切实感受到自贸港的惠果。共情原则除了巧妙运用在内容端，也可以运用在传播源头。让拥有双重文化背景的华人华侨、留学生参与到内容生产中，能够创作出更加符合外国受众接受习惯的"海南故事"。

（三）推进"中国智慧"的符号实现在地化

改变国际传播的符号设置方略，充分认识东盟十国与我国之间的政治、经济利益关系，谨慎使用宣传式的符号设置，如"强国战略""海洋战略"等，消减在东盟十国"利益逻辑"的新闻框架中表现出的"攻击性"。

注重"中国方案""中国智慧"的阐释，国际传播也不是一味地唱赞歌。在有利于我们的声音被接受的前提下，适度利用"自我批评"或者在地记者的评价。我们应该在坚守意识形态底线的基础上，大胆尝试直接引进具有多重文化背景的资深新闻从业者，同时引入其新闻操作的流程、理念参与海南的国际传播工作，形成符合海南自贸港发展需求的新闻传播观。

例如，面对东盟十国媒体中多次提出的海南自由贸易港经济发展未来成谜、民营经济发展"困境"、自贸港营商环境存在"缺陷"等问题，我们可以适度地进行回应，重要的不是问题本身，而是在亮出不足之后，用较大的篇幅和时间来反映我们解决问题的决心、方法和进展。这也是西方媒体习惯采用的方法，即不刻

意隐瞒，而是截取和放大所需内容，重点讲述解决方式。用他们认同的方式传递信息，以此为海南封关运作以及进一步的对外开放做好舆论宣传的铺垫。

认识我们在他者心中的形象，有针对性地做好国际传播，提升中国话语的表达，展现中国式现代化解决“人类命运共同体”所面临共同问题的能力，展现真实、立体、全面的中国，是国际传播的重要任务，也是建构中国式现代化道路话语体系的重要路径。

参考文献：

[1] 张志安 . 议题、机制与话语：中国式现代化与城市国际传播的关键问题 [J]. 社会主义论坛，2023，463（6）：20-22.

[2] 赵启正 . 要高度重视区域形象报道在树立国家形象中的作用 [J]. 中国记者，2000（10）：16-18.

[3] 陆大道，杜德斌 . 关于加强地缘政治地缘经济研究的思考 [J]. 地理学报，2013，68（6）：723-727.

[4] 徐婧雅，宋周莺 . 海南自贸港与泛南海国家的地缘经济关系演变及其影响因素 [J]. 世界地理研究，2022，31（4）：737-747.

自贸区（港）加快培养引进“高精尖缺”人才的对策建议

王建明

提要：当前全球范围内的“抢人大战”，各地自贸区（港）培养引进“高精尖缺”人才中普遍存在比较优势不突出、人才政策同质性太强、引进模式与渠道仍显单一、产学研使用不尽完善、评价机制不尽合理和激励政策仍有不足等诸多挑战，亟须深入研究切实解决。建议各地自贸区（港）明确引人用人导向加快培育形成人才新质态，拓宽引才模式与引才渠道完善人才政策支撑体系，优化人力资源配置完善人才评价与激励机制，强化校企合作产教融合激发人才创新活力，强化人才服务保障疏通人才培育堵点。

“高精尖缺”，一般来说，“高”指高科技、高附加值、高知识密集性，“精”指具有比较优势、符合定位发展、高效低耗，“尖”指处于尖端、为产业作支撑和引领，“缺”指缺乏产业急需。“高精尖缺”人才是发展新质生产力的关键，是推动自贸试验区、自由贸易港（以下简称自贸区（港））经济快速发展的重要因素。当前，全球范围内的“抢人大战”竞争激烈，自贸区（港）“高精尖缺”人才培养引进面临诸多挑战，急需打通束缚新质生产力发展的堵点卡点，以人才新质态助推新质生产力加快发展。

一、自贸区（港）培养引进“高精尖缺”人才的成功经验

一是认识人才的重要性，制定实施专门引智引才政策。如天津自贸区建立人才“绿卡”制度实施 25 项引智引才措施，海南自贸港制定 26 条引进培养用好人才政策，湖南自贸区长沙片区推出 45 条人才政策。二是制定了一些人才激励政策。如厦门自贸片区发布 17 条人才激励政策和激励人才创新创业若干措施，新疆自贸区实施引进用好战略人才“一事一议”政策。三是制定一些个性化、专业化引才政策措施。如上海自贸区临港新片区放宽现代服务业高端人才从业限制，赋予重点用人单位更大自主权；广东自贸区南沙新区片区制定外籍及港澳台高层次人才推荐工作指引；河北自贸区赋予用人主体更大研发经费使用自主权。四是发布一些人才计划项目。海南自贸港实施“南海”人才开发计划和“南海新星”项目，发布外籍“高精尖缺”人才认定标准；广东自贸区南沙新区片区实施高端领军人才引进计划；北京自贸区启动 CBD 国际人才港计划。五是制定一些人才配套政策。如上海自贸区临港新片区探索外籍高层次人才永居申办新机制，天津自贸区为外籍人员提供长期居留服务，海南自贸港实施安居房和人才公寓建设。

总之，全国各自贸区（港）制定了许多培养引进高端人才和智力资源的政策措施，也吸引了一大批国内外“高精尖缺”人才，为经济高质量发展做出了重要贡献。然而，当前国内外人才争夺日趋激烈，各自贸区（港）在培养引进“高精尖缺”人才方面仍有许多不足，亟须深入研究切实解决。

二、自贸区（港）培养引进“高精尖缺”人才普遍存在的问题

1. 比较优势不够突出、人才政策同质性太强

虽然自贸区（港）制定了许多人才政策，但与开发区、保税区、功能区等相比，仍普遍存在人才引进政策力度与创新性不够突出，难以形成强大吸引力。特别是多数自贸区（港）资金投入不足，薪酬补贴、住房保障、子女教育等方面优惠政策吸引力不强，加之硬件设施条件有限，影响了其作用的充分发挥。在全球范围内，除上海自贸区、广东自贸区、海南自贸港等具有较高品牌影响力外，其他自贸区（港）品牌知名度和美誉度不够高，对国际高端人才吸引力不足。大多数自贸区（港）“高精尖缺”人才总体数量少、质量不高，人才队伍梯队建设后劲不足，成为制约自贸区（港）高质量发展的突出问题。

2. 人才信息缺少整合，引进模式与渠道仍显单一

当前大多数自贸区（港）“高精尖缺”人才培养引进的顶层设计不够，市场化程度不高，习惯于用行

政化手段引育人才。特别是缺乏优秀政校企对接合作平台，人才引进模式与渠道单一，人才信息难以整合，尤其是柔性引才数量不多、质量不高。近年来，由于“高精尖缺”人才引进主要依靠科技局与人社局等政府部门组织，企事业单位参与较少，导致市场主体无法掌握高端人才的基础信息，缺少灵敏的人才供需信息反馈机制，难以做到人才供需的精准对接。特别是人才招聘信息发布、渠道开拓、人员甄选等环节，缺少有效整合，发布的人才需求目录难以反映自贸区（港）产业细分需求，致使用人单位对“高精尖缺”人才缺乏必要的自主权，人才引进积极性不高。

3. 产学研使用不尽完善，人才职业发展空间受限

大多自贸区（港）在产学研方面，普遍存在企业合作动力不足需求对接不精准，成果转化、人才培养与实际需求脱节，政策支持不完善、产学研平台建设不足。需求侧“创新活跃度”不高，企业担心研发周期长风险大，不能快速转化为实际利润。供给侧“成果落地性”不强，高校和科研机构对科研产业化重视不足，缺乏推动成果转化的动力，商品化成本高风险大。连接侧专业化能力不足，政策体系不够健全，缺乏专业产学研合作服务平台与有效沟通协调机制。大多自贸区（港）创新环境不够完善，创新成果转化渠道不畅，缺乏鼓励创新宽容失败的氛围，无法为“高精尖缺”人才提供足够广阔的职业发展空间。

4. 评价机制不尽合理，配套政策仍难落实

“高精尖缺”人才评价机制，主要解决其“用得好”“留得住”的问题。大多自贸区（港）现行“高精尖缺”人才评价机制，前期未能精准匹配用人单位的实际需求，后期考核不能体现人才实际价值，工作与生活“软环境”相关配套政策仍难以落实。各地虽出台各类高端人才引进计划和相应薪酬标准，但尚未建立科学公平合理的人才评价机制，不能照顾人才的多样性、特殊性，尤其对教育、医疗、文化和社会组织等民生领域的人才引进相对不利。科研评价不能有效整合涵盖人才的专业性、创新性，缺乏长期有效的科研成果转化机制，人才链与创新链、产业链、资金链不能有效融合。自贸区（港）在生活配套中可能缺乏优质的医疗、教育、文化、娱乐等设施，交通不便居住环境不佳等，影响人才生活质量。在医疗、子女教育、社会保障等方面的服务保障不够完善，人才服务机构不健全，服务流程不顺畅，大多不能及时有效地解决其在居留和出入境、落户、子女入学、配偶就业、医疗保险等问题，影响人才留存意愿。

5. 人才认定标准存在局限，激励政策仍有不足

当前大多数自贸区（港）“高精尖缺”人才认定，专业覆盖面不够宽，缺乏针对性和多元化评价标准，也缺乏柔性引进“高精尖缺”人才审批备案制度。除海南自贸港制定外籍“高精尖缺”人才认定标准外，大多数自贸区（港）对于外籍“高精尖缺”人才认定标准仍在探索制定中。各地没有建立应用型人才和学术型人才的“双轨制”分类认定体系，缺乏聚焦战略重点来制定战略性产业集群的引才目录，更缺乏充分体现其产业转型升级需求导向和问题导向的“高精尖缺”人才政策。此外，在人才激励政策方面，大多数自贸区（港）缺乏完善的科技奖励、科技成果评价和股权激励等机制，人才与产业融合集聚不够，人才、项目、政策、资金等要素难以有效整合，资源共享不畅。

三、工作建议

1. 明确引人用人导向，加快培育形成人才新质态

创新“党管人才”方式方法，深化人才体制机制改革，从人才引育、政策扶持等方面不断健全自贸区（港）人才发展保障机制，厚植新质生产力发展的人才根基。加大对自贸区（港）人才引进政策的宣传与推介力度，提高政策知晓度和影响力。通过政企校合作、产学研融合，创新人才培养模式，多方协同培养“高精尖缺”人才。一是突出市场需求导向，聚集重点产业，提高产业发展与人才集聚的互促效应，不断提升人才与产业的适配度。二是突出成果实效导向，克服唯学历、唯帽子、唯海归的引才倾向，克服重引进轻培养的不良倾向，让人才引得来、用得好、留得住，以人才引领新质生产力发展。三是突出创新与成长导向，注重“高精尖缺”人才的培养发展，破除管理体制僵化、人才激励弱化、成果转化乏力的机制障碍，激发人才创新能力，让人才充分发挥作用。四是突出国际视野，加强与国际人才组织的交流合作，引进更多国际一流的“高精尖缺”人才，提升自贸区（港）国际化水平。

2. 拓宽引才模式与引才渠道，完善人才政策支撑体系

引留并举优化人才引进机制，有效拓展“高精尖缺”引才模式与引才渠道，有效破解“引人难、留才难”问题，将人才资源转化为推动自贸区（港）新质生产力发展的强劲动力。坚持“分类指导、错位竞争、刚柔相济”的工作思路，梳理各类“高精尖缺”人才目录，加大柔性引才力度，推进市场主体与人才资源高效精准对接。一是对高端创业人才，“不求多、重在精”，整合各部门资源力量，着力招引带技术、带项目、带资金的创业人才，培育新的经济增长点。二是对高端创新人才，打破国籍、户籍、地域、身份、年龄、学历、人事关系等制约，通过项目引进、合作引进、兼职引进等灵活多样的方式，吸引更多“候鸟型专家”“周末工程师”等高端创新人才为自贸区（港）高质量发展贡献力量。三是对高端技术人才，围绕自贸区（港）主导产业、新兴产业与新动能培育，突出招才引智，充分利用柔性引才、节会引才、活动引才、大赛引才，桑梓引才等方式招收人才，着力发现、培育、聚集高端技术人才。

3. 优化人力资源配置，完善人才评价与激励机制

打破人才在自贸区（港）内和区外实体之间流动的障碍，破除人才体制内外流动的藩篱，鼓励和引导企业、高校、科研院所等高层次人才通过各种形式的柔性流动，探索人才虚拟集聚的具体落地方式。探索完善人才分类评价与激励机制，制定更科学高效的“高精尖缺”人才认定标准，为吸引更多优秀人才提供坚强有力的政策支撑和制度保障。从优秀人才认定入手，推动人才分类评价，并分别给予相应的支持政策，推动人才与产业有机融合。围绕国家战略和自贸区（港）产业急需，对“高精尖缺”人才数据进行收集归类，建立便捷高效的“高精尖缺”人才数据库。“破四唯”“立新标”，根据人才分类标准，以专业特点、职业属性和岗位要求为基础，以质量、绩效、贡献为核心，建立科学合理可操作的人才评价标准与评价机制。探索针对“高精尖缺”人才的物质激励、精神激励等多元化激励模式，建立和完善人力财富创新激励政策支持，充分体现正向激励，让各类人才各展所长，破解人才认定标准不科学、不精准的难题，为新质生产力注入“智”动能。

4. 强化校企合作产教融合，激发人才创新活力

以国家战略和自贸区（港）本地产业发展需求为导向，深化校企合作推动产教融合，激活新质生产力发展引擎。积极搭建“高精尖缺”产学研深度融合载体平台，聚集自贸区（港）产业转型升级与智能智造，形成以人才引领产业、以产业带动人才的局面。精准对接产业需求，推进产业与人才深度融合，强化产业政策与人才政策叠加效应，实现产业链、人才链协同发展。坚持以产业聚才，大力引进国内外制造业领域“高精尖缺”人才和高水平创新团队，完善人才跨界交叉培养模式，拓宽产学研深度融合，实现引进一个人才、带进一个团队、促进一个产业的局面。破除政府在数据开放、信息共享层面的本位思想，释放创新潜能和市场活力，更好地激发人才的积极性、主动性和创造性。积极推进教育、科技与人才“三位一体”协同融合发展，让人才培育体现到资源配置的全链条各环节，让创新人才成为新质生产力生成的最活跃因素。

5. 强化人才服务保障，疏通人才培育堵点

着力疏通自贸区（港）“高精尖缺”人才培育的堵点难点，着力破解人才政策人才服务的碎片化、分割化、部门化难题，加快集聚留住更多“高精尖缺”人才，为新质生产力提供强有力的“新质人才”保障。强化人才服务保障，落实联系服务专家制度，优化引进高层次人才的环境，破除阻碍新质生产力发展的人才体制障碍。精准施策进一步释放用人单位自主权，完善人力资本政策支撑体系，激发市场主体人才活力。加强人才服务保障建设力度，打造宜居宜业的人才发展环境，提高公共服务水平，为“高精尖缺”人才提供良好的工作和生活条件。切实解决科研事业单位高级技术岗位紧缺、职业发展机制不完善、岗位聘用矛盾凸显等问题，逐步建立体现人才价值、鼓励创新创造的人才评价机制。加大海外高层次人才引进力度，进一步改进战略科学家和创新型科技人才培养支持方式。加大对自贸区（港）所在城市的高校支持力度，充分发挥国家重点实验室、国家科研机构等国家队吸附效应，全方位谋划做好基础学科人才和复合型人才培育服务保障，培育打造一支具备国际视野、扎根自贸区（港）的高质量人才队伍。

参考文献：

[1] 王传会：《山东省“高精尖缺”人才引进机制研究》，中国海洋大学出版社 2021 年版。

[2] 周志霞：《新旧动能转换下高质量发展研究》，企业管理出版社 2021 年版。

[3] 田永坡、郭旭林：《全国自由贸易试验区人才政策研究》，《中国人才》，2022 年第 6 期。

[4] 张学艳、周小虎：《从精英人才到精准人力资本——我国人才政策的转变路径探究》，《领导科学》2020 年第 4 期。

[5]《疏通“高精尖缺”人才培养的堵点》，《文汇报》，2016 年 5 月 10 日。

山西申建自贸试验区的战略定位与区位布局研究

黄桦 陈楠[①]

摘要：在国家构建新发展格局新形势下，自贸试验区进入高水平提升和高质量发展的新阶段。依托山西承东启西的区位优势和独具特色的产业基础设立山西自贸试验区，打造国家资源型经济转型示范区、黄河流域绿色发展先行区、内陆开放战略支撑先导区、国际国内开放通道枢纽区、内陆与沿海沿边沿江协同开放引领区、内陆地区对外开放新高地，发挥好自贸区的“火车头”带动作用，把“不靠海”的山西变成为陆的“新沿海”，是我省主动服务国家战略的现实需要，也是积极推进制度型开放的重要内容。

一、山西申建自贸区的比较优势

山西在重要区位、优势产业、要素成本、发展环境、政策红利等方面的突出优势，可形成我国自贸试验区布局的有益补充。

（一）地理区位优势显著

作为国家重要战略腹地，山西承担着全国经济发展梯度转移“承东启西”的重任，为此，山西制定了“东融南承西联北拓”的开放发展战略。山西所具有的地缘、资源以及与周边功能互补的优势，可成为环渤海、雄安新区和京津冀协同发展的服务对接地、产业承接地以及向西开放、连接亚欧的桥头堡。

（二）能源产业独具特色

山西的煤炭资源保障了国家工业生产和能源消费，是我国重要的能源、化工、制造业和原材料基地，交通设施、装备制造和新能源材料等产业基础雄厚。种类多样的矿产资源为山西发展新材料、合成生物等产业提供了原料支撑。因此，山西资源禀赋优势在自贸区建设中具有巨大的发展潜力，资源优势带动装备制造、能源、冶金等工业发展互联互通，在一定程度上解决了自贸区建设的产业支撑。

（三）要素成本优势突出

生产要素优势决定了区域生产率水平。山西土地成本较东部、中西部地区具有明显优势，产业用地支持政策23条显著降低了用地成本；能源领域集聚了雄厚的民营资本，存款多而贷款成本低可转化为资本投入的重要来源；与中部六省及周边五省相比，山西房价较低，有利于缓解企业挤占R&D投入，推动企业技术创新，提高创新产出，优化产业结构。上述要素成本优势能够为企业发展提供要素支撑，有效降低实体经济企业成本。

（四）发展环境全面优化

山西把营商环境作为加快转型发展的六大支撑之一，创设性地提出“三无”“三可”要求，推出营商环境3.0版改革。高标准建成全省“互联网＋监管”系统，全省一体化在线政务服务平台实现省、市、县、乡、村五级全覆盖，信用信息归集范围逐步拓展，信用分级分类监管逐步加强，群众就医负担不断减轻，两所高校三个学科跻身“双一流”建设行列，“承诺制＋标准地＋全代办”成为山西招商引资的“金字招牌”。

（五）政策红利叠加释放

当前，以国内大循环为主体、国内国际双循环相互促进的新格局加快构建，山西紧紧依托共建“一带

① 黄桦（1977—），山西省社会科学院（山西省人民政府发展研究中心）研究员；陈楠（1996—），山西省社会科学院（山西省人民政府发展研究中心）研究实习员。

一路”、推进中部崛起、加快京津冀协同发展、山西转型综改试验区、能源革命综合改革、黄河流域生态保护和高质量发展、建设山西中部城市群等政策和战略机遇，全方位推进转型发展。全省各方面制度更加成熟定型，产业结构不断优化，新兴动能继续成长，高质量发展迈出坚实步伐，为打造内陆地区对外开放新高地、建设自贸区提供了良好环境。

二、山西申报设立自贸试验区的基础条件

（一）重点领域制度改革不断深化

全省坚持深化改革，在市场主体培育、营商环境优化等方面打出一套“组合拳”，形成了一批具有山西特色的制度创新成果。持续深化国资国企改革，改组组建一批引领转型的旗舰劲旅，省属企业主要经营指标进入全国前列。出台支持民营经济发展“30 条”“23 条”等政策措施，民营经济不断发展壮大。深化商事制度改革，积极推进登记注册便利化，推行简易注销。持续深化“放管服”改革，开展营商环境创新提升行动，创新推出“五有套餐”，大力推行“互联网 + 政务服务”“一枚印章管审批”“证照分离”等改革走在全国前列，“三无”“三可”营商环境成为山西的一张亮丽名片。

（二）创新生态活力动能不断增强

全省深入实施创新驱动发展战略，聚焦“六新”突破，构建一流创新生态。规上工业企业研发活动提质增效，高新技术企业实现倍增，中国（山西）知识产权保护中心建成运行，国家实验室唯一的基地落户山西，国家重点实验室达到 7 家，引进一批院士、专家等顶尖创新人才，高端纯铁基材等一批科技创新成果涌现。太原国家级互联网骨干直联点、国家超级计算太原中心建成运行，晋阳湖峰会影响力持续扩大。积极培育重点产业链和特色专业镇，实施千亿产业培育工程，强力推动“六新”突破，太钢不锈高端冷轧取向硅钢、山西中来高效单晶光伏电池等一批重大产业项目投产达效，涌现出手撕钢、第三代半导体、新能源汽车等一大批新产品。推进 5G 智慧矿山建设，开展煤炭绿色开采试点，煤炭先进产能占比提升至 80%。新能源和清洁能源装机占比达 45.8%。

（三）产业集聚空间载体不断拓展

全省坚持把开发区作为转型发展的主战场、创新驱动的主引擎、对外开放的桥头堡，有序推进设立扩区和整合优化。推动开发区专业化、市场化、国际化的管理运行机制改革和领导班子任期制、全员岗位聘任制、绩效工资制改革。剥离开发区社会事务管理职能，加强招商引资、服务企业、发展产业等经济管理职能。推进向开发区依法授权，实现“区内事、区内办”。“承诺制 + 标准地 + 全代办”改革集成效应充分显现，一般工业项目实现“全承诺、零审批、拿地即开工”。

（四）对外开放能力水平不断提升

全省积极参与“一带一路”建设，主动融入京津冀，深度对接长三角、大湾区、中欧（中亚）班列实现常态化运行，一批国际产业合作园区加快建设。大力发展外贸新业态新模式，太原、大同跨境电商综合试验区建设取得积极进展，运城跨境电商综合试验区获批，转型综改示范区获批国家进口贸易促进创新示范区，太原国际邮件互换局开通运营，运城航空口岸通过验收正式开放，开放平台建设有了新突破。成功举办外交部山西全球推介活动和中博会，积极参加进博会、服贸会等展会，招商引资到位资金、实际利用外资规模持续扩大。

三、山西申报自贸试验区的历程

2017 年 7 月，省委、省政府决定向中央申报自贸区，并成立山西省申报自贸区领导小组，正式启动申报工作。

2018 年两会期间，省委主要领导汇报了山西申报自贸试验区的事宜。

2020 年 3 月，山西重启自贸区申报工作，并将其作为省领导牵头的重点改革任务。同年 3 月 25 日，自贸区复制推广工作专题会议要求重新修订《中国（山西）自由贸易试验区总体方案》上报国务院。

2021年2月20日，经多次修订，以省政府名义正式将《关于设立中国（山西）自由贸易试验区的请示》报送国务院。自贸试验区以国家资源型经济转型综合配套改革试验区建设为统领，以制度创新为核心，重点发展合成生物全产业链，建设以生物质新材料为主导的合成生物产业生态体系，努力打造高端产业集聚、贸易投资便利、金融服务完善、监管安全高效、辐射带动作用突出的高标准高质量自由贸易试验区。

四、山西自贸区建设定位和布局的建议

新时代山西自贸区申建应主动服务和融入新发展格局，发挥好国家资源型经济转型综合配套改革试验区平台作用和山西承东启西接南连北的区位优势，把自贸区建设成为新时代内陆地区改革开放的新高地和发展新质生产力的先行军。

（一）战略定位

立足内陆、承东启西、接南连北、服务全国、面向世界，积极主动服务京津冀一体化战略，深度融入“一带一路”大商圈，实现资源型经济的创新发展、结构性矛盾突出地区的协调发展、生态脆弱地区的绿色发展、内陆地区的开放发展。

立足山西能源发展优势，把能源领域开放作为山西走向世界的名片，利用自贸区这个制度创新平台和对外开放载体，开展资源型经济转型、能源对外合作、黄河流域生态保护的探索，激活本地生产要素，引入外部优势要素，在煤炭清洁高效利用、煤层气勘探开发、智能制造、节能环保、信息产业等方面突破一批关键核心技术，大力发展高端装备制造业，加快培育新一代信息技术、新材料、新能源、新能源汽车、节能环保、生物医药等战略性新兴产业，加快发展文化旅游、金融等现代服务业，形成多点产业支撑、多元优势互补、多极市场承载、内在竞争力充分的产业体系。在转变经济发展方式、环境污染综合治理、自然生态保护修复、资源节约利用、完善生态文明制度体系等方面先行先试，为资源型经济转型和能源革命蹚新路、作示范，打造国家资源型经济转型示范区、黄河流域绿色发展先行区。

立足国家战略腹地建设，发挥山西作为东部沿海地区与中西部地区过渡带、“一带一路”建设、京津冀协同发展等国家重大战略布局交汇点的区位优势，积极融入“一带一路”大商圈，强化与京津冀协同联动发展，对接长江经济带建设和中蒙俄经济走廊，主动融入和服务国内国际双循环新发展格局，构建国家连接东西双向开放的重要通道和贯通南北开放发展的重要支撑，打造内陆开放战略支撑先导区、国际国内开放通道枢纽区。

立足以开放促改革，对标国际先进规则，加大开放力度，开展规则、规制、管理、标准等制度型开放。积极推进制造业和服务业扩大开放及境外投资管理制度改革，强化外贸监管方式改革对产业培育的扶持作用及金融业服务实体经济能力，打造国际国内一流营商环境，建立同国际投资和贸易通行规则相衔接的制度体系，形成更多有国际竞争力的制度创新成果，推进开放大通道大平台大通关建设，为内陆地区扩大对外开放积累实践经验，打造内陆与沿海沿边沿江协同开放引领区、内陆地区对外开放新高地。

（二）区位布局

自贸试验区的片区划分结合山西发展实际，参照其他自贸区片区划分方案，充分利用山西获批的国家物流枢纽、跨境电商综试区等平台，形成对比试验、互补试验，开展富有山西特色、符合山西省情的试点，以此确定中国（山西）自贸试验区的区位布局。这样的区域布局，突出以太原片区为中心的汇聚、辐射功能，与大同片区、运城片区呈南北纵深发展之势，收放有度，充分涵盖山西自贸试验区的基本功能定位，可有效带动全省发展，同时又可向东服务京津冀一体化战略、向南连接中原经济区和黄河金三角经济区、向西深度融入“一带一路”大商圈、向北贯通中蒙俄经济走廊，实现中国（山西）自贸试验区的试验效能最大化、试验成果最大化、试验效益最大化和带动辐射能力最大化。

（三）功能划分

太原片区依托陆港空港联动发展区位优势，加强陆港型（生产服务型、商贸服务型）国家物流枢纽建设，重点围绕高新技术、智能制造、新一代信息技术、商贸物流、跨境电商以及煤基领域循环经济创新链，

突出煤炭的清洁高效利用，实现轨道交通等先进制造、新能源汽车、节能环保、生物等新兴产业的集成创新，打造资源型经济转型创新发展示范区、制度型开放先行区。

大同片区依托区位交通优势，有效承接京津冀协同发展的溢出效应，加快建设首都特优农产品供应地、非首都功能疏解和产业转移重点承接地。加快发展现代物流产业，积极拓展跨境电商新业态，建设国家物流枢纽城市。创建中国服务外包示范城市，大力发展数字产业，建设全国具有一定影响力的区域重点城市和消费中心。

运城片区依托国家陆港型物流枢纽等平台，加快发展中欧（中亚）班列，对接“一带一路”大商圈。积极共建黄河金三角，主动对接关中平原城市群，加快建设高端产业、现代服务业和农产品贸易中心，打造山西向西、向南开放枢纽。

同时，强化对外开放基础设施“硬联通”，深化规则标准政策“软联通”，加快政府职能转变，深化投资领域改革，推动对外贸易创新发展，打造开放型特色产业体系，深化金融服务和开放创新，打造资源型经济绿色发展山西样本。

参考文献：

[1] 张方波 . 中国自贸试验区金融制度创新的成效、经验与促进对策 [J]. 经济纵横，2024（7）：75–84.

[2] 赵伟 . 国家战略视阈的自贸港、自贸区着力点与地方政府选择 [J]. 云南社会科学，2023（5）：74–82.

[3] 李金华，张兆鹏 .RCEP 框架下的中国自贸区建设与对外贸易发展 [J]. 东南学术，2023（5）：54–66+247.

[4] 俞立平，胡甲滨 . 数字经济对设自贸区省市经济高质量发展的影响效应 [J]. 现代经济探讨，2023（4）：1–14.

[5] 崔日明，陈永胜 . 自贸区设立、经济集聚与城市创新 [J]. 经济理论与经济管理，2022，42（11）：97–112.

[6] 余壮雄，张婕，董洁妙，等 . 综合保税区政策推动出口企业转型升级了吗？ [J]. 统计研究，2022，39（8）：53–71.

[7] 陶蕾，宋周莺 .RCEP 自贸区的建立及其成员国间贸易格局演化 [J]. 世界地理研究，2022，31（4）：800–813.

面向海南自贸港物权数字化的分布式账本设计与一致性维护算法研究

郑兵[①] 王业统

摘要：区块链技术（BT）在物权交易领域得到了广泛的应用，特别是在数据存储的分布式账本时。这项技术可以有效地解决数据交易主体之间的不信任问题。分布式账本作为分布式数据管理的系统架构，通过共识机制在多个节点之间维护数据记录，确保数据所有权、传播过程和交易链等相关信息在分布式账本中得到充分、全面的记录。在数据生成和流动的整个生命周期中，分布式账本确保了数据的不变性和不可否认性，为权利确认、保护和审计提供了强有力的支持。本文设计了一种用于物权数字化的分布式账本和一致性维护算法，旨在探索如何确保数据的不变性和不可否认性。

关键词：物权数字化；分布式账本设计；一致性维护

1. 绪言

随着整个社会经济数字化进程的不断加快，物权数字化已成为推动新时代发展的重要引擎。物权数字化的推进将有助于实现资源的高效配置和优化利用，促进生产力的快速增长，促进新业态和新动力的形成，从而催生新的社会格局和经济条件。在当前的数字化浪潮中，BT 因其去中心化、高安全性和强可追溯性的独特特点，已成为物权数字化领域的重要支撑。BT 应用于物权交易领域，主要作为分布式账本实现交易信息的安全存储，从而大大提高了市场成员的信任水平。分类账技术的不断突破，从最早的简单分类账到复合分类账，再到数字分类账，深刻影响了金融领域的发展，并对社会生活的各个方面产生了深远的影响。分布式账本作为 BT 的核心组件，以其独特的分布式特性实现了数据的分散存储和管理。在分布式账本中，每个节点都有一个完整的账本副本，并通过共识机制确保数据的一致性和安全性。这种分散的数据结构使分布式账本独立于任何集中式组织的信任，大大提高了数据的安全性和可靠性。分布式账本技术的核心优势在于它能够确保数据的不变性和不可否认性。在分布式账本中，一旦记录了数据，就很难篡改或删除。这是因为对数据的任何修改都需要网络中大多数节点的验证和同意，这使得篡改数据变得极其困难。同时，分布式账本还可以记录数据的来源和流动过程，确保数据的真实性和可信度，从而有效防止数据抵赖的发生。

分布式账本作为 BT 的核心组件，以其独特的分布式特性实现了数据的分散存储和管理。在分布式账本中，每个节点都有一个完整的账本副本，并通过共识机制确保数据的一致性和安全性。这种分散的数据结构使分布式账本独立于任何集中式组织的信任，大大提高了数据的安全性和可靠性。分布式账本技术的核心优势在于它能够确保数据的不变性和不可否认性。在分布式账本中，一旦记录了数据，就很难篡改或删除。这是因为对数据的任何修改都需要网络中大多数节点的验证和同意，这使得篡改数据变得极其困难。同时，分布式账本还可以记录数据的来源和流动过程，确保数据的真实性和可信度，从而有效防止数据抵赖的发生。

除保证数据的不变性和不可否认性外，分布式账本技术还可以实现与账本维护相关的一系列核心功能。例如，它可以保存交易记录，方便资产转移，或更新账户余额。同时，分布式账本还可以提供自动化工具的应用，简化复杂的业务流程，提高处理效率。此外，分布式账本还提供数据查询、过滤、分析等辅助功能或服务，帮助用户更好地理解和利用数据。分布式账本技术的应用在财产数字化领域具有重要意义。通

① 郑兵，教授，海南自由贸易港国际航运发展与物权数字化重点实验室主任。本文系海南自由贸易港国际航运发展与物权数字化重点实验室研究成果。

过构建基于区块链的分布式账本系统，可以实现物权信息的去中心化存储和管理，保证物权数据的真实性和可信度。同时，分布式账本还可以为物权交易提供安全透明的环境，降低交易成本，提高交易效率。此外，分布式账本可以为权利确认、保护和审计提供强有力的支持，促进数字物权领域的健康发展。本文设计了一种数字化物权的分布式账本和一致性维护算法。该算法旨在探索如何保证数据的不变性和不可否认性，为物权数字化提供坚实的技术支撑。

2. 面向物权数字化的分布式账本设计

从数据的角度来看，BT 建立了一个去中心化的分布式共享账本。在这样的账本中，数据不再由单一的中央机构管理和维护，而是由网络中的众多节点共同参与和维护。每个节点存储分类账的完整副本，并通过共识算法确保数据一致性。这种去中心化的特性防止了交易记录被篡改，极大地提高了数据的可信度和安全性。在 BT 下，区块链网络由许多节点组成，这些节点通过点对点（P2P）方式进行通信和数据交换。每个节点都持有账本的副本，并可以参与交易信息的记录和验证过程。交易信息以块的形式存储，并以文件的形式保存在文件系统中。用户可以使用自己的证书和密钥调用智能合约进行交易，从而实现物权的数字化转移和管理。在分布式计算环境中，计算机通过信息交换达成共识，并按照相同的协作策略行动。但是，由于硬件故障、恶意攻击、网络异常等原因，可能导致部分成员发送错误或损坏的信息，从而影响系统的一致性。

在区块链系统中，任何节点都是相互独立的，单个节点的故障不会影响其他节点的正常运行。同时，节点间采用一致性算法保持数据一致性，最大限度降低信息丢失的风险。BT 通过其独特的优势，省去了传统交易中中介的作用，降低了交易成本，提高了交易效率。同时，由于缺乏控制所有数据的系统管理员，可以通过技术认证实现双方之间的信用验证，从而提高交易的透明度和可信度。区块链系统的架构通常有多层，包括应用层、查询层、合约层、激励层、共识层、网络层、数据层（如图 1 所示）。应用层基于 BT 的各种应用，如数字货币、区块链金融、产权交易等。查询层由交易验证、状态查询组成，合约层由脚本代码、算法机制和智能合约组成，为开发人员提供可编程的基础框架。激励层负责货币发行、交易成本分配等任务，激励节点参与记账工作。共识层封装了 PoW、PoS、DPos、PBFT 等多种共识算法，实现了分布式共识机制。网络层封装了 P2P 组网机制、数据传播机制和数据验证机制，保证了节点间通信和数据交换的可靠性。数据层封装底层数据块的数据结构和加密机制，保证数据的安全性和完整性。

在物权数字化分布式账本的设计中，利用 BT 的优势构建了一个去中心化、安全可靠的账本系统（如图 2 所示）。对账本数据进行分块组织和管理，通过加密算法保证数据的安全性和完整性。网络中的任何参与者都可以存储共享账本的完整副本，从而实现数据共享和透明度。同时，共识算法和智能合约的应用可以保证数据的一致性和不变性，为物权交易提供强有力的技术支持。

图 1　区块链系统图

图 2　区块链分布

3. 算法设计

PoS 共识算法作为 PoW 的另一种共识机制，在解决高功耗问题方面发挥了重要作用。在 PoS 共识机制中，币龄是一个重要的概念。每个持有者持有的硬币会随着时间的推移而累积，币龄的大小直接反映了持有者对区块链系统的贡献和参与程度。当需要生成新的区块时，系统会根据节点的币龄分配区块权重，币龄越高，节点获得区块权重的概率越大。这种机制既避免了大量的哈希计算，也使币持有者能够根据持有的币获得相应的利润，从而激励更多的用户参与到区块链系统中来。基于以上思路，PoS 共识机制中 block 需要满足的条件可以表示为（1）：

$$proofhash < coin\_age \times target \quad (1)$$

$$txNum_{ij} = blockNum_{ij} \times \frac{blockSize}{txSize} \quad (2)$$

$$TPS = \frac{txNum_{ij}}{t_j - t_i} \quad (3)$$

在公式中，proofhash 是由当前时间、权重修饰符等共同确定的哈希值，target 是给定的目标值，coin_age 是硬币年龄。

区块链系统的性能直接决定了其在实际应用中的效率和可扩展性。每秒处理的交易数量（TPS）反映了区块链系统处理交易的速度。在高峰时段，如果 TPS 较低，可能会导致交易拥堵和延迟，从而影响用户体验和系统实用性。假设系统块容量为 blockSzie，单笔交易容量为 txSize。如果系统在 $[t_i, t_j)$ 该时间段内处理的有效区块数为 $blockNum_{ij}$，如公式（2）和（3）所示，则可以获得及时的交易处理量和系统的交易处理数量。

在区块链系统中，交易确认时间是一个复杂而关键的指标。从交易发起到交易确认的过程涉及多个阶段，包括等待链上和最终确认。在高并发情况下，账本分叉现象尤为突出，进一步增加了交易确认的复杂性。在高并发场景中，多个交易被提出并试图几乎同时链接，这可能会导致分类账中的多个分叉。每个分叉都是一个潜在的链，但只有一个最终被系统识别为有效的主链。为了处理这些分叉，分类账系统通常采用一定的规则来选择主链，例如基于后续分类账中最长的子链和最重的子树。这种机制确保了区块链的一致性和安全性，但也可能导致交易确认时间的延长。假设交易在某个时间启动，系统在该时间完成交易确认，则可以获得单笔交易的确认时间。由于分类账中的分叉，系统通常会等待后续区块，然后确认区块链上交易的有效性。如果区块的出站时间为，则系统的交易确认时间如公式（4）所示。

$$TxCT = t_{iConfirmed} - t_{iInput} = avgBlockTime \times n \quad (4)$$

在验证区块时，收集节点将综合考虑来自不同信用等级节点的反馈的合法性，并根据这些反馈的权重评估区块的合法性。区块链网络中的节点通常具有不同的信用级别。在综合评估结果时，收集节点会将所有节点的反馈及其相应的权重结合起来，计算出综合得分或评估指标，用于确定区块的合法性。这种综合评价可以表示为：

$$Ju = \sum_{n=1}^{N^N} C_n Ju_n \quad (5)$$

在分布式账本系统中，不同的节点可以存储相同的数据项。为了确保这些数据项的一致性，可以对它们进行哈希运算，并与哈希值进行比较。只有当哈希值相等时，这两个数据项才能被认为是一致的。

4. 结果分析与讨论

在 Hyperledger Fabric V1.1 环境中建立一个仿真平台，以验证所提出的改进共识机制的有效性。测试系统的软硬件配置如下：Inter Core i5-12400F CPU，16GB 内存，Linux Ubuntu 16.04 操作系统。

图 3 显示了不同算法的吞吐量比较。从图中可以看出，与传统算法相比，我们的算法在吞吐量方面表现更好。本文中的算法可以在处理大型快速事务请求时保持效率和稳定性。这意味着在物权市场中，即使交易频率很高，本文中的算法也可以快速响应和处理这些交易，从而满足市场的实时需求。随着市场交易的执行，本文中算法的吞吐量能力不断提高。这表明该算法具有自适应和优化自身的能力，可以根据市场

的实际交易情况动态调整其性能。这一特性使算法能够在复杂和不断变化的交易环境中保持高效运行，从而有力地支持物权市场的稳定和增长。

图 4 显示了不同算法之间的通信成本比较。通过这种比较，很明显，本文提出的算法在通信成本方面具有优势。通信开销是共识机制执行过程中的重要指标，直接影响节点间信息交换的效率和成本。在区块链系统中，通信开销不仅影响共识机制的执行复杂性，还与能耗水平密切相关。从图 4 可以看出，本文提出的算法在通信开销方面表现出稳定的增长。随着节点数量的增加，通信开销呈线性增长关系。这意味着即使随着网络规模的扩大，本文算法的通信开销也能保持相对稳定的增长趋势，而不会急剧增加。

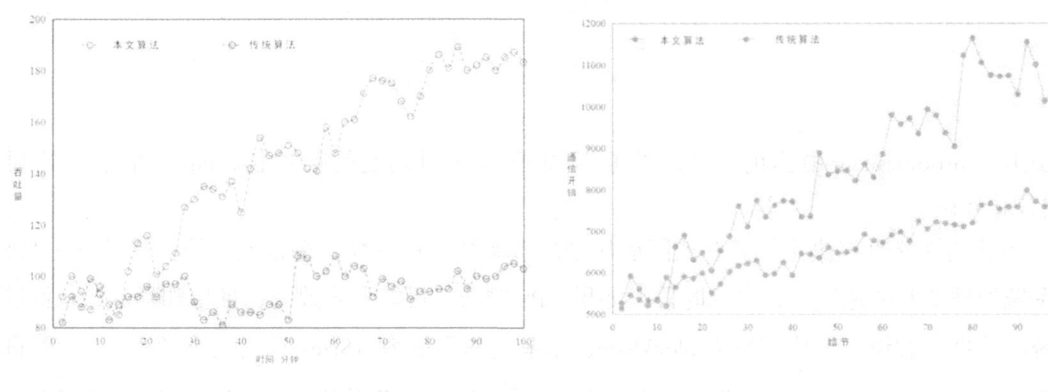

图 3　吞吐量比较　　　　图 4　通信开销测试结果

图 5 显示了不同算法之间的延迟比较，直观地显示了两种算法在处理事务或执行任务时的延迟情况。延迟是衡量算法或系统性能的重要指标，它反映了算法处理请求的速度和效率。在区块链和分布式系统中，低延迟意味着更快的交易确认和更高的系统吞吐量。从图 5 可以看出，本文提出的算法在延迟方面表现良好，与传统算法相比延迟更低。此外，随着系统负载的增加，本文算法的延迟增长相对较慢。这表明该算法在处理高并发事务时可以保持稳定的性能，而不会显著增加延迟。

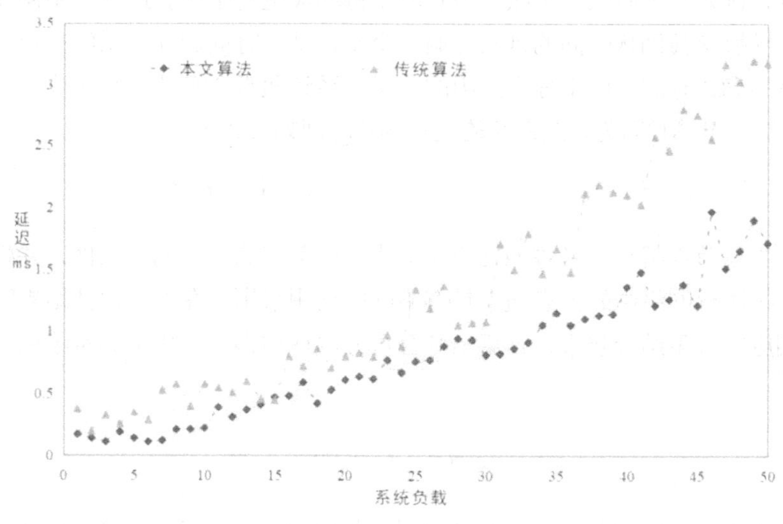

图 5　延迟比较

5. 结论

随着数字经济的蓬勃发展，金融数字化已成为推动经济转型升级的重要引擎。在这个过程中，分布式账本技术（以区块链为代表）因其独特的不变性和去中心化特性，已成为金融数字化转型过程中的一种适应性新信息技术。本文深入研究了物权数字化背景下分布式账本的设计，特别关注一致性维护算法的创新和应用。本文所设计的物权数字化设计的分布式账本和一致性维护算法，旨在解决物权交易中的数据安全问题，通过一系列技术创新确保数据的不变性和不可否认性。实验结果充分证明了该算法的有效性和可靠性。在高并发和大规模数据处理场景中，算法仍然可以保持高效稳定的性能，为物权交易提供强有力的技术支持。这不仅提高了物权交易的透明度和信任度，也提高了整个物权市场的运作效率。

海南自贸港新兴产业集群赋能新质生产力：基于风险投资视角①

熊凯军②

摘要：作为我国高水平对外开放窗口和制度创新的“试验田”，海南自贸港释放了制度红利，激发风险投资活力，是加快形成新质生产力和构建现代化产业体系的重要制度创新。研究发现，海南自贸港建设能够通过营商环境的信息效应和政府产业引导的信号，有效提升城市风险投资水平，显著促进了区域新兴产业集群发展，极大地凸显出了制度创新对推动经济高质量发展的重要性。本文的研究结论为政府进一步明确自贸区未来发展定位、提升自贸区建设质量和探索更广范围的制度型开放模式提供了政策启示。

关键词：海南自贸港；新兴产业集群；新质生产力；风险投资

一、政策背景分析

从经济特区到自由贸易试验区（以下简称“自贸区”），不仅体现了我国对外开放程度由浅入深的时代变化，还表现为我国的经济发展模式从简单的政策干预驱动逐步转向复杂的制度创新驱动。作为我国高水平对外开放的重要窗口，自贸区对外旨在全面对接国际高标准经贸规则，稳步扩大规则、规制、管理、标准等制度型开放，对内则强调“以开放促改革、促发展、促创新”，打造制度创新高地，倒逼国内市场经济体制机制进一步改革（裴长洪，2023）。现今，自贸区凭借制度创新优势发挥着国内国际双循环的枢纽作用，成为加快形成新质生产力、推进现代化产业体系发展和引领构建新发展格局的重要平台。

回顾自贸区建设的十年历程，自贸区在诸多领域进行了一系列制度革新，为国家推动高水平开放、与国际高水平经贸规则相衔接积累了丰富经验，并取得了积极成效（张柳钦等，2023）。截至 2023 年 9 月，自贸区已累计形成并向全国或特定地区推广复制了 302 项制度创新成果，包括投资自由化（85 项）、贸易便利化（76 项）、要素资源保障（40 项）、产业发展（34 项）、监管执法（34 项）、金融体系（31 项）及区域联动创新（2 项）。由此可见，改革创新重点主要集中在投资贸易方面，如外资准入负面清单制度、投资管理制度、商事制度、单一窗口、通关便利化和贸易无纸化等，这使得自贸区城市的营商环境得到了明显改善。十年来，自贸区通过制度改革创新吸引了大量资本进入，区域资本活力大幅提升。根据清科数据库中的风险投资数据显示，2021 年全国共发生了约 2.26 万笔风险投资，其中有近 1.95 万笔发生在自贸区城市，占比高达 86.28%，且平均每笔风险投资金额约 3550 万元。当然，除风险资本外，自贸区的外资规模也在稳步扩大。2022 年全国 21 个自贸区（除新疆自贸区外）实际利用外资 2225.2 亿元，以不到 4‰的面积贡献了 18.1% 的利用外资额。特别是在高新技术产业领域，自贸区实际利用外资 863.4 亿元，占自贸区实际利用外资总额的 38.8%，其同比增速（53.2%）也远远高于全国的平均水平（28.2%）。

不过，政策制度设计的独特性是海南自贸港和全国其他自由贸易试验区的显著区别。虽然都是“自贸经济”形态，但在开放方面，海南自贸港有着比自贸区更加优惠、更大力度的政策制度设计，通常不强调可复制可推广。所以，海南自贸港作为我国高水平对外开放窗口和制度创新的“试验田”，能否通过释放制度红利，激发风险投资活力，是加快形成新质生产力和构建现代化产业体系的重要议题，对建设高水平自由贸易区具有重要的实践指导价值。

① 基金项目：海南省自然科学基金青年项目：产业政策与竞争政策协同发展实现共同富裕路径研究（724QN239）；海南省哲学社会科学重点智库培育课题：海南自贸港数字化转型推动新创企业可持续发展的逻辑及路径研究。

② 熊凯军，海南大学国际商学院讲师，经济学博士。

二、海南自贸港建设吸引风险投资的理论逻辑

风险资本作为市场中一种重要的资本要素，其主要为具有市场潜力的创新项目提供支持。通常，风险投资方会采取股权投资的形式，帮助企业团队建设和产品研发，推动初创企业的成长和发展。由于新项目同时具有极高的失败风险和成功收益，难以吸引传统资本的介入。因此，风险资本是各类资本要素中对新事物表现得最为活跃积极，同时对市场环境的细微变化也最为敏感。在现实中，风险资本的独特性能较好地弥补传统资本的流动不足，被学者们视为缓解中小企业和科创企业融资问题的良方妙药，是促进企业创新发展和区域经济增长的重要因素。海南自贸港建设对风险投资的影响机理主要体现在以下两个方面：

（1）营商环境机制。海南自贸港一系列的制度创新改变了原有传统烦琐的体制机制，如推动形成准入前国民待遇加负面清单、国际贸易单一窗口等，这会推动政府职能向服务型转变，放松对市场投资贸易行为的过分管制，进而能优化城市营商环境。一方面，从市场潜力角度看，通过构建符合市场主体需求的营商环境，放宽市场主体准入和强化市场的公平竞争属性，不仅能促进生产要素的流动与高效配置（聂正彦等，2022；王明益和姚清仿，2022），还能进一步降低本地企业经营过程中所需面对的各种不确定性风险（如经济政策、税收政策和贸易政策），削减本地企业因市场信息不对称或政府寻租引致的外部交易成本，从而有助于企业更加注重生产性活动，增强本地企业发展能力；另一方面，从委托代理角度看，当企业面临巨大的市场不确定性时，代理人很可能会为了自身而非股东（委托人）利益选择较为激进、高风险的项目，从而产生严重的委托代理问题。随着海南自贸港城市的市场运行机制趋于完善和营商环境的不断优化，有效降低了企业的经营风险，这有助于抑制企业经理人倾向采取高风险短期套利的经营决策，转而选择符合企业长远发展利益的经营战略，如开展实体投资活动，从而促进企业的未来成长。

（2）政府产业引导机制。海南自贸港作为一种区位导向型政策，除营造市场化、法治化和国际化的营商环境外，另一个发展任务是依据各自发展目标、战略定位和地区禀赋特征，差别化设置相应的特色主导产业，加速打造具有国际先进水准的产业集群。为实现这一目标，海南自贸港针对主导产业推出了一些优惠政策，包括税收、补贴、融资、奖励、人才福利等方面，以增强重点产业企业的市场竞争力。从信号传递的角度来看，政府对某一产业实行财税优惠政策、推动国有资本扶持该产业发展都可视为一种积极信号，即传递出政府的产业战略方向和政策倾斜信号。除主导产业外，海南自贸港建设也同样能够影响主导产业所属的产业链发展。在理论上，由于产业间分工的存在，某一产业的快速发展往往会带动其上下游产业的发展，并形成更大规模的产业集聚。由此，当海南自贸港构建好高效规范、公平竞争、充分开放的市场环境后，政府实施的重点产业政策犹如一针强效催化剂，能够有效促进有限市场资源在产业内、产业间和区域间进行调整和再配置，助力推动主导产业迅速发展壮大。由此可知，政府的产业引导行为不仅为市场中的风险投资方明确了未来区域产业发展的“领导者”，还大幅缓解了风险投资方对该区域经济政策的信息不确定性，降低了资本的投资风险，故自贸区能够吸引潜在投资方对该城市的主导产业进行投资活动，这是一种跟进效应（Chen 等，2010；Bertoni 等，2019）。

三、海南自贸港引导风险资本流入，加速区域新兴产业集群发展

依据产业发展理论，由于海南自贸港不断吸引风险资本进入本地区城市，并引导大量风险资本流入到主导产业部门，故自贸区所支持的主导产业势必会具有更强劲的发展动能。纵观全球知名高科技重镇的发展历史，不难看出，以高科技产业为特色的创新高地的发展均离不开风险投资的活跃身影。譬如，20 世纪中叶以来美国硅谷中各类高新技术产业和风险投资的发展节奏是同步的，绝大多数企业的创业资本和发展初期运营资金来源于天使风险投资和专业风险投资公司。因此，探讨风险资本流入对自贸区城市新兴产业集群发展的影响具有重要的现实意义，这也正契合了自贸区努力培育和打造世界级产业集聚、提升产业链供应链现代化水平、加快构建现代化产业体系的新时代任务。[①]

① 商务部，《中国自由贸易试验区发展报告 2022》，网址：http：//images.mofcom.gov.cn/zmqgs/202311/20231128163019950.pdf。中国政府网，“自贸试验区以开放促改革、促发展、促创新，提升产业链供应链现代化水平：建设世界领先的产业集群”，网址：https：//www.gov.cn/xinwen/2022-01/08/content_5667058.htm。经济参考报，“自贸区前瞻布局现代化产业体系”，网址：http：//www.jjckb.cn/2023-10/23/c_1310746754.htm。

海南自贸港建设通过引导大量风险资本流入其主导产业之中，有力促进了城市的新兴产业集群发展，这主要表现在以下两个方面。（1）宏观上，我们聚焦于新兴产业集群在城市经济发展中的重要程度及其自身的集聚水平，发现在设立海南自贸港之后，新兴产业集群中的上市公司数量所占比例和营业收入所占比例以及新注册企业进入数量比例均得到了显著提升。与此同时，海南自贸港建设显著提升了新兴产业集聚区位熵，说明海南自贸港有助于促进城市新兴产业集聚，增强新兴产业集群的规模效应。（2）微观上，我们聚焦新兴产业集群企业的运营和发展，具体包括企业专业化分工、供应链效率和发展效率的变化，发现海南自贸港能显著提升企业的专业化分工程度，企业间愈加成熟的分工协作使得企业的供应链效率得到了明显提高，从而也促进了企业全要素生产率的提高。

因此，在尊重市场规律的前提下，政府要找准目标，顺"市"而为，激发市场中的资本活跃度，并驱动资本要素流动到目标产业部门，从而助力实现城市的新兴产业集群发展，这充分体现了市场机制与宏观调控机制的有机结合，在培育发展海南自贸港新兴产业集群方面的重要性，加快形成新质生产力。

四、政策建议

制度创新是我国实现经济增长奇迹的重要引擎，也是海南自贸港建设的核心任务，基于前文研究，提出以下政策建议：

（1）加快制度创新步伐，优化城市营商环境。优化城市营商环境、降低市场中的不确定性和企业的外部交易成本是促进风险资本大规模流入的重要机制。由此，对于海南自贸港而言，应该加快制度创新步伐，在行政审批、投资贸易、金融服务等领域积极改革，创新出与国外高标准经贸体系相对接的制度安排，从而满足本国市场主体的发展需求。例如，海南应该进一步实行《海南自由贸易港公平竞争条例》，服务于海南自由贸易港发展和营商环境建设，强化竞争政策基础地位、推进公平竞争审查、禁止滥用行政权力排除和限制竞争、禁止经营者垄断等。此外，政府应该摒弃传统的政策洼地路径依赖，推动全国各地的自贸区积极采取市场化的治理模式。通过赋予自贸区更大的改革空间和秉持让专业人干专业事的建设原则，进一步深化各个方面的体制机制改革，从而释放出更强的制度红利。

（2）加强有为政府建设，定向引导要素流动。海南自贸港通过优化营商环境促使要素自由流动的情境下，有效引导大量的风险资本流入到其主导产业部门，进而带动区域城市中以主导产业为主体的新兴产业集群发展。这说明政府除了要不断优化城市的营商环境，还需要系统分析区域间的禀赋特征和比较优势，审时度势，推出相应的产业政策，并要对重点产业部门给予实质性的政策支持。比如，对于海南企业进口原材料、原辅料、自用生产经营设备，实行免关税、免进口环节增值税、免进口环节消费税的政策。在海南加工增值超过 30% 的货物，进入内地时免征进口关税、免进口环节增值税、免进口环节消费税，有效地吸引了国内外风险资本的流入。倘若政府没有打造出优质的营商环境，无法帮助企业克服市场中的政策不确定性，那么政府的产业保护和优惠政策最终可能只会变成企业寻租的手段，陷入一种恶性循环。

（3）推进区域协调发展战略，形成制度集成创新的"聚变效应"。由于传统文化特征在短期难以改变，故通过增进区域间的交流、分工与合作来实现区域一体化，促进风险投资提升是一种可行之策。从宏观区域的角度来看，政府要积极推进城市群发展战略，加快形成现代化都市圈，如儋州洋浦一体化、海澄文定经济圈等。对于具体的城市而言，应深度考虑自身资源禀赋、产业基础和市场需求，找到恰当的角色定位，合理规划产业布局，积极参与到更大区域层面上的分工协作，比如海口、三亚、儋洋经济圈作为区域协调发展的三个增长极，建设海口经济圈为自贸港核心引领区，将三亚经济圈打造成国际旅游胜地、自贸港科创高地，创建儋洋经济圈为自贸港产城融合发展先行区、示范区。总之，依靠分工推动目标产业集聚，以更大的规模效应来降低企业内外部运营成本和提升企业竞争力，从而释放更强的制度集成效应，促使本城市吸引到更多的风险资本流入。

参考文献：

[1] 张柳钦，李建生，孙伟增 . 制度创新、营商环境与城市创业活力——来自中国自由贸易试验区的证据 [J]. 数量经济技术经济研究，2023，40（10）：93-114.

[2] 裴长洪 . 我国设立自由贸易试验区十周年：基本经验和提升战略 [J]. 财贸经济，2023，44（7）：5-21.

[3] 王明益，姚清仿 . 自由贸易试验区建设如何影响城市资源配置效率 [J]. 国际贸易问题，2022（6）：38-54.

[4] 聂正彦，秦文宇，陈凯达 . 自贸试验区设立对企业资本流动的影响——来自中国上市公司的经验证据 [J]. 改革，2022（7）：127-143.

[5]Chen H，Gompers P，Kovner A，et al. Buy local? The geography of venture capital[J]. Journal of Urban Economics，2010，67（1）：90-102.

[6]Bertoni F，Colombo M G，Quas A. The role of governmental venture capital in the venture capital ecosystem： An organizational ecology perspective[J]. Entrepreneurship Theory and Practice，2019， 43（3）：611-628.

数字赋能背景下海南体育旅游信息化建设调查研究

林先乐[①]

摘要：目前体育旅游在我国发展迅速，已经成为一个新兴、流行的旅游产业，是体育和旅游相结合的新型运动方式。本文运用了文献资料法、实地调研法、专家访谈法、数据分析法等多种研究方法，对数字赋能背景下海南体育旅游信息化建设提出了需要更进一步完善、更新体育旅游信息化大众服务系统及配套政策，整合网络和传统优势资源，完善海南旅游网站，加强体育旅游资源硬件设施，加强培养体育旅游业人才，规范体育旅游信息化管理，加大体育旅游产品宣传力度等发展策略。

关键词：数字赋能；体育旅游；信息化建设

伴随着人们生活水平的提高和社会的进步，我国开始进入从世界旅游大国逐步转变成为世界旅游强国的进程。随着广大人民群众对体育旅游的要求越来越高，加上开放性政策与网络、市场与技术的三者的相融合，已成为旅游产业发展的原动力之一。

1. 数字赋能背景下海南岛体育旅游信息化建设现状

1.1 海南体育旅游信息化独立建设网站状况

表 1　海南体育旅游信息化独立建设网站情况统计表（N=5）

是否有独立网站	公司（个）	比例（%）
是	1	20
否	4	80

从表 1 来看，海南岛旅游公司有独立网站状况，海南岛旅游公司拥有独立网站的占 20%，海南岛旅游公司没有独立网站的占 80%，根据表中信息表示，只是少数公司建有独立网站，没有高度重视此公司的各项工作，公司应该要有自己的独立网站，以上游客更便携地了解此公司。海南省缺乏对体育旅游和信息技术相结合的宏观把握和理解，觉得做一些形式上过得去的网站就可以了忽略了体育旅游产业的利益相关者的参与以及相互联系和信息资源共享信息系统是信息化成功的关键。

1.2 海南体育旅游信息化独立建设机房或数据中心状况

表 2　海南体育旅游信息化独立建设机房或数据中心统计表（N=5）

是否有独立机房或数据中心	公司（个）	比例（%）
是	1	20
否	4	80

从表 2 来看，海南旅游公司拥有独立机房或数据中心的公司为 20%，80% 的公司表示他们没有多余的资金建立独立机房，也没有相关方面的专业人员，希望政府扶持投入，引进人才，以及投资建立公司的独立机房。

① 林先乐，男，汉族，副教授，海口经济学院公共体育教学部。

1.3 海南体育旅游信息化建设电子商务系统状况

表 3 海南体育旅游信息化建设电子商务系统情况统计表（N=5）

是否有电子商务系统	公司（个）	比例（%）
是	2	40
否	3	60

由表 3 可以看出，海南旅游公司有电子商务系统状况中，对 5 家公司进行了调查访问，其中海南旅游公司有电子商务系统的占 40%，海南旅游公司没有电子商务系统的占 60%。目前，海南省的国内外旅游公司（旅行社）因为在 Internet 上的网址发布的信息量薄弱、不丰富，所以很难满足消费者个性化的需求。

1.4 海南体育旅游信息化建设管理系统状况

表 4 海南体育旅游信息化建设管理系统统计表（N=5）

已经使用的信息系统	频数	比例（%）
OA 办公系统	3	25
财务管理系统	4	33.4
资源管理系统	1	8.3
网络营销系统	2	16.7
人力资源管理系统	1	8.3
其他	1	8.3

由表 4 可以看出，对海南旅游公司（旅行社）使用信息化管理系统调查中发现，海南旅游公司（旅行社）使用信息化管理系统主要集中在财务管理系统占 33.4%，OA 办公系统占 25%，网络营销系统占 16.7%，资源管理系统、人力资源管理系统和其他系统分别占比都为 8.3%。由此可以看出，海南旅游公司（旅行社）使用信息化管理系统主要集中在内部系统的信息化上，没有更好地运用信息化管理系统，对于其他的管理信息化系统开发不足。

1.5 海南体育旅游信息化建设人员数量状况

表 5 海南体育旅游信息化建设人员数量统计表（N=5）

信息化人员数量（人）	公司（个）	比例（%）
5 以下	3	60
5—10	1	20
10—50	1	20
50 以上	0	0

从表 5 来看，各公司（旅行社）都具备体育旅游信息化人员，其中有 5 人以下负责体育旅游信息化人员的公司占 60%，有 5—10 人负责体育旅游信息化人员的公司占 20%，有 10—50 人负责体育旅游信息化人员的公司占 20%，体育旅游信息化受到重视。海南岛各公司体育旅游信息化人员数量不同，具体表现在公司具备体育旅游信息化人员的人数较少。

1.6 信息化系统对海南旅游公司（旅行社）收入状况

表 6 信息化系统对海南旅游公司（旅行社）收入情况统计表（N=5）

已经使用的信息系统	频数	比例（%）
增加接单能力	5	45.5
价格低管理成本	4	36.4
提高了办事效率	2	18.1
其他	1	9

由表6可以看出，海南旅游公司（旅行社）使用信息化管理系统，他们主要是希望增加接单能力占45.5%，从而创造更多收入，价格低管理成本占36.4%，提高了办事效率占18.1%，其他占9%。由此可以看出，海南旅游公司（旅行社）使用信息化管理系统主要还是出于自身利益考虑，没有全局观念，应该树立全局一盘棋，认识到体育旅游信息化对于旅游公司（旅行社）是一种不可抵挡的发展趋势，势在必行。

2. 数字赋能背景下游客获取体育旅游信息的现状

2.1 传统方式游客获取体育旅游信息的途径状况

表7 传统方式游客获取体育旅游信息的途径统计表（N=93）

获取途径	频数	比例（%）
旅行社	19	11.5
平面媒体	64	38.8
电视广告	36	21.8
亲友介绍	24	14.5
其他	22	13.3

由表7可以看出，游客获取体育旅游信息的传统途径，其中通过旅行社获取的占11.5%，通过平面媒体获取的占38.8%，通过电视广告获取的占21.8%，通过亲友介绍获取的占14.5%，通过其他途径获取的占13.3%。由此可以看出，平面媒体与电视广告是游客获取体育旅游信息的传统途径重要方式，因此，在信息化建设过程中也要加大对这两个方面的投入。

2.2 信息化App游客获取体育旅游信息的途径状况

表8 信息化App游客获取体育旅游信息的途径统计表（N=93）

获取的新途径	频数	比例（%）
线上App（美团、携程等）	63	35.2
微信、微博等平台的线上工作服务人员	56	31.3
旅游景区的App	32	17.9
其他	28	15.6

由表8可以看出，游客获取体育旅游信息的新途径，其中通过线上App（美团、携程等）获取的占35.2%，通过微信、微博等平台的线上工作服务人员获取的占31.3%，通过旅游景区的App获取的占17.9%，通过其他途径获取的占15.6%。由此可以看出，美团、携程等线上App是游客获取体育旅游信息的传统途径主要途径，其次是微信、微博等平台服务人员的线上销售工作，旅游景区的线上App游客了解的平台和机会较少，一般在景区才会接触到旅游景区的线上App，亲朋好友将成为推广旅游景区的线上App的有力助手。游客获取体育旅游信息的途径非常满意的占20.4%，比较满意的占60.2%，一般的占17.2%，不满意的占2.1%。由此可以看出，海南省体育旅游信息化建设正在稳步上升之中，游客对海南省体育旅游信息化建设整体较为满意。

2.3 信息化建设游客游览中使用手机无线网络设备状况

表9 游客信息化旅行游览中使用手机无线网络设备统计表（N=93）

使用情况	人数	比例（%）
从不	6	6.45
有时	43	46.2
经常	44	47.3

从表9中可以了解到，游客在旅行游览过程中对使用手机、便携电脑等无线上网设备的状况，在其对93个人进行了调查访问，其中从不使用的占了6.45%，有时使用的占了46.2%，经常使用的占47.3%。由此可以看出，网络时代给人们带来的方便出行，越来越多的人依赖手机、便携电脑等无线上网设备。

3. 数字赋能背景下海南岛体育旅游信息化建设存在的问题

3.1 缺乏体育旅游信息公众服务系统的支持

体育旅游信息公共服务系统需要多个基础设施部门的支持，体育旅游信息公共服务体系缺乏组织定位和规划，各部门缺乏协调，服务态度不积极，出了问题互相推脱。政府部门缺乏专门机构和专业人员负责实施，缺乏强有力的管理措施，促进规划和超常规的实施；缺乏对体育旅游与信息技术的宏观把握和理解。

3.2 旅游电子政务功能应用还处于初级阶段

整个海南省的国内外旅游公司（旅行社），通过 E-Mail、PC 客户端和手机 App 应用确认顾客预定，通过 E-Mail、PC 客户端和手机 App 应用接受顾客预定、获得顾客旅行票务预订、为顾客办理旅行票务，通过 E-Mail 、PC 客户端和手机 App 应用安排旅游服务次数都很少。目前海南省的国内外旅游公司（旅行社）因为在 Internet 上的网址发布的信息量薄弱、不丰富，所以很难满足消费者个性化的需求。

3.3 体育旅游资源的硬件设施落后，体育旅游专业人才缺乏

海南岛目前开展的体育旅游产品有潜水、冲浪、滑翔伞、帆船等项目，尤其水上项目居多，但还有很多的地方需要改善，如场馆中的设备、设施需要加强建设改进，否则跟不上游客的需求量。再加上海南岛体育旅游方面缺少专业性人才，普遍存在缺乏陪练人员、专项教练、专业导游人才，服务人员普通话不标准，服务客户质量不高，容易遭到投诉和回头客不尽兴，“潜在游客”或初学者体验不了或者体验不满足的情况。

3.4 海南岛体育旅游的宣传力度不够

因为体育旅游是参与式旅游的主要方式之一，所以游客开始逐步追求参与式的旅游，同时影响人们旅游方向是受外部宣传的作用。但从海南省旅游宣传的调查来看，明显存在对于宣传的不重视、宣传形式过于传统落后的问题。另外，海南岛作为“中国界的马尔代夫”，东北、四川、湖南等地区的游客是构成海南省旅游客户群的重要部分。针对东北、四川、湖南等地区游客的体育旅游产品开发和宣传，明显缺乏创新和绝对的吸引力。

3.5 体育旅游管理部门在网时代尚未完全信息化

海南岛旅游网络虽然已经拥有自己的网站，但大多没有个性，没有突出自己的企业特点，没有把产品的特点带进市场的积极性，网络竞争意识不强，使得绝大多数旅游网站的内容和服务都不能表现出独特的吸引力；数字赋能中海南省只有少数体育旅游公司在线，但旅游产品相对较少，而且没有详细介绍，导致只能在 PC 端网站和手机 App 应用中浏览，网络使用率较低。

4. 数字赋能背景下海南体育旅游信息化建设发展策略

4.1 进一步完善体育旅游信息化服务系统及配套政策

海南岛虽然现在被外界称之为“南海明珠”，可是体育旅游信息化发展相对缓慢，甚至有的景区、岛屿游客在游玩过程中手机都没有信号。特别是水上体育旅游产品项目是海南省体育旅游项目中的主要部分，海南岛政府为了打造“国际旅游岛”形象，相继出台了若干支持旅游业发展的优惠政策，加上被规划为“经济特区”和“自由贸易港”，快速推动了海南岛各行各业的发展，设备、设施的投入建设也让体育旅游业逐步走向升级，为广大游客创造了良好的旅游环境。政府应加大信息投入，指导建立旅游目的地信息系统。

4.2 整合网络和传统优势资源，完善海南旅游网站

多拍摄和整合海南省的旅游产品项目资源通过网站、手机应用 App 等网络平台来发布这些信息，提高群众对其的认知度，打造海南岛旅游品牌形象。进一步调整、完善和支持，通过网站为游客提供平台，让游客充分了解海南旅游景点，选择适合自己的旅游景点后再进行网上咨询，从而进行宣传他们的休闲旅游更加舒适和愉快。游客可通过数字赋能网站、手机应用 App（美团、携程、飞猪等）电话预约等方式进行预约使用手机购票，通过身份证、二维码图形、人脸识别等接收电子票。

4.3 加强体育旅游资源硬件设备建设，培养体育旅游专业人才

海南岛目前开展的体育旅游产品有潜水、冲浪、滑翔伞、帆船等项目，尤其水上项目居多，但还有很多的地方需要改善，如场馆中的设备、设施需要加强建设改进，否则跟不上游客的需求量。体育旅游信息化的发展需要大量的现代信息技术和现代旅游管理高级人才快速准确地为游客提供体育旅游信息。

4.4 规范体育旅游信息化管理，加大旅游宣传力度

建立预约管理系统来实现指定旅游计划的服务，顾客可以提前在 PC 客户端、手机应用 App 上预订旅游套餐，例如，包吃住行一日游、自由行三日游等这些综合型套餐。游客在线上预订相应旅游套餐后旅行社将根据客户的要求安排行程计划。这样的个性化旅游将使旅游多极化，更好地发挥及时与游客沟通和确保游客与旅游公司（旅行社）之间有良好的交流关系。

5. 结语

海南体育旅游信息化建设研究作为体育旅游城市信息化建设将是迈向现代社会的必由之路，数字赋能的发展已经达到教育社会的各个阶段和各个层次，在体育旅游中是不可或缺的，发挥着越来越重要的作用，我们必须充分利用数字赋能信息技术所带来的巨大优势。海南以其丰富的历史文化、浓郁的民族风情和神奇的自然风光，大力推进企业信息化继续深化推广应用，依靠信息技术提升技术水平，创新产业形态促进经济发展。

参考文献：

[1] 张鲲 . 海南国际旅游岛信息化建设关键技术的研究 [J]. 福建电脑，2017，27（1）：1-2.

[2] 赵广辉，薛士学 . 体育旅游如何重视信息化 [J]. 广东轻工职业技术学院学报，2019，14（2）：78-80.

[3] 石洋 . “数字赋能”与旅游业的融合发展探索 [J]. 商场现代化，2019（8）：186-187.

[4] 赵文博 . 我国“数字赋能”体育旅游的内涵、现状及对策研究 [D]. 徐州：中国矿业大学，2018.

[5] 张婉 . “数字赋能”趋势下我国体育产业发展研究 [D]. 长沙：湖南大学，2017.

[6] 郑玉香，陈烨 . 海南智慧旅游的发展现状及对策研究 [J]. 当代经济，2018（21）：64-68.

[7] 翟常卿，何朝玉，王军 . “数字赋能 + 体育旅游”产业体系发展研究 [J]. 青海师范大学学报（自然科学版），2019，35（2）：65-69+84.

[8] 冯至，朱德亮 . 全域旅游视角下海南旅游信息化发展对策研究 [J]. 旅游纵览（下半月），2018（9）：63-64.

[9] 徐游 . 海南国际旅游岛发展模式分析研究 [J]. 经济研究导刊，2019（13）：152-154+171.

[10] 李其俊，郭佳 . 体育旅游需求特点及发展对策研究——以上海市为例 [J]. 现代城市，2019，14（2）：32-36.

[11] 徐帆，余军，王雅茜 . 海南西线旅游现状与开发对策研究 [J]. 现代交际，2019（18）：75-76.

海南县域旅居养老服务现状与对策浅探

金慧

摘要：近年来，随着我国人口老龄化的加速和老年人消费能力的提升，“银发经济”已经成为广受政府、企业和社会关注的新的经济增长点，其中养老服务一直保持着快速发展的态势。本文聚焦于养老服务的高质量发展，探讨如何健全县域旅居养老服务市场化供给体系。以海南自贸港县域养老服务为切口，分析县域旅居养老服务供需的现实背景，揭示该服务体系的典型特征与面临的困境，详细阐述了县域旅居养老市场化供给体系的主要内容，并提出了针对性的对策思考，以期促进该领域的可持续发展与高效服务供给。

关键词：县域旅居养老；养老服务；海南旅居养老

一、县域旅居养老服务供需的现实背景

（一）优化旅居养老服务体系，关键在县域乡村

未来二三十年，我国将面临农业转移人口养老高峰。改革开放以来，农村转移劳动力 2.97 亿人，其中“60”后与“70”后农村进城置业约 1 亿人。根据海南省统计局发布的数据，截至 2023 年年末，海南省 60 岁及以上人口为 175 万人，占全省常住人口的 15.83%，与 2020 年第七次全国人口普查时相比上升 1.18%。随着老龄化程度逐年加剧，养老服务市场将更为广阔，但目前养老服务供需仍无法充分匹配。

与此同时，国家“十四五”规划指出支持区县建设连锁化运营、标准化管理的养老服务网络 500 个，我国现有县乡村闲置房产资源 7000 万套。县域旅居养老既能满足中国人落叶归根的情怀，又具备享受山水田园之乐，体验田间农事，品尝农家天然食品等得天独厚的优势。解决我国养老服务供需匹配问题，合理利用闲置资源，优化旅居养老服务体系，关键在于县域乡村。

（二）养老服务体系发展的政策支持（2019—2023）

国家高度关注人口老龄化问题，多次发文支持养老服务产业的高质量发展。《国务院办公厅关于推进养老服务发展的意见》（国办发〔2019〕5 号）提出要支持养老机构规模化、连锁化发展。《中共中央、国务院关于全面推进乡村振兴加快农业农村现代化的意见》（中办发〔2021〕1 号）提出健全县乡村衔接的三级养老服务网络，加快县域内城乡融合发展。《“十四五”国家老龄事业发展和养老服务体系规划》（国发〔2021〕35 号）强调要加快补齐农村养老服务短板，支持社会力量建设专业化、规模化、医养结合能力突出的养老机构。中共中央办公厅、国务院办公厅印发《关于推进基本养老服务体系建设的意见》（国务院公报〔2023〕16 号）引导社会化专业机构为其他有需求的老年人家庭提供居家适老化改造服务。

近年来，中央文件多次提到支持养老服务体系建设并对县乡村养老服务建设做出指导，彰显了国家对于县域农村老龄化人口的重视和县域养老产业发展的支持。据统计，每年有超过 100 万名老年人到海南过冬，旅居养老市场规模位居全国前列。海南省政府发布《海南省康养产业发展规划（2019—2025 年）》《海南省老龄事业发展和养老服务体系三年行动计划（2023—2025）》，明确了养老产业的发展方向和重点任务，同时通过财政补贴、税收优惠、土地供应等措施，鼓励社会资本进入养老产业。

（三）养老服务政策的注意力发生转变

“十三五”关键词云

“十四五”关键词云

政策文件	高频关键词									
词频顺序	1	2	3	4	5	6	7	8	9	10
“十三五”规划	老年人	服务	机构	社区	事业	设施	教育	保险	基层	健康
“十四五”规划	服务	老年人	机构	健康	社区	护理	设施	能力	医疗	产品

通过提取“十三五”规划和“十四五”规划中养老相关高频关键词进行对比，我们可以感受到养老服务政策的注意力正在发生转变。在“十四五”规划中“服务”“健康”词条居于前列，排在第一位和第二位，“机构”一词稳定出现，“事业”逐步退场，“产品”应运而生。养老服务产品逐渐成为政策关注的焦点之一，可见养老服务的市场属性正逐步显现，政府和社会都对丰富养老服务产品供给有所期待。

二、县域旅居养老服务体系的典型特征与困境

（一）以政府供给及其兜底责任为主

据统计，到 2035 年，我国老年人口将达到 3 亿，占总人口的比重将超过 30%。庞大的老年人口群体为养老产业的发展提供了广阔的市场空间。根据民政部和国家统计局数据，近五年来，从民办和公办养老机构数量分布和市场占比走势看，目前我国的养老机构仍呈现以公办为主，民办占比逐年上升的态势。

从海南本身的养老事业发展来看，政府产业政策也倾向于支持政府供给提供兜底，鼓励民营资本加入的发展模式。《海南省老龄事业发展和养老服务体系三年行动计划（2023—2025）》中提出，到 2025 年，海南计划实现每个县（市、区）有 1 所以上具有医养结合功能的县级特困人员供养服务机构，这进一步体现了公办养老院在海南养老服务中的重要地位。但海南的民办养老服务机构数量也在逐年增加，床位数也有显著提升。如海口恭和苑等，拥有数百张床位，提供从活力型到特级护理级别的全方位服务。

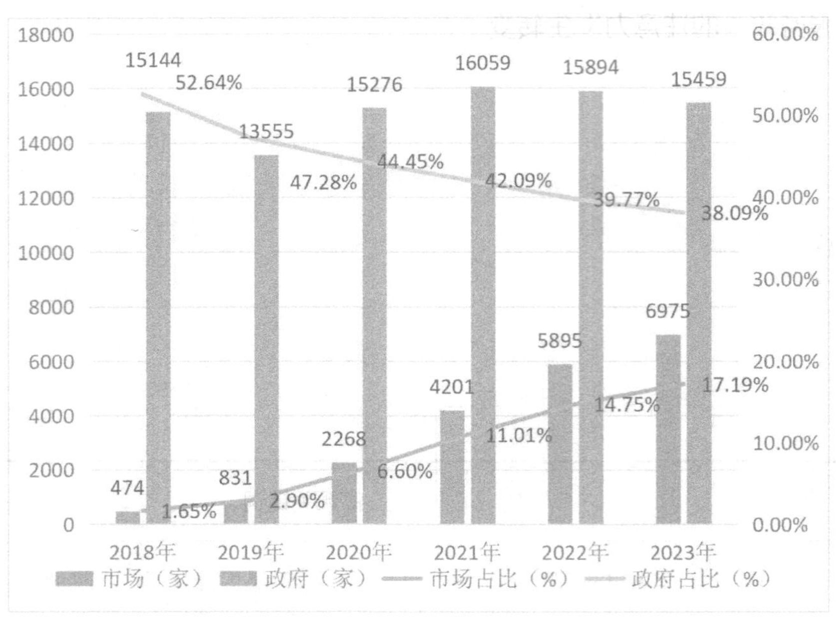

图 1　2018—2023 全国民办和公办养老机构分布年

（二）以农村留守老人与特困供养人员为主

表 1　2018—2023 年民政服务对象占全国总人口比重

年份	城乡低保对象占比 /%	特困供养人员占比 /%	享受养老补贴人数占比 /%
2018	3.82	0.35	17.33
2019	3.24	0.35	2.56
2020	3.13	0.34	2.73
2021	3.13	0.34	2.73
2022	2.98	0.33	2.83
2023	2.86	0.33	2.93

县域养老服务体系的对象主要以农村留守老人与特困供养人员为主。他们面临着更为严峻的生活照料与精神慰藉需求。随着城市化进程的加快，农村青壮年劳动力大量外流，导致留守老人数量激增，加之特困供养人员因种种原因难以自给自足，这两类人群成为县域养老服务中最为迫切需要关怀的对象。

自 2017 年 12 月 28 日，民政部等 9 部门共同发布了《关于加强农村留守老年人关爱服务工作的意见》以来，国家层面对于农村留守老人与特困供养人员的养老问题给予前所未有的重视。截至目前，已累计出台了多达 23 项部级及以上级别的专项政策文件，不仅细化了关爱服务的具体措施，还从资金保障、服务标准、监督机制等多个维度构建了全方位的支持体系，旨在全面提升这两类老年人的生活质量与幸福感。

为进一步确保特困老年人的基本生活得到妥善安排，民政部等 10 部门更是明确提出，到 2025 年年底前，实现特困老年人月探访率达到 100% 的目标。

然而，当前县域养老服务体系虽已初具规模，但主要依托于县福利院、乡镇敬老院、村养老驿站等政府主导的机构，其服务对象仍相对有限，主要承担“政府兜底”的功能，难以覆盖到所有有养老需求的老年人。因此，县域养老服务体系的进一步完善与拓展势在必行，需要探索更多元化的服务模式，如引入社会力量参与、发展居家和社区养老服务、提高养老服务质量与效率等，以逐步扩大服务范围，让更多老年人能够享受到优质、便捷的养老服务，真正实现“老有所养、老有所依、老有所乐”。

（三）以“生存型”照料为主

在出台的23项部级及以上级别的专项政策文件中，“生存型”照料服务词条“生活照顾”“医疗护理”“精神文化”等高频出现（见表2）。截至2023年年底，全国累计完成困难老年人家庭适老化改造148.28万户，占“十四五”规划目标的74.14%，占据主导地位。海南省提出到2025年，完成8886户特困老年人家庭适老化改造。

表2　23项政策文件中生存型照料服务出现频次

“生存型”照料服务	出现频次
生活照顾	16
医疗护理	13
精神文化	9

针对特困供养人员及乡村地区失能失智老年人的县域养老机构，其运营逻辑远远超越了传统意义上的“经济账”考量。这类机构作为社会保障体系的重要一环，承载着保障基本民生、促进社会和谐稳定的重大使命，其存在与发展的根本动力并非单纯追求经济效益，而是确保每位需要帮助的老年人都能得到基本的生活照料与人文关怀。因此，机构持续运营高度依赖于政府的政策支持、资金投入以及监管引导，离开了政府的强力支撑，其长期稳定性和服务质量都将面临严峻挑战。

然而，这并不意味着县域养老机构不能探索可持续发展的路径。推动县域养老机构的连锁经营与规模经济，必须深入探索其背后的理论机理，包括市场需求分析、成本效益评估、服务标准化与差异化策略等，并在此基础上创新盈利模式。

随着人口老龄化的加速和居民生活水平的提高，旅居养老作为一种新兴的养老模式，正逐渐受到越来越多老年人的青睐。2024年我国旅居养老市场规模将达到6700亿元，而海南作为旅居养老的热门目的地，其市场规模在全国名列前茅。

实现规模经济，成为提高运营效率、增强服务能力的关键所在，而核心策略之一便是精准把握并有效激发旅居养老的市场需求。县域养老机构可以通过优化资源配置、提升服务质量、打造特色品牌等方式，吸引周边乃至更远地区的老年人前来体验旅居养老服务，从而在满足老年人多样化养老需求的同时，实现机构的规模扩张和经济效益提升。

三、县域旅居养老服务市场化供给体系的主要内容

（一）构建县域旅居养老服务市场化供给体系

构建适应县域旅居养老需求的市场化供给体系首先要聚焦于农业转移人口的旅居养老需求，精准把握这一群体的特殊性与多样性。在此框架下，服务内容紧密围绕农业转移人口的旅居养老偏好，提供定制化服务。服务主体则明确瞄准市场化养老机构，利用其专业性和灵活性，更好地满足市场需求。

在供给机制上，聚力推动养老机构在县、乡、村三级实施连锁运营模式，通过资源整合与优化配置，形成覆盖广泛、服务连贯的养老服务体系。这一供给机制不仅提高了服务效率，还确保了服务质量的统一与标准化。

最终目标是打造一个集县域乡村定居养老服务、农事体验服务、休闲康养服务、巡回养老专项服务以及持续照料服务等多元化、市场化于一体的供给体系。

这一体系将充分融合乡村的自然资源、人文环境与养老服务的专业优势，为农业转移人口提供更加丰富、便捷、贴心的旅居养老选择，推动县域旅居养老服务的全面升级与发展。

（二）构建县域旅居养老服务市场化供给体系评价指标体系

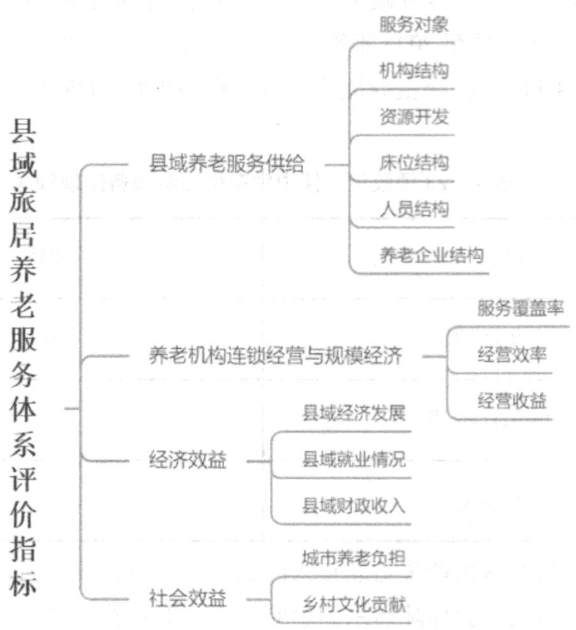

在探讨县域旅居养老服务市场化供给体系评价指标体系构建时，我们可以从县域养老服务供给、养老机构连锁经营与规模经济、经济效益、社会效益等角度出发，深入分析这些关键要素如何相互作用并形成完整的市场化供给评价体系。

从服务对象、机构结构、资源开发、床位结构、人员结构、养老企业结构评价当前县域养老服务供给的质量是否达标和结构是否合理。从服务覆盖率、养老机构经营效率、经营收益评估所在区域养老机构连锁经营与规模经济情况。

同时可以从县域旅居养老服务市场化供给体系的经济效益和社会效益理论分析，构建测算模型。从县域经济发展、县域就业情况、县域财政收入角度评估养老产业经济效益。从城市养老负担、对乡村的文化贡献方面评价养老产业发展质量中的社会效益。

四、县域旅居养老服务市场化供给体系的对策思考

（一）盘活县乡村闲置房产，提供适老化产品和服务

促进县域旅居养老产业高质量发展，从政府角度出发，可以从以下几个方面着手：一是制定一系列优惠政策，积极鼓励旅居老人利用自身闲置房产进行养老。二是探索市场机制，创新性地通过出租、合作、合资等多种模式引入社会资本，共同开发养老养生、旅游休闲等多元化业态，为老年人打造更加丰富的旅居养老体验。三是打造一批具有示范效应的旅居养老项目，利用成功案例的引领和激励作用，吸引并鼓励更多旅居老人参与其中。四是加强农村环境治理工作，努力提升居住环境质量，包括绿化美化、垃圾分类、污水处理等措施，以优美的自然环境和良好的生态条件吸引老年人选择农村作为旅居养老的目的地。五是不断改善农村基础设施，如优化交通网络、提升医疗服务水平、完善通信设施等，进一步提高农村地区的居住吸引力。六是针对老年人居住和生活的特殊需求，对闲置房产进行专业的适老化改造，如增设无障碍设施、调整房间布局、优化采光通风等，确保老年人能够安全、舒适地享受旅居养老生活。

（二）消除旅居养老障碍

一是在金融支持方面，通过提供税收减免、住房补贴、低息贷款及专业的养老金管理服务等手段，有效缓解老年人在旅居养老过程中的经济压力；二是可以放宽异地购房限制，为旅居老人提供更多灵活的住房选择；三是加快完善异地医疗保障体系，确保老年人在不同地域间流动时，能够无缝衔接享受医疗保障服务；四是要保障养老保险的“可携带性”，使老年人的养老保险权益不受地域限制，随人流动；五是要

加强法律保障，明确并保护老年人在旅居养老过程中的土地使用权、财产权等合法权益，为他们的旅居生活提供法律后盾。

（三）完善市场信息公开制度，减少养老服务交易费用

在提升养老服务服务质量与透明度上，必须依靠完善的市场信息公开制度，并辅以一系列配套措施。具体而言，首先要建立快速有效的纠纷解决机制，确保养老服务交易过程中出现的问题都能得到及时、公正的处理，从而降低交易费用，增强消费者信心。同时，加强养老服务监管机构的建设也至关重要。提升监管能力才能确保养老服务机构的运营符合规范，保障老年人的合法权益。此外，应鼓励养老服务行业建立自律机制，通过行业内部的自我约束和相互监督，推动整个行业向更加规范、专业的方向发展。

在信息公开方面，应公开政府对养老服务机构的财政补贴和税收优惠政策，这不仅有助于提升政策的透明度，还能激励更多社会资本投入养老服务领域。同时，公开服务人员的资质信息，让消费者能够清晰地了解服务人员的专业能力和背景，从而做出更加明智的选择。

在推进信息公开的过程中，我们必须确保严格遵守数据保护法规，保护个人隐私和敏感信息不被泄露。通过建立健全的数据保护机制，平衡信息公开与个人隐私保护之间的关系，为养老服务行业的健康发展提供坚实的法律保障。

参考文献：

[1] 国务院办公厅．国务院办公厅关于推进养老服务发展的意见（国办发〔2019〕5 号）[Z]. 2019.

[2] 国务院．“十四五”国家老龄事业发展和养老服务体系规划（国发〔2021〕35 号）[Z]. 2021.

[3] 中共中央办公厅，国务院办公厅．中共中央办公厅 国务院办公厅印发关于推进基本养老服务体系建设的意见（国务院公报〔2023〕16 号）[Z]. 2023.

[4] 海南省人民政府．海南省康养产业发展规划（2019—2025 年）[Z]. 2019.

[5] 海南省人民政府．海南省老龄事业发展和养老服务体系三年行动计划（2023—2025）[Z]. 2023.

海南自贸港物权数字化价值创新机制研究

邢孔多[1]　李国章

摘要：海南自贸港建设是中国对外开放新的重大举措，物权开发利用并赋能经济发展是自贸港建设中的重要内容。数字经济成为全球经济增长新的引擎的背景下，物权成为重要的社会生产要素，打破物权固有的形态并促进物权的交易流通使用成为产业升级发展的必然要求。如何构建物权数字化价值创新机制，促进自贸港数字经济发展，成为亟待解决的问题。

关键词：物权数字化；海南自贸港；价值创新机制

自贸港是指在境内设立的以自由贸易为特色的开放型经济试验区。2020 年 6 月 1 日，国家正式批准设立海南自由贸易港。在海南自贸港建设中，物权作为核心要素之一，对其发展至关重要。

随着数字经济的快速发展，物权的保护已经成为经济社会发展的重要环节，物权的保护不仅涉及财产权益的保护，更涉及对创新、知识产权、数据资源等数字化产权的保护。海南自贸港是中国对外开放新的重大举措，如何建立物权数字化价值创新机制，促进自贸港数字经济的发展，成为亟待解决的问题。

一、物权数字化价值创新机制

物权数字化价值创新机制是指基于数字技术和数字经济的发展趋势，将传统物权概念与数字化经济相结合，创新出一种数字化的物权概念和交易模式，以实现物权价值的最大化。具体来说，物权数字化价值创新机制是通过将物权信息数字化并存储在分布式账本中，实现物权交易的全程数字化，以节省交易成本，提高交易效率，降低物权交易的风险和提高交易的透明度。同时，通过数字化的物权交易，可以对物权的价值进行更精确的评估，为物权交易提供更多的选择和可能性。这种机制可以有效地改善传统物权交易模式中存在的烦琐、低效、成本高等问题，为数字经济的发展提供新的机遇和支撑。

在物权数字化价值创新机制中，传统的物权转移方式被数字化的方式所取代。数字化的物权转移方式是指通过网络平台或区块链等技术手段，将物权信息数字化并存储在分布式账本中，实现物权交易的全程数字化。这种方式不仅可以节省交易成本、提高交易效率，还可以降低物权交易的风险和提高交易的透明度。

此外，物权数字化价值创新机制还包括对物权信息的加密和保护措施，以保证交易的安全性和可靠性。同时，通过数字化的物权交易，可以对物权的价值进行更精确的评估，为物权交易提供更多的选择和可能性。

总之，物权数字化价值创新机制是数字经济发展的重要组成部分，为传统物权交易模式的改革和升级提供了新的思路和途径，对推动数字经济的发展和促进经济社会的进步具有重要意义。

二、海南自贸港物权数字化价值创新机制的主要特点

海南自贸港物权数字化价值创新机制的特点主要体现在全面数字化、价值创新、开放性、强化信息保护、统一标准化、多元化交易、优化监督管理和法律保障等方面。这些特点为推进数字经济的发展和海南自贸港的建设提供了新的思路和途径，为我国经济社会的进步注入新的活力。

一是全面数字化。海南自贸港物权数字化价值创新机制将物权信息全面数字化，通过区块链等技术手段存储在分布式账本中，实现物权交易的全程数字化，从而提高交易效率，降低交易成本，同时增强了交易的透明度和可靠性。

二是价值创新。物权数字化带来了新的价值创新机制。通过数字化技术的应用，可以更好地保护物权，促进知识产权的创新，推动海南自贸港数字化经济的发展。

三是开放性。海南自贸港的建设是为了推动对外开放，因此物权数字化价值创新机制也应具有开放性。海南自贸港应鼓励各类创新主体参与到数字化物权的创新中，促进数字经济的协同发展。

四是强化信息保护。海南自贸港物权数字化价值创新机制采用了多重加密和保护措施，确保物权信息的安全性和可靠性，有效地保护了物权交易的权益和隐私。

五是统一标准化。海南自贸港物权数字化价值创新机制制定了统一的标准，使得物权交易可以在一个统一的平台上进行，减小了交易双方之间的信息差距和不确定性，提高了交易的可信度和效率。

六是多元化交易。海南自贸港物权数字化价值创新机制通过数字化的物权交易，提供了更多的选择和可能性，使得交易更加灵活多样化，从而促进了物权流通的便利化和市场化。

七是法律保障。建立完善的法律保障机制是物权数字化价值创新的前提。海南自贸港应建立起与数字经济相适应的法律法规体系，加强对物权数字化保护的监管和管理。

三、现有基础

随着数字经济的快速发展和数字化转型的加速推进，海南自贸港物权数字化价值创新机制也取得了一定的进展，具体表现为以下几个方面：

一是物权数字化交易平台建设。为了促进物权数字化交易的实现，海南自贸港建设了一批数字化交易平台，如海南自由贸易港数字经济创新发展联盟、海南自由贸易港数字经济发展平台等。这些平台可以为各类物权交易提供便利的数字化交易服务，促进物权数字化交易的发展。

二是物权数字化登记系统的建设。为了提高物权数字化交易的准确性和安全性，海南自贸港正在建设物权数字化登记系统。该系统可以实现物权登记信息的数字化管理和共享，有效防范欺诈和风险，为物权数字化交易提供有力支持。

三是物权数字化交易标准的制定。为了规范物权数字化交易的行为和流程，海南自贸港正在制定一系列物权数字化交易标准，如数字化交易合同标准、数字化交易协议标准等。这些标准可以为物权数字化交易提供更为可靠和便利的交易环境。

四是政策支持的加强。为了加快物权数字化价值创新机制的建设，海南自贸港还出台了一系列政策支持措施，如加强数字化基础设施建设、鼓励企业创新发展、优化数字化交易环境等。这些政策可以为物权数字化交易提供更加有力的政策保障和支持。

五是各类物权数字化创新项目的开展。为了促进物权数字化价值创新机制的发展，海南自贸港积极推动各类物权数字化创新项目的开展，如推广数字化产权交易模式，探索数字化物权交易中的担保机制和融资方式，研究数字化物权管理平台的建设和应用等。这些创新项目可以为物权数字化价值创新机制的建设提供新的思路和路径。

六是国际化合作的拓展。海南自贸港是我国自由贸易试验区和自贸港试验区的先行先试地区，同时是中国参与“一带一路”倡议实施的重要窗口。在推进物权数字化价值创新机制的建设过程中，海南自贸港积极开展国际化合作，与国内外的企业和机构合作开展数字化交易、数字化物权管理等方面的合作，提高海南自贸港在数字化交易和物权数字化价值创新方面的国际影响力和竞争力。

总体来说，海南自贸港物权数字化价值创新机制的现状呈现出平台化、系统化、标准化、创新化、资源化和国际化等特点，数字化转型的推动也为物权数字化交易的发展提供了广阔的空间和机遇。随着技术的不断进步和政策的持续推进，海南自贸港的物权数字化价值创新机制有望实现更高水平的发展，为数字经济的繁荣和社会发展做出更大的贡献。

四、问题及对策

海南自贸港物权数字化价值创新机制在推进数字化转型和促进物权数字化交易发展方面取得了一定的成绩，但也存在一些问题，需要进一步完善和解决。

1. 面临的主要问题

一是相关法律法规和标准不完善。在物权数字化交易和物权数字化价值创新方面，国内相关法律法规和标准尚不完善，制约了物权数字化交易的发展和规范化。因此，需要完善相关法律法规和标准，明确数字化物权的法律地位、物权数字化交易的规则和标准等，为物权数字化价值创新机制的建设提供更为有力的法律保障。

二是数字化平台建设和运营问题。数字化平台建设和运营是物权数字化价值创新机制的重要组成部分，但目前仍存在一些问题，例如平台的技术水平不高、运营成本高等。为了解决这些问题，需要加强数字化平台建设和运营的投入，提升平台的技术水平和用户体验，并探索降低平台运营成本的方式。

三是安全风险和隐私保护问题。在数字化交易和物权数字化管理过程中，存在着信息安全风险和隐私泄露的风险。为了保障数字化交易和物权数字化管理的安全和稳定，需要加强信息安全和隐私保护的技术措施，以确保数字化交易和物权数字化管理的安全性和隐私性。

四是市场流动性和交易规模不足。虽然海南自贸港已经拥有丰富的物权资源和开展了各类数字化交易项目，但市场流动性和交易规模仍然不足。为了提升市场流动性和交易规模，需要加强数字化物权交易市场的建设和推广，吸引更多的投资者和企业参与数字化交易，增加数字化交易的规模和流动性。

2. 发展对策

为解决上述问题，可以采取以下对策：

一是完善相关法律法规和标准。加快完善数字化物权相关的法律法规和标准，明确数字化物权的法律地位和规范数字化物权交易的规则和标准，为物权数字化价值创新机制的发展提供法律保障和规范化的环境。数字经济驱动发展往往具有跨地域、跨领域的天然要求，制定物权数字化的相关政策和法律需要站在全球产业发展的高度全面布局，需要汇聚各行业各领域专家的意见，精准反映产业发展需求。因此，建立“海南自贸港物权数字化法律法规研讨会”等开放性的平台，对于政策制定保障是较为现实可行的途径。

二是加强数字化平台建设和运营。加大数字化平台建设和运营的投入力度，提升平台的技术水平和用户体验，推动数字化物权交易平台的建设和发展，同时探索降低平台运营成本的方式。在现有先行探索的基础上，发挥海南自贸港“先行先试”的优越条件，给予海南自由贸易港物权数字化交易平台等运营实体更多的政策激励和市场环境支持，开发例如数字认证、期权交易等相应的物权数字化交易流转保障平台，推动物权数字化的产业化应用。

三是加强信息安全和隐私保护。加强数字化交易和物权数字化管理过程中的信息安全和隐私保护措施，采用技术手段提高数字化交易和物权数字化管理的安全性和隐私性，建立健全信息安全保障体系。人工智能大模型的广泛应用为物权数字化交易保护提供了更多的途径和技术手段，但也带来了物权猜测、凭证解算与篡改的风险，因此建立独立的第三方交易认证中心并实行分布式记账比对是非常必要的。

四是推广数字化物权交易市场。加强数字化物权交易市场的宣传推广，吸引更多的投资者和企业参与数字化交易，促进数字化交易的规模和流动性的提升，推动数字化物权交易市场的健康发展。物权的数字化拆分及组合以及排他权的行使对于当前社会大众来说比较模糊，因此，一方面要加大宣传力度，增加社会各界对物权数字化价值的认知，另一方面要积极鼓励产业链上开展数字化物权转化与交易使用，形成市场示范，吸引更多的企业参与，共同推动数字化物权的市场建设。

总之，海南自贸港物权数字化价值创新机制的发展面临着多方面的挑战，需要综合采取措施，加强数字化平台建设和运营、加强信息安全和隐私保护、完善相关法律法规和标准、推广数字化物权交易市场等方面的工作，推进数字化转型和促进物权数字化交易的发展。

五、结语

海南自贸港是国家面向全球经济大变局做出的重大战略决策，是“双循环”的重要落脚点之一，也是对接数字经济脉络和催发世界经济发展新动能的举措。物化的物权因整体不易分解和使用已经成为阻碍数字经济发展的城墙，灵活多变和按需自由拆分的数字化物权成为全球经济发展的急迫需求。基于我国在全球数字经济领先的优势基础，充分发挥“先行先试”的政策优势，探索契合海南自贸港特色的物权数字化价值创新机制，对全国的数字经济发展具有显著的意义。

参考文献：

[1] 宁园 . 论数据财产权的客体及其规范意义 [J]. 法学家，2024（6）：142−155+193.

[2] 肖佳 . 探索新民法典下物权法的创新与实践 [J]. 华章，2024（6）：99−101.

[3] 喻玲，邵滨 . NFT 数字艺术品版权法律问题的厘清 [J]. 湖南大学学报（社会科学版），2024，38（3）：140−146.

[4] 陈雪萍 . 资产的数字化革命和革命的数字资产法 [J]. 上海财经大学学报，2023，25（6）：119−135+152.

[5] 史丹青，周烜义，黄艳 . 数字中国建设背景下数据要素价值化发展 [J]. 通信企业管理，2023（9）：44−46.

[6] 于小丽 . 共享数字化生产资料的理论研究 [D]. 北京：中国社会科学院大学，2024.

海南自贸区建设中体育服务行业发展策略研究——基于上海自贸区经验参考

陈斌[①]

摘要：采用多元化研究路径，包括详尽的文献回顾、深度的专家咨询、实地走访调研及精选案例分析，立足于国家层面海南自由贸易港建设的宏观背景，及其促进经济结构转型的战略意义，同时考量国务院鼓励体育产业革新的导向，聚焦于体育产业的核心——体育服务业集群的演进历程、优化策略与升级路径。深入剖析区域体育服务业如何从萌芽阶段逐步成长壮大，揭示了其发展的核心驱动力与未来趋势。此外，对当前中国体育服务贸易领域内的主要业务类型与运行现状进行了系统性的分析。以上海自贸区为具体实践案例，进一步探讨了如何利用自贸区在资源高效集聚与自由流通方面的政策红利，为体育服务业的加速发展开辟新途径。通过这一视角，我们提出了创新性的策略建议，旨在借助自贸区的独特优势，促进体育服务业实现高质量、高效率的转型升级。

关键词：体育服务；海南自贸区；上海自贸区；发展策略

1. 研究背景

海南自贸区的独特地理位置、优越的自然环境和丰富的体育资源为体育产业的发展提供了得天独厚的条件。

然而，海南体育产业在快速发展的同时也面临着一些挑战和问题。例如，体育产业链条尚未完全形成，体育产品和服务的质量与水平有待提高；体育产业与其他产业的融合发展不够深入，协同效应尚未充分发挥；体育产业管理和运营人才短缺等。这些问题制约了海南体育产业的进一步发展和壮大。

2. 研究目的与方法

2.1 研究目的

通过深入分析自贸区建设对体育产业的影响，更好地理解和把握自贸区建设背景下区域体育产业创新发展的新目标、新思路；明晰体育及相关产业融入自贸区发展的领域与步骤；探讨体育及相关产业对接自贸区发展政策的途径与方式；合理有效规避自贸区负面清单的禁止与限制规定；理顺体育产业与自贸区建设的关联与互动关系，提高区内外体育资源的自由流动效率；提升体育产业分享自贸区改革红利的能力，促进体育产业理论研究与实践探索的新发展。

2.2 研究方法

以对策研究为目标，侧重应用性，主要方法包括以下几个方面：

（1）文献资料调研。集中收集和阅读海南自贸区建设总体方案、实施细则、专家观点、媒体声音与理论界、实务界的相关评论，细致梳理和分析自贸区建设进程中可能影响和促动体育产业发展的领域与机遇，为整体研究提供理论基础、技术支撑和数据资料。

（2）比较分析。对比国内、外不同类型自贸区的发展目标与现状差异，分析海南自贸区的创新特征及其对体育产业的独特影响，找到体育产业对接自贸区总体方案与实施细则的途径与方法。

（3）实地调查与专家访谈。实地调查海南自贸区体育场馆、赛事、旅游项目等，结合问卷调查与现场

① 陈斌，湖南高尔夫旅游职业学院，专任教师，讲师。

交流；同时，访谈体育产业专家、政府官员及企业高管，探讨政策环境、现状、趋势及对策。

（4）案例分析。以上海自由贸易区相关文献和现实为依据，开展具体的案例分析，为得出合理有效的发展建议提供实际例证。

3. 案例分析——上海自贸区总体方案、实施细则和负面清单中影响体育服务业发展的制度分析

3.1 上海自贸区推动体育金融与体育贸易新领域发展

上海自贸区蕴含着深刻的改革意旨和强烈的转型发展趋势，其突破口则是金融服务改革及与之相应的贸易便利化、自由化走向。在已经公布的自贸区金融服务覆盖的6大领域、18个子领域名录中，与体育产业直接相关的部分主要集中在商贸服务、专业服务、文化服务和社会服务4大领域，所涉子领域多达10个，对接体育赛事、体育中介、体育旅游、体育贸易、电子竞技、运动健康服务、体育培训等多个体育产业热点领域。以下主要从体育金融和体育贸易两个相关联但又有所区分的子方向作初步分析。

（1）体育金融领域。跨境体育资源产权交易、体育资源融资租赁。本领域是上海自贸区改革试验中所涉及的金融服务改革在体育产业领域的延伸。体育产权交易和体育融资租赁都是体育产业发展中的新领域，特别是体育产业核心资源的产权交易、融资租赁都处于探索阶段，如类似艺术家作品买断和交易形式的运动员打包交易新模式等需要新的政策和企业开展探索。因此，本领域的未来发展仍需要通过构建自贸区体育金融贸易平台予以推进。从另一个角度说，自贸区有关金融便利化服务的措施均适用于开办体育及相关产业的企业和项目，负面清单限制或禁止的除外。

（2）体育贸易领域。作为除资本流动和产权交易之外的跨境体育资源流动领域，体育贸易正在被日益关注。作为服务贸易的新领域，凡是涉及体育资源跨越关境流动交换的领域都属于体育贸易的范畴，涉及“自然人的流动（转会、租借）、跨境服务（国际赛事转播、赞助与广告）、境外设置营业场所（跨境开办独资或合作体育业务公司、机构）、直接到境外提供服务”四大板块及诸多细分产业领域。除了自贸区负面清单限制或禁止开办的体育企业和体育产业项目，与体育贸易相关的包括但不限于以下类型——跨境体育经纪公司和经纪业务（如各类体育赛事经纪）、跨境体育旅游服务（如国际房车游艇项目、极限运动项目）、国际体育竞赛表演（如马术大师赛和网球大师杯）、国际体育教育与培训（限制性规定除外）。

3.2 上海自贸区负面清单所涉体育及相关产业领域的合理规避

在2014年7月1日发布的上海自贸区负面清单中，特别管理措施共计139条，比2013版减少了51条。在139条中，限制性措施110条，禁止性措施29条。上述措施与体育企业和体育产业项目相关的限制性和禁止性规定主要涉及两个领域：①体育传媒与出版领域的限制与规避。该领域基本属于禁止类范畴，即禁止境外公司和机构在自贸区申办体育新闻媒体和提供相关文字、图片和网络信息服务。②体育博彩业的禁入。从自贸区负面清单所涉体育产业业态类型看，基本属于体育服务业范畴，这也与自贸区的服务业发展重心相吻合。需要重点关注和指出的是，国务院和上海地方政府以及学术界均多次就自贸区发展进程中不断调减负面清单的长度有明确共识，不断“瘦身”的自贸区负面清单将日益作用于产业实践，对负面清单关键词的诠释与解读也将成为业内专家学者不容回避的重要责任，这将为现代体育服务业突破已有政策限制、实现率先发展提供重要的理论支撑和智力支持。

4. 体育服务业借力海南自贸区战略实现跨越式发展的策略分析

4.1 目标分析

自贸区文化产业基地作为一个融多种功能的文化产品公共服务平台，该基地可以为各类文化企业提供进出口代理、渠道拓展、产品展示、设备租赁、商贸咨询、版权交易等专业服务，将为实施国家文化战略、推动文化事业和文化产业发展作出贡献。上述情况值得体育产业管理者和从业者关注和深思。结合海南自贸区、海南体育服务业发展的新格局，研究者认为，可以初步做如下发展定位：从自贸区到海南，从海南到全国，海南要打造成为全国休闲体育服务中心。要把这个定位目标具体落地，应该多向文化产业和文化

贸易领域学习，建成一个融多种功能的体育产品于企业公共服务平台，可以为各类体育企业提供进出口代理、渠道拓展、产品展示、设备租赁、商贸咨询、产权交易等专业服务。在基地内建设保税仓库，利用这一平台推动国内体育企业和体育产品走出去，为实施国家体育发展战略、推动体育事业和体育产业发展多作贡献。

4.2 重点领域分析

4.2.1 宏观领域

从大的优先发展领域看，主要有三大块：①跨境体育赛事表演、体育旅游休闲与体育经纪产业；②跨境体育产权交易与体育资源融资租赁；③跨境体育科技服务、评估咨询、策划规划与体育教育培训产业。其中，第一块为体育本体传统领域，相对发展起点高、基础较好；第二块是全新领域，又是自贸试验区改革的新窗口，尚待探索和推进；第三块则是发展中部分，有一定的基础和优势，但仍然需要重点扶持推动全面发展，参与国际竞争。

4.2.2 优先发展项目

从具体的项目布局看，应该坚持优先发展自贸区所在地域及周边既有的特色项目、优势产业门类和龙头企业，发挥龙头企业和项目的示范带动作用，合理规划布局项目和产业发展，避免重复建设造成的浪费和恶性竞争。加大招商引资力度，打造体育金融、体育科技教育、体育高端制造、体育商贸展销、现代时尚休闲运动、自行车、游艇、帆船、水上运动、沙滩运动、场（馆）和青少年运动等海南的特色优势体育品牌。当前，海南自贸区各项工作正在稳步推进，体育及相关产业的进入尚处于探索和政策尝试阶段，体育产业企业和项目布局应优先考虑有基础、有优势的以下四个方面。

（1）高端体育赛事与活动运营

利用海南的自然资源和气候条件，举办国际性的水上运动、沙滩运动、高尔夫赛事等高端体育赛事。吸引国内外知名赛事品牌入驻，提升海南在国际体育领域的影响力。推动赛事活动的商业化运作，包括赛事赞助、票务销售、媒体转播权等，形成完整的赛事经济产业链。

（2）体育旅游与休闲服务

结合海南的旅游资源，开发体育旅游项目，如体育主题旅游线路、体育度假村等。提供多样化的体育休闲服务，如户外运动体验、健身指导、康复疗养等，满足不同游客的个性化需求。加强体育旅游与文化、娱乐等产业的融合，打造具有海南特色的体育旅游品牌。

（3）体育培训与教育服务

建立专业的体育培训机构，提供从青少年到职业运动员的全方位培训服务。

引进国内外优质教育资源，提升海南体育培训的质量和水平。加强与国内外体育院校、俱乐部的合作，推动海南体育教育的国际化发展。

（4）体育科技与服务创新

利用大数据、云计算、人工智能等现代信息技术，提升体育服务的智能化水平。开发智能体育装备、体育 App 等科技产品，为运动爱好者提供更加便捷、个性化的服务体验。推动体育科技研发与创新，培育体育科技企业和创新型人才。

4.3 举措与步骤分析

4.3.1 扎实规划，争取国家和海南省的相关政策支持

在明确发展目标与定位上，我们将基于海南的自然禀赋和市场需求，制定详尽的发展蓝图，聚焦高端体育赛事、体育旅游、体育培训及科技应用等核心领域。在基础设施建设方面，我们将投资兴建现代化、多功能的体育场馆，并提升周边配套设施，确保能够承接国内外大型赛事和训练活动。同时，推动智慧体育场馆建设，利用大数据、云计算等先进技术提高运营效率和用户体验。在产业融合上，我们将深度挖掘体育与旅游、科技、教育等领域的协同效应。在宣传与市场推广方面，我们将利用多种渠道和平台，广泛宣传海南自贸区体育服务行业的优势和特色，吸引国内外游客和投资者关注。

与之同时，将加强行业监管和服务，建立健全监管体系和服务机制，确保市场公平竞争和消费者权益保护。同时，优化政务服务流程，提高行政效率和服务质量，为体育服务行业的发展创造更加良好的环境。

4.3.2 促进非营利体育组织发展，有效衔接和整合境内外、区内外体育服务业资源

改变传统格局下体育企业各自为政、分隔发展的局面，在政府引导下，建设区域体育企业协会（联合会），这种协会组织要特别注意改变过去那种“一年开一两次会，谈谈各自进展与问题，结束后继续分散运作”的低层次与松散态势，形成有牵头企业、有明确规章制度、有专职管理服务人员的现代化非营利体育组织，助推实现服务型政府职能转变，依靠行业协会组织实现自律经营、抱团发展，为建设和进驻自贸区体育对外贸易平台和保税仓库共同努力。

4.3.3 打造海南体育对外贸易展示平台，提高流动效率

打造海南体育对外贸易展示平台和保税仓库，降低体育产业特别是体育服务业项目进入自贸区的门槛与税费负担，提高要素流动效率，充分学习和借鉴文化产业和文化企业及项目进入自贸试验区的做法，争取体育及相关产业项目以平台形式集体进驻海南自贸区，减轻税费负担，提高境内外体育产业项目要素的流动效率和动能。平台要重点吸引国内、外著名的体育用品企业、体育中介企业、体育健身娱乐集团和体育传媒集团将自己的全球或区域运营中心、销售中心和营销中心落户；构建线下和线上的体育产品交易平台；举办各类体育用品博览会；建成国内首家体育产品博物馆；建设体育贸易物流中心和保税仓库，形成具有一定规模和影响力的体育产品对外商贸展览展示平台。

参考文献：

[1][美]保罗·克鲁格曼，毛瑞斯·奥伯斯法尔德.国际经济学：理论与政策上册（国际贸易部分）[M].8版.北京：中国人民大学出版社，2011：3−8.

[2] 鲍明晓.财富体育论 [M].北京：人民体育出版社，2012：10−15.

[3] 陈艳林，潘丽英.后危机时代我国体育服务贸易发展研究 [J].武汉体育学院学报，2010，44（9）：32−36.

[4] 丛湖平，罗建英.体育赛事产业区域核心竞争力形成机制研究 [M].杭州：浙江大学出版社，2011：1−5.

[5] 龚柏华.“法无禁止即可为”的法理与上海自贸区“负面清单”模式 [J].东方法学，2013（6）：137−141.

[6] 黄海燕.“十一五”时期我国体育服务业发展审思 [J].上海体育学院学报，2012，36（4）：1−6.

[7] 黄希发，郑应韵，张彦群，等.体育服务业标准化体系中合格评定体系研究 [J].体育科学，2013，33（7）：3−11.

[8][英]克里斯·格拉顿.体育休闲经济学 [M].北京：人民体育出版社，2009：1−12.

[9] 李林林，宋昱，刘东升.北美职业体育产品设计模式研究 [J].体育文化导刊，2013（10）：75−78.

[10] 李振欣.我国金融开放的政策差异比较研究——以深圳前海和中国（上海）自贸区为中心 [D].北京：对外经济贸易大学硕士学位论文，2014：1−3.

[11] 刘东升.论体育消费中的象征性行为 [J].上海体育学院学报，2014，38（6）：37−42.

[12] 刘扶民，章建成.中国体育及相关产业统计 [M].北京：人民体育出版社，2011：1−7.

[13] 刘坦.上海自贸区创新发展的理性思考 [J].现代企业，2013（12）：30.

[14] 漆亮亮，康冰.“营改增”对体育服务业的影响：税变匡算与对策建议 [J].体育科学，2014，34（9）：17−22.

[15] 宋昱.体育服务贸易的研究进展、定位与实施路径 [A].第六届全国体育产业学术会议论文集，2012：77.

[16] 宋昱.体育产业的集群发展研究：中国的进展与问题 [J].北京体育大学学报，2013，36（8）：17−23.

培育海南自贸港“时代新人”赋能新质生产力发展的策略研究

李梦蕊[①②]

摘要：海南自贸港建设与发展迫切地需要培养一支具备国际视野、创新思维和扎实技能的“时代新人”，以推动新质生产力发展，实现经济转型升级。然而，当前人才培养体系存在与产业需求脱节、教育教学质量有待提升、产学研合作不够深入等问题。因此，我们需要提出一系列有效策略，如完善人才培养体系、创新教育培训模式、强化师资队伍建设、促进产教融合、打造创新创业平台、引导人才合理流动、制定人才政策、优化创新创业环境和加强国际交流与合作等，旨在为海南自贸港“时代新人”的培养及赋能新质生产力发展提供更有效的实践路径。

关键词：自贸港；“时代新人”；新质生产力；人才培养

海南自贸港作为国家重大战略部署，承载着深化改革、扩大开放的重要使命。在新时代背景下，面对全球经济一体化的加速推进和科技创新的日新月异，海南自贸港的建设亟须很多具备国际视野、创新思维和扎实技能的“时代新人”。这些“时代新人”不仅是自贸港发展的生力军，更是赋能新质生产力、推动经济转型升级的关键力量。因此，培育海南自贸港“时代新人”对赋能新质生产力发展具有重要的现实意义和战略价值。

一、海南自贸港对“时代新人”的需求分析

圆梦需要奋斗和奉献，然而，对海南自贸港建设而言，实现其宏伟目标同样需要一代代“时代新人”的奋斗与奉献。在海南自贸港的建设与发展过程中，对“时代新人”的需求日益凸显。

1. 海南自贸港的战略定位与目标

海南自贸港作为我国深化改革开放的重要载体，肩负着打造对外开放门户的重任，自贸港的发展亟须复合型人才，他们能在新兴产业、现代服务业、国际贸易等领域发挥作用，推动全面进步。此外，海南自贸港的开放性和创新性意味着人才需适应国际化工作环境，并在多元文化中交流融合。自贸港的发展目标不仅包括经济增长，还涉及社会进步和可持续发展。因此，高素质人才队伍的建设应具备专业能力、责任感，关注社会和环境问题，为构建和谐、绿色自贸港贡献力量。这些多元化、高端化的人才队伍将成为推动自贸港发展的关键力量。

2. 新质生产力的内涵与特征

海南自贸港对新质生产力的需求体现在对“时代新人”的深刻理解上。自贸港所需的“时代新人”应具备专业知识和技能，同时拥有创新精神和国际视野，适应其开放、包容、创新的环境。对海南自贸港而言，创新为核心动力，要求“时代新人”在技术、管理、服务等方面不断创新。同时，也需要重视人才的专业素养和跨文化交流能力，追求绿色可持续发展，以保障经济发展与环境保护并重。“时代新人”作为海南自贸港新质生产力的主力军，在推动自贸港向更加开放、包容、创新的道路上，逐渐成为引领经济发展的关键力量。

---

① 基金项目：海南软件职业技术学院科学研究资助项目“培育自贸港‘时代新人’赋能新质生产力发展的策略研究”（项目编号：Hrky202413）阶段性成果。

② 李梦蕊（1991—），女，黑龙江大庆人，海南软件职业技术学院马克思主义学院教师，海南大学马克思主义学院博士研究生，研究方向为马克思主义理论。

3. "时代新人"的定义及其在自贸港建设中的作用

在海南自贸港建设中，"时代新人"发挥着关键作用。作为创新驱动的引领者，"时代新人"以科技创新为核心，推动产业升级和新兴产业发展，为自贸港提供持续的创新动力。凭借国际化视野，有效对接国际规则和市场需求，加速自贸港国际化进程，使其成为国际交流的重要平台。"时代新人"不仅推动经济发展，还关注社会公平和环境保护，实现经济与社会发展的和谐，"时代新人"的积极参与将助力自贸港实现高质量发展，成为新时代改革开放的重要窗口和示范区域。

二、海南自贸港人才培养现状及问题分析

海南自贸港作为我国对外开放的前沿阵地，其人才培养的重要性不言而喻。因此，通过对当前现状的深入剖析，我们能够更好地理解自贸港人才培养的挑战与机遇，为未来人才培养策略的制定提供参考和依据。

（一）人才培养与产业需求不匹配

1. 专业设置与产业结构脱节

在海南自贸港的建设过程中，专业设置与产业结构的脱节成为人才培养与产业需求不匹配的一个重要因素。随着自贸港的快速发展，新兴产业发展迅猛，对人才的需求呈现出多样化和专业化的特点。然而，部分高校和职业教育机构的专业设置未能及时调整，依然停留在传统领域，导致一些专业毕业生面临就业难的问题。例如，一些传统文科专业毕业生在自贸港的就业市场上难以找到对口的工作，而新兴产业如高新技术、现代服务业等领域所需的人才却供不应求。这种供需不匹配的现象，不仅浪费了教育资源，也影响了自贸港产业结构的优化和升级。

2. 人才培养层次不合理

海南自贸港在人才培养层次上也存在不合理之处。当前，自贸港对于高层次人才的需求尤为迫切，这些人才在推动科技创新、产业升级等方面发挥着关键作用。然而，现实情况却是高层次人才相对匮乏，难以满足自贸港发展的需要。人才层次结构的失衡，企业在招聘过程中难以找到合适的高层次人才，从而影响了企业的创新能力和市场竞争力。长此以往，不仅会制约自贸港产业的高质量发展，还可能影响自贸港的整体竞争力。因此，调整人才培养层次，加大对高层次人才的培养力度，成为海南自贸港人才培养亟须解决的问题。

（二）教育教学质量不高

1. 师资队伍素质参差不齐

在海南自贸港的教育教学中，师资队伍素质的参差不齐是一个突出问题。尽管海南自贸港在建设过程中引进了一批优秀的教师资源，但大部分是新入职的教师，往往缺乏足够的实践经验，难以将理论知识与实际操作有效结合。此外，部分教师的教育理念和教学方法也存在一定问题，如未及时跟上时代发展的步伐，这在一定程度上影响了教育教学的质量和效果。因此，提升师资队伍的整体素质，特别是增强教师的实践能力和创新教学能力，已成为提升海南自贸港教育教学质量的关键。

2. 教学设施与手段落后

除了师资队伍的问题，海南自贸港部分教育机构在教学设施和手段上也较落后。在一些学校，教学设施不足或陈旧，无法满足现代化教学的需求。如实验室设备落后、图书资源不足、信息技术支持不够等问题，都在一定程度上限制了教学活动的开展和教学效果的提升。此外，教学方法单一、缺乏创新性，传统的讲授式教学仍然占据主导地位，而互动式、探究式、案例式等能够有效激发学生兴趣和培养学生实践能力的教学方法应用不够广泛。这种教学模式的僵化，不利于培养学生形成良好的批判思维、创新精神和实践能力。因此，更新教学设施、创新教学手段，也是提升海南自贸港教育教学质量的关键。

（三）产学研合作不深入

1. 合作机制不健全

海南自贸港在推进产学研合作的过程中仍处于初级阶段，缺乏系统性的合作框架和长效机制。在实际操作中，高校、科研机构与企业之间的合作往往依赖于临时性的项目合作，缺乏长期稳定的合作关系。此外，由于合作机制的不完善，各方在利益分配上存在不均衡现象，导致合作各方的积极性不高。高校和科研机构往往更注重科研成果的产出，而企业则更关注合作带来的直接经济效益，这种目标上的差异使得合作难以深入。因此，建立健全产学研合作机制，平衡各方利益，是推动海南自贸港产学研合作深入发展的关键。

2. 企业参与度不足

在产学研合作中，企业参与度不足也是一个突出问题。很多企业未能充分认识到人才培养对企业乃至整个产业链发展的重要性，他们往往只是提供实习岗位或者参与一些短期的项目合作，缺乏对人才培养全过程的支持和参与。企业参与的局限性很有可能导致产学研合作的效果并不理想。学生在企业实习期间，难以接触到核心业务，无法获得真正的实践经验。为了改变这一现状，需要激发企业的参与热情，通过政策引导、资金支持等方式，鼓励企业更加积极地参与到产学研合作中，共同培养符合自贸港发展需求的高素质人才。

三、培育海南自贸港“时代新人”赋能新质生产力发展的策略

在海南自贸港的建设与发展过程中，培育“时代新人”是提升新质生产力、推动高质量发展的重要保障。因此，通过对教育培训、产业引导和政策支持等策略的深入挖掘，创新教育培训模式，制定人才政策，全面提升“时代新人”的综合素质，为海南自贸港的建设和发展提供有力的人才支撑。

（一）教育培训策略

1. 完善人才培养体系

为了适应海南自贸港的发展需求，我们需构建一个多层次、宽领域、开放型的人才培养体系。在高等教育层面，优化专业设置，开设新兴交叉学科，如国际贸易、国际金融、数字经济等，以满足自贸港对复合型人才的需求。在职业教育层面，加强与企业合作，推行现代学徒制，确保学生技能与企业需求的紧密对接。在终身教育层面，建立健全继续教育体系，鼓励在职人员不断提升自身能力，以适应自贸港的快速发展。

2. 创新教育培训模式

针对自贸港的特色，教育培训模式应进行创新。推广线上线下相结合的教学方式，利用互联网、大数据等技术提升教学质量。实施项目式、案例式教学，培养学生解决实际问题的能力。强化实践教学，通过实习实训、社会调研等方式，提高学生的实践操作能力和创新精神。开发具有自贸港特色的课程体系，引入国际教育资源，提升教育国际化水平，同时鼓励教师开展教学研究，探索适应新时代的教育教学方法。

3. 强化师资队伍建设

人才培养体系涉及学科体系、教学体系、教材体系、管理体系等，而贯通其中的是思想政治工作体系。教师队伍是培养“时代新人”的核心力量。引进国内外优秀人才，充实教师队伍，同时加强现有教师培训，提高教师业务水平。设立教师发展基金，支持教师专业成长，实施教师海外研修计划，拓宽教师国际视野，建立教师激励机制，鼓励教师投身教育事业。

（二）产业引导策略

1. 促进产教融合

产教融合是培育“时代新人”的关键。推动政府、企业、学校三方合作，搭建产教融合平台，实现产业链、教育链、创新链的有机衔接。建立产业需求导向的人才培养机制，确保人才培养与市场需求的紧密对接，推动企业参与课程开发，共同制定人才培养标准，实施企业导师制度，让学生在企业实践中提升能力。

2. 打造创新创业平台

海南自贸港应积极打造创新创业平台，激发青年人才的创新潜能和创业热情。通过举办创新创业大赛、设立创新创业基金等方式，为“时代新人”提供展示才华的舞台。建立创新创业孵化基地，为创业者提供全方位支持，开展创新创业培训，提升创业者综合素质，搭建创新创业交流平台，促进资源有效对接。

3. 引导人才合理流动

合理的人才流动是优化人力资源配置、促进产业升级的关键。完善人才流动机制，引导人才向重点产业、关键领域流动。建立健全人才市场体系，提高人才流动效率，实施差异化人才政策，鼓励人才集聚，加强人才流动的公共服务，保障人才合法权益。

（三）政策支持策略

1. 制定人才政策

海南自贸港应制定一系列吸引力强的人才政策，全面保障“时代新人”的成长。出台高层次人才引进计划，吸引国内外顶尖人才，实施人才培养工程，提升本土人才素质，完善人才评价体系，激发人才创新创造活力。“从知、情、意、信、行各端中选择合适的聚焦点、切入点、发力点，优化教育流程，在节约时间、人力和资源成本的情况下，做到对症下药、精准育人”[3]。

2. 优化创新创业环境

打造国际化、法治化、便利化的创新创业环境，为“时代新人”提供良好的成长土壤。简化行政审批流程，提高政务服务效率，加强知识产权保护，营造公平竞争的市场环境，优化创新创业投融资体系，为创新创业提供资金支持。

3. 加强国际交流与合作

利用自贸港的区位优势，加强与国际先进教育、科研机构的交流与合作。推动教育国际合作项目，引进国际优质教育资源，举办国际学术交流活动，提升自贸港的学术影响力，加强与“一带一路”共建国家的教育、科技、文化合作，促进人才资源共享。

总之，“青年的人生命运与国家所处的时代方位和所确定的‘国之大者’息息相关”。“时代新人”作为海南自贸港建设的中坚力量，他们将成为自贸港创新发展的引擎、经济与社会发展的推动者和文化传承与创新的推动者，为自贸港建设注入源源不断的活力。未来，海南自贸港应继续致力于探索和培育“时代新人”的人才培养新模式，以贡献其青春活力。

参考文献：

[1] 胡玉宁，徐欣．人才新质态：时代新人“新质素养”的理论思考 [J]. 中国矿业大学学报（社会科学版），2024，26（4）：87−95.

[2] 于祥成，陈梦妮．大数据时代高校精准思政的特征、现状及路径 [J]. 大连理工大学学报（社会科学版），2022，43（5）：8−16.

[3] 林伯海，赵周鉴．中国式现代化视域下时代新人人生观培育探究 [J]. 思想理论教育导刊，2024（7）：135−142.

海南自贸港建设背景下国际医疗旅游发展研究

张娜 ①

摘要：在自贸港建设背景下，海南不管是优越的自然条件、来自国家及海南省的支持政策，还是先进的博鳌乐城国际医疗旅游先行区、特色的中医药文化都成为发展国际医疗旅游的独特优势。但同时，海南也存在国际医疗旅游配套产业不健全、知名度不高、国际语言环境水平较低等不足。对此，政府应加快配套制度建设，吸引高端医疗人才，加速与国际医疗制度接轨，提升旅游品牌知名度，以提高国际医疗旅游竞争力。同时，仍需加强国际语言环境建设，提升居民的国际化意识，通过国际医疗旅游的快速发展助力海南自贸港建设。

关键字：自由贸易港；海南；国际医疗旅游

近年来，在人们赞叹并享用高科技发展带来新兴事物的同时，愈加关注个人的医疗健康问题。医疗旅游将医疗健康与旅游度假相结合，成为旅游业开拓的新领域。随着全球化的不断发展、出境手续的日益简化，国际医疗旅游业蓬勃发展。早在21世纪初，德国、新加坡、印度、泰国、韩国等国家都已吹响"医疗保健游"的号角，积极推动本国医疗旅游的发展。国际医疗旅游能在全球范围内产生巨大经济利益，越来越多具备国际医疗旅游发展潜质的国家都逐渐开始把其作为一种高产出的旅游项目予以扶持和发展②。

随着我国老龄化现象的日益突出，我国的健康旅游产业进入黄金期，发展潜力巨大。预计到2030年，中国健康旅游产业将达到30万亿③。我国的国际医疗旅游虽然起步较晚，但很快进入了快速发展阶段，尤其是自贸区的建立及发展为开展国际医疗旅游提供了诸多便利条件。海南作为国际旅游岛、中国最大的自由贸易区及自由贸易港，在发展国际医疗旅游方面拥有独特优势。

一、海南发展国际医疗旅游的基础

1. 优越的自然条件

海南省位于中国的最南端，是全国面积最大的省份，陆地总面积3.54万平方公里，海域面积约200万平方公里④。海南是我国最具热带海洋气候特色的地方，全年暖热，年平均气温在23～26摄氏度，全年无冬。海南有丰富的物种，多种动植物被列入国家重点保护对象。全省共建立生态系统、野生动植物、自然景观等自然保护区49个，总面积为27023平方公里。其中国家级自然保护区10个⑤。2022年年末，我国森林覆盖率为24.02%⑥，而海南的森林覆盖率远高于国家平均水平，高达62.1%⑦，海南热带雨林含有的高浓度负离子，能够增强人体免疫力，改善心肌功能。海南温泉资源数量众多，分布广泛，种类齐全，密度之高居全国之首。温泉水中富含多种微量元素，有利于心血管疾病、神经衰弱、皮肤病、风湿等多种疾病的治疗。

---

① 张娜，女，俄语语言文学博士，海南大学外国语学院讲师，海南省外文海南文献与舆情研究中心副研究员。

② 梁湘萍，甘巧林．国际医疗旅游的兴起及其对我国的启示［J］．华南师范大学学报（自然科学版），2008（1）：130-136.

③ 张妍．关于加快我国健康旅游产业高质量发展的探析［J］．产业创新究，2020（22）：120-121.

④ 海南概览．海南省人民政府．https：//www.hainan.gov.cn/hainan/hngl/list1_tt.shtml?ddtab=true.

⑤ 海南概览自然资源．海南省人民政府，https：//www.hainan.gov.cn/hainan/zrzy/list_tt.shtml.

⑥10年我国累计造林9.6亿亩，森林覆盖率提高至24.02%，2022年11月13日，https：//www.gov.cn/xinwen/2022-11/13/content_5726682.htm.

⑦2022海南生态环境状况公报海南省生态环境厅，2023年6月2日．http：//hnsthb.hainan.gov.cn/xxgk/0200/0202/hjzl/hjzkgb/202306/t20230602_3428656.html.

2022 年，全省 17 个重点旅游度假区环境空气质量总体优良，优良天数比例介于 91.6% ~ 100%[①]。海口东寨港国家级自然保护区、保亭七仙岭温泉国家森林公园、保亭呀诺达雨林文化旅游区等 4 个重点旅游度假区空气质量符合国家一级标准，其余 13 个重点旅游度假区环境空气质量符合国家二级标准。8 个主要森林旅游区空气负离子年均浓度范围 1945 ~ 4639 个 / 立方厘米，优于世界卫生组织规定清新空气 1000 ~ 1500 个立方 / 厘米的标准，对人体健康极为有利[②]。

2. 有力的政策支持

自 2009 年国务院提出关于推进海南国际旅游岛建设发展的若干意见以来，海南省政府提出了“一揽子”发展规划，致力于提高旅游产业发展质量与水平。海南开启自贸港建设以来，经济转型成效显著，加快了其重点发展产业的建设，发展国内外健康医疗旅游正是其中的重要内容。

2013 年 2 月 28 日，国务院批复设立海南博鳌乐城国际医疗旅游先行区，并发布“国九条”支持其先行先试。作为中国唯一的“医疗特区”，乐城先行区享有“特许医疗、特许研究、特许经营、特许国际医疗交流”以及真实世界数据应用试点等一系列特殊政策。2020 年 9 月，国家发改委发布《海南省建设国际旅游消费中心的实施方案》，提出壮大健康旅游消费在内的 27 项举措，全面落实完善博鳌乐城国际医疗旅游先行区政策，办好和引进博鳌超级医院等一批先进的医疗及医养结合机构，将先行区建成世界一流水平的国际医疗旅游目的地，利用海南温泉、冷泉、森林以及南药黎药等资源，发展特色康养旅游[③]。

2020 年，海南省人民政府办公厅印发《海南自由贸易港博鳌乐城国际医疗旅游先行区制度集成创新改革方案》的通知（以下简称《通知》），全面推行“极简审批”，在特许药械、贸易自由便利、投资自由便利等方面进行制度集成创新改革，提高海南自贸港博鳌乐城国际医疗旅游先行区医药卫生行业管理服务效率，试行工程项目建设“零审批”制度。乐城先行区管理局党委书记、局长顾刚表示，乐城先行区作为全国唯一的医疗特区，肩负着为全国探索、建设国际一流水平的国际医疗旅游目的地和医疗科技创新平台的历史使命。《通知》中还提到，到 2025 年，先行区在建设特色技术先进临床医学中心、尖端医学技术研发转化基地等方面取得突破性进展，实现医疗技术、装备、药品与国际先进水平“三同步”。到 2030 年，医疗服务及科研达到国内领先、国际先进水平，充分形成产业集聚和品牌效应，建设成为世界一流的国际医疗旅游目的地和医疗科技创新平台[④]。

3. 先进的国际医疗旅游先行区

海南博鳌乐城国际医疗旅游先行区（以下简称“乐城国际医疗旅游先行区”），是海南 13 个重点园区之一，于 2013 年 2 月 28 日经国务院批准设立。乐城国际医疗旅游先行区是目前国内唯一开展真实世界数据应用试点的地区，聚集了国际国内高端医疗旅游服务和国际前沿医药科技成果，创建了国际化医疗技术服务产业聚集区。乐城国际医疗旅游先行区被赋予包括加快医疗器械和药品进口注册审批、按照医疗技术有关规定实施医疗技术准入、允许境外资本在先行区内举办医疗机构等在内的九条优惠政策，园区试点发展特许医疗、健康管理、照护康复、医美抗衰等国际医疗旅游相关产业，旨在为国家药品医疗器械审评审批制度改革提速，提高全球创新产品在中国临床使用的可及性。

截至 2024 年 6 月，乐城国际医疗旅游先行区已有超 400 种特许药械产品实现“中国首用”，惠及患者 7 万人次[⑤]。先行区内已有 28 家医疗机构开业运营，20 家医疗机构在建或筹建，形成“公立 + 民营 + 国际”

---

① 2022 海南生态环境状况公报，海南省生态环境厅，2023 年 6 月 2 日，http：//hnsthb.hainan.gov.cn/xxgk/0200/0202/hjzl/hjzkgb/202306/t20230602_3428656.html.

② 2022 海南生态环境状况公报，海南省生态环境厅，2023 年 6 月 2 日，http：//hnsthb.hainan.gov.cn/xxgk/0200/0202/hjzl/hjzkgb/202306/t20230602_3428656.html.

③ 国家发展改革委关于印发《海南省建设国际旅游消费中心的实施方案》的通知，中华人民共和国国家发展和改革委员会，2020 年 9 月，https：//www.ndrc.gov.cn/xwdt/ztzl/hnqmshggkf/ghzc/202009/t20200909_1237902_ext.html.

④ 国家发展改革委等四部门关于印发《关于支持建设博鳌乐城国际医疗旅游先行区的实施方案》的通知，https：//en.hainan.gov.cn/hainan/zchbbwwj/202008/5a5a1df6d36e4701a625bfaf1733478d.shtml.

⑤ 乐城特许药械“特”在哪？13 款“明星”产品为爸爸解决健康烦恼，海南博鳌乐城国际医疗旅游先行区管理局，2024 年 6 月 16 日，https：//www.lecityhn.com/#/news/article?categoryId=4a02d45c493f4b9882a413abe3112df5&articleId=66a57e41396244baa7178f3f6c0e0c61.

的多样互补型医疗机构格局。乐城国际医疗旅游先行区已与世界排名前30强的药械企业建立直接合作，引进使用的未在国内上市的国外创新药。规范的制度体系、顺畅的运行机制、开放的数据平台和丰富的专家资源已取得一系列突破性成果，为海南生物医药产业高质量发展注入了新动能，也为我国药械审评审批制度改革提供了“海南智慧”[①]。

4. 特色的海南中医药文化

中医药文化是中华民族代代传承与积累的实践经验与哲学智慧，具有鲜明的民族特色和极大的医疗价值。《健康中国2030规划纲要》中指出，必须建立与国际接轨，打造具有国际竞争力的健康医疗旅游目的地。截至2023年9月，中医药已传播至196个国家和地区，已在俄罗斯、古巴、越南、新加坡、阿联酋和菲律宾等国家以药品形式注册[②]。中医针灸、推拿按摩、药浴等都是境外游客乐于选择的疗养项目。

海南的天然医药资源十分丰富，全岛有高等植物4200多种，可入药的植物有2000多种，占全国的40%。海南黎族地区种植南药的历史悠久，是南药品种原产地。黎药对肝炎、跌打损伤、慢性病治疗有着独特良好的疗效[③]。从20世纪中期开始，海南省的黎族医药已逐渐脱离原始模式，完成向现代医学模式的过渡。目前，已开设黎苗族自治州医院、黎苗族自治州卫生防疫站、黎苗族自治州卫生学校等医疗机构和教育机构。海南省特有的黎族医药是海南省国际医疗健康旅游产业发展的一大优势。

2020年海南省印发《中共海南省委海南省人民政府关于促进中医药在海南自由贸易港传承创新发展的实施意见》，鼓励加强培养国内外中医药人才的能力，打造国际中医药培训中心，加快黎苗等地方特色民族医药挖掘和整理，将海南黎苗族医药发展纳入民族地区经济社会发展规划。

二、海南发展国际医疗旅游的不足

1. 国际医疗旅游配套产业不健全

医疗旅游兼具医治疗养与旅行的双重功能，要求游客选择的目的地既有良好的旅游环境及旅游服务，又有较高的医疗水平和优质的医疗服务，需要多个产业的综合支撑。目前，海南拥有发展国际健康医疗旅游条件的主要是博鳌乐城国际医疗旅游先行区，地理范围和开展项目仍在发展之中，综合能力相对有限。先行区的旅游产业规模化、品牌化及网络化仍处于初始阶段。同时，与国际旅游业相关的银行、保险及信贷等业务尚未发展成熟。这些问题在很大程度上影响外国游客将海南作为国际医疗旅游的目的地。近年来，已有部分国际游客转去泰国、印度、马来西亚等物价水平较低、服务质量较好的国家旅游。欧美游客也更倾向于到旅游市场制度及服务设施更为健全的“老牌”国际旅游城市，配套产业的不健全将阻碍海南国际医疗旅游产业的快速发展。

2. 在国际医疗旅游领域的知名度不高

海南作为国际旅游岛，近年来才开始发展国际医疗旅游领域。目前，虽然乐城国际医疗旅游先行区已在国内形成一定的知名度，但出于医疗资源、医疗配套设施、国际宣传等原因，到该先行区接受医疗服务的患者仍是少数，在国际医疗业尚未形成一定的国际知名度和信任度。如俄罗斯是赴琼旅游外国游客最多的国家之一，在俄罗斯主要搜索引擎yandex上搜索有关乐城国际医疗旅游先行区的相关内容，相关内容非常少。在英文网站上也有类似的情况。这种信息的不畅通会妨碍外国游客对海南医疗的选择，导致海南国际医疗旅游业发展缓慢。

① 推动真实世界研究提速发展，乐城真研试点5周年总结交流会举行，海南博鳌乐城国际医疗旅游先行区管理局，2024年6月21日，https：//www.lecityhn.com/#/news/article?categoryId=4a02d45c493f4b9882a413abe3112df5&articleId=0a4e72c5238744ebb4fe0a25baec7f1b.

② 中医药国际认可度和影响力持续提升．新华网，http：//www.xinhuanet.com/health/20230814/c3e20d498a5449d1aac22aa39502e91c/c.html.

③ 黎家神奇的南药，海南省人民政府，2015年9月16日，https：//www.hainan.gov.cn/hainan/mstc/201509/ca395159c0a2447fb7d2473eb943aad3.shtml.

3. 国际语言环境水平较低

“国际语言环境是加快形成国际一流营商环境，打造公平开放统一高效市场环境的重要媒介和关键支撑。”① 作为国际旅游岛，与来自世界各国游客的语言相通是其不断发展的必备条件。然而，目前海南省居民的外语能力普遍不高，不具备其所从事的职业或社会角色相应的外语交流水平和运用能力，对海南包括国际医疗旅游在内的国际化产业发展形成制约。如在乐城国际医疗旅游先行区同时掌握医学专业知识和外语交际能力的复合型人才有限，尤其是非英语语种的使用，造成外国游客在医疗过程中因无法通畅交流而缺乏好的体验感。

在过去的几年中，海南省政府已经开始做国际语言环境的相关建设工作，先后发布了《海南省推进国际语言环境建设三年行动计划》《海南省全面提升公民外语水平行动方案》《海南省公共场所外语标识管理规定》等。省外事侨务办也印发了《海南国际旅游岛公共场所标识语》，在主要道路、机场、车站、码头、景区景点等公共场所设置了汉英、汉日、汉俄标识牌。然而，从公示语的翻译质量上看，每个景区都不同程度上存在着指示性公示语翻译不统一、表述不规范、语言与语用错误以及文化漏译等不规范现象②。加强海南省国际语言环境建设仍是海南省发展国际医疗旅游的重要任务。

三、推动海南发展国际医疗旅游的建议

1. 加快配套制度建设，吸引高端医疗人才

为解决海南医疗旅游配套产业不健全，综合能力不足的问题，海南省政府、医疗机构及旅游公司等可以相互协调，探讨从更广泛、更系统的角度对国际健康医疗旅游项目进行长远的、整体的规划，不仅将目前已经推行的政策落实推进，同时加快配套制度建设。如增加国际医疗旅游机构，开展更多的医疗项目，推进国际旅游业相关的银行、保险及信贷业务等，使国际游客在海南进行医疗活动能够更通畅便捷。其次，可将海口高新区药谷工业园、乐城国际医疗旅游先行区、国家级旅游景区及拥有专业人才的三甲医院进行资源整合，使得国际游客在接受医疗服务的同时，其也能享受到更好的旅游资源。同时，加快推进人才引进政策，增加高端医务人才引进种类的多样性，简化引进手续。

2. 加速与国际医疗接轨，提升旅游品牌知名度

为了促进海南省医疗机构管理体系的规范科学和国际化，提升海南医疗旅游领域在国际层面的信任度，海南省具备开展国际医疗服务的医院可加快进行国际医疗组织的认证进程，如国际标准化组织（ISO）医疗认证、国际医疗卫生机构认证（JCI）等，与国际医疗标准接轨。同时，可以向在国际医疗旅游领域较为成熟的国家或城市借鉴经验，如依靠瑜伽文化吸引国际游客的泰国、拥有高端医疗技术及优质旅游服务的迪拜、依靠整形技术推动国际医疗旅游的韩国，形成具有海南特色的医疗旅游项目，比如，大力发展具有海南特色的少数民族中医药治疗，提高其在国际消费市场的竞争力。同时，可以通过政府、媒体及旅游公司合作的方式，在国际平台推广海南发展国际医疗的条件及优势，吸引国内外更多游客到海南享受国际领先的医疗水平，体验个性化医疗旅游服务。

3. 加强国际语言环境建设，助力国际旅游

海南目前的国际语言环境仍不容乐观，在自贸港建设的背景下，海南省应加快推进现行的国际语言环境建设政策，提高涉外服务部门和窗口的从业人员的外语能力，增加全民学习外语的机会与氛围。培养并引进“外语＋医疗”复合型人才，高校是人才培养的主要机构，可通过选修课、双学位的方式培养相关人才，既能使高校学生有所学、有所用，也能为海南留住更多人才。目前，海南大学开展的学分制就为学生的跨专业学习提供了契机，其模式有可能被其他高校学习应用，打造更多“本土”的跨专业人才。此外，应为海南居民提供更多机会了解基本的国际文化礼仪，尊重不同的文化习俗，对自贸港建设的重要性进行深入

① 省政协委员建议改善国际语言环境，提升海南居民外语水平，海南省人民政府，2019 年 1 月 27 日，https：//www.hainan.gov.cn/hainan/5309/201901/fac50273da7f4a1a9f38d071ab2447ce.shtml.

② 陈磊，朱庆卉，张天沐．海南省旅游景区公示语汉英翻译规范性调查［J］．辽宁工程技术大学学报（社会科学版），2015（6）：669-672.

宣传，让居民感受到海南的整体发展与其生活的紧密联系，从而提升个人的国际化意识。

四、结语

海南自由贸易港的建设不仅为中国发展开辟新空间，而且成为中国向世界展示开放与自由的重要窗口。在自由贸易港建设的背景下，海南国际医疗旅游的发展迎来了新的机遇，“医疗 + 旅游”产业成为新的经济增长点。应当从多个层面重视海南国际医疗旅游的发展，包括加速配套制度的建设、吸引高端医疗人才、提升医疗服务质量、增强国际竞争力以及提升国际语言环境的建设水平等。海南省的各大医疗机构应把握机遇，与国际医疗服务标准接轨，建立科学高效的管理体系。同时，应传承并发扬优秀的黎族医药文化，创造国际医疗旅游项目的独特记忆点，打造具有海南特色的旅游品牌。医疗健康与国际旅游的深度融合将为海南自由贸易港的建设注入新的活力。

海南自贸港提升数字贸易发展的路径与对策建议

马家瑞

摘要：随着数字经济的快速发展和全球贸易的数字化转型，数字贸易已成为推动经济增长和国际贸易的重要引擎。作为中国的自贸港试验区之一，海南自贸港在数字贸易领域具有得天独厚的优势和机遇。然而，海南自贸港数字贸易仍面临一系列挑战和问题，需要制定相应的发展路径和对策建议，以推动数字贸易的健康发展。本文通过分析海南自贸港数字贸易的现状和存在的问题，提出了提升数字贸易发展的路径与对策建议，旨在推动海南自贸港数字贸易的健康发展。

关键词：海南自贸港；数字贸易；发展路径；对策建议

一、海南自贸港数字贸易的现状分析

（一）海南自贸港数字贸易的发展现状

根据商务部定义，数字贸易是指以数据资源为关键生产要素、数字服务为核心、数字订购与交付为主要特征的对外贸易。其中，数字交付贸易包含数字技术贸易、数字服务贸易、数字产品贸易和数据贸易；数字订购贸易是指通过跨境电子商务平台达成的货物和服务贸易。①

据世界贸易组织（WTO）统计，2022 年全球可数字化交付服务出口额为 4.1 万亿美元，同比增长 3.4%，占全球服务出口比重达 57.1%；发展中经济体数字服务出口 9270 亿美元，在全球的占比为 22.8%，同比增长 14%。

2022 年，我国可数字化交付的服务进出口额为 3727.1 亿美元，同比增长 3.4%，规模再创历史新高。其中，出口 2105.4 亿美元，同比增长 7.6%；进口 1621.7 亿美元，同比下降 1.6%；实现顺差 483.7 亿美元，比上年增长 175.4 亿美元。跨境电商进出口额达 2.11 万亿元人民币，同比增长 9.8%。其中，出口额达 1.55 万亿元，同比增长 11.7%。②“2022 中国数字经济 100 强”头部企业重点分布在电子、计算机、家用电器、通信和电子商务等领域，覆盖半导体、消费电子、光学光电子、软件、计算机设备等细分赛道。

海南自贸港数字贸易的发展现状呈现出规模扩大快、政策支持力度加大、人才培养加强和合作机会增多等特点。近三年，海南数字贸易产值突破 180 亿元，年平均增长率达 63%。越来越多的企业通过数字化平台进行跨境贸易和电子商务活动，促进了贸易的便捷和高效。海南自贸港积极推动数字贸易平台的建设，包括电子商务平台、跨境支付平台、数字化物流平台等。海南自贸港出台了一系列支持数字贸易发展的政策措施，包括减税优惠、贸易便利化、知识产权保护等。这些政策支持为数字贸易企业提供了更多的发展机遇和政策支持。海南自贸港积极开展国际合作与交流，拓展数字贸易合作机会，同时与其他国家和地区的数字贸易企业开展合作，促进了数字贸易的国际化和多元化发展。

（二）存在的问题和挑战

尽管取得了一定的发展，海南自贸港数字贸易仍面临着一系列问题和挑战。2020 年 4 月，商务部会同中央网信办、工业和信息化部联合认定了 12 家国家数字服务出口基地③。2022 年，12 个省市国家数字服务

① 王璐．数字贸易是我国贸易规模持续稳步增长的新动力 [N]．金融时报，2024-02-26（6）．

② 数据来源：WTO 数据库。

③ 12 家国家数字服务出口基地分别是中关村产业园、天津经济技术开发区、大连高新技术产业园区、上海浦东软件园、中国（南京）软件谷、杭州高新技术产业开发区（滨江）物联网产业园、合肥高新技术产业开发区、厦门软件园、齐鲁软件园、广州天河中央商务区、海南生态软件园和成都天府软件园。

出口基地可数字化交付服务进出口总额达 3545.22 亿美元，同比增长 3.54%，占全国比重达 95.12%（出口额 2013.39 亿美元，同比增长 7.36%，进口额 1531.83 亿美元，同比下降 1.08%）。

海南生态软件园可数字化交付服务进出口总额达 18.03 亿美元，同比上升 9.06%。但仅占 12 个省市国家数字服务出口基地可数字化交付服务进出口总额的 0.51%（出口额 7.64 亿美元，同比增长 87.51%，进口额 10.40 亿美元，同比下降 34.03%），较北京、上海、杭州等城市还有较大差距。

表 1　2022 年 12 个基地所在省市可数字化交付服务贸易情况

省市	进出口额 / 亿美元	增速 /%	出口额 / 亿美元	增速 /%	进口额 / 亿美元	增速 /%
北京	726.61	4.15	407.39	2.29	319.22	6.63
天津	68.51	0.74	30.31	8.38	38.20	−4.59
辽宁	65.29	10.74	38.75	28.94	26.54	−8.19
上海	985.78	1.41	619.96	3.93	365.82	−2.59
江苏	307.53	12.11	179.61	22.84	127.91	−0.14
浙江	302.16	7.25	119.16	12.25	183.00	4.23
安徽	21.50	2.38	10.03	14.87	11.47	−6.51
福建	52.37	7.44	33.54	18.65	18.83	−8.03
山东	108.12	1.81	78.42	6.86	29.69	−9.49
广东	820.50	1.01	436.34	7.08	384.15	−5.10
海南	18.03	−9.06	7.64	87.51	10.40	−34.03
四川	68.83	8.82	52.23	8.12	16.60	11.06
12 省市合计	3545.22	3.54	2013.39	7.36	1531.83	−1.08
全国	3727.07	3.38	2105.37	7.60	1621.70	−1.62

数据来源：商务部

海南部分地区的数字贸易基础设施建设滞后，包括网络覆盖、数据中心建设、电子支付系统等，限制了数字贸易的发展和运营效率；数字贸易涉及大量的个人和商业数据流动，数据安全和隐私保护成为重要问题。缺乏有效的数据安全管理和隐私保护机制可能导致数据泄露和信息安全风险；跨境电商活动的监管存在一定的漏洞和不足，包括海关监管、税收管理、知识产权保护等方面。监管不严格可能导致假冒伪劣产品、逃税行为等问题；数字贸易领域需要具备专业知识和技能的人才，但目前数字贸易人才短缺的问题比较突出。缺乏高素质的数字贸易人才可能影响数字贸易的发展和创新能力。

随着全球数字贸易的竞争加剧，海南自贸港数字贸易面临来自国际市场的激烈竞争压力。如何提升自身的竞争力和市场份额成为一个重要挑战。数字贸易领域技术更新换代迅速，企业需要不断进行技术创新和数字化转型，以适应市场需求和发展趋势。技术创新和数字化转型的压力也是一个重要挑战。

二、海南自贸港提升数字贸易发展的路径建议

（一）加强数字基础设施建设

相比中国内地，目前海南国际通信基础设施还相对落后，但发展势头迅猛。随着中国移动海口 ITMC、文昌登陆站和 H2HE “三件套”的建成，中国移动一枝独秀，正迅速成为承担海南国际通信业务的主力军。[①] 加大投资力度，提升海南自贸港的网络覆盖和带宽，确保数字贸易活动的顺畅进行，建设高速、

① https://www.submarinecablemap.com/submarine-cable/haikou-beihai-cable.

稳定的网络基础设施（包括5G网络、光纤网络等，提供高质量的网络服务）成为提升数字贸易发展的基础保障。

对于数字贸易企业，海南自贸港应提供可靠的数据存储和处理能力，并通过云计算技术提供弹性的计算资源。确定数据中心和云计算基础设施的规模、位置和布局。考虑到海南的特点和需求，选择适当的地点和建筑，确保基础设施的可靠性和安全性。建设先进的数据中心设施，包括服务器、存储设备、网络设备等。确保设备的高可用性、高性能和可扩展性，以满足不断增长的数据存储和处理需求。在交易过程中，应引入安全、高效的电子支付系统，提供便捷的支付服务，推动跨境支付的便利化，降低支付成本和风险，促进数字贸易的发展。 加强数据加密、身份认证、访问控制等技术手段，保护数字贸易中的个人和商业数据安全。利用物联网、大数据等技术手段，实现物流信息的实时监控和管理，提供高效的物流服务。

海南自贸港应整合现有各类数字贸易资源，包括商品信息、市场数据、贸易规则等，为数字贸易企业提供便利的交易环境。海南省政府应争取特别国债、地方政府专项债等财政资金，加大政府投资力度，推动数字基础设施建设。企业应积极参与建设，加强技术创新和合作，提升数字基础设施的质量和效益。同时，加强国际合作与交流，借鉴其他国家和地区的经验和做法，不能简单套用传统基建的投融资模式，推动数字基础设施建设的国际化和标准化。

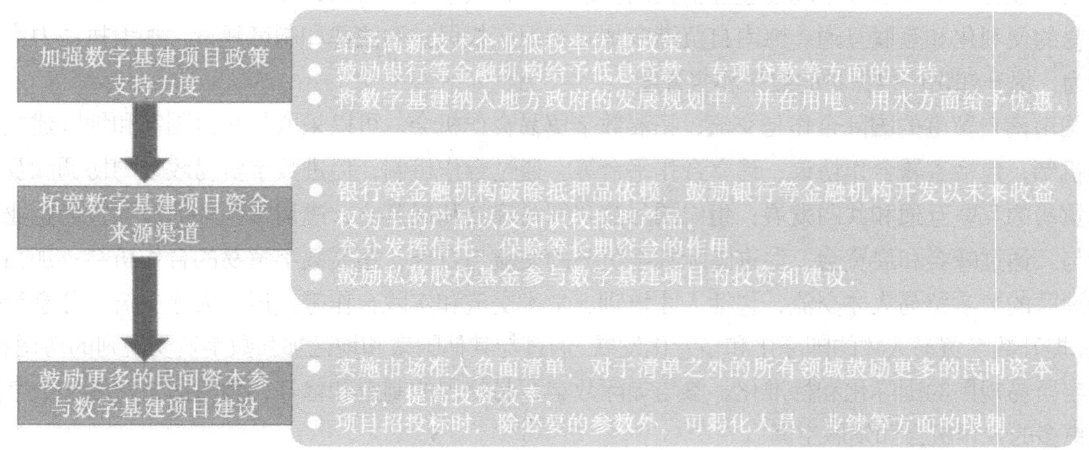

图1　加强数字基础设施投融资路径

（二）提升数字贸易平台建设和企业服务水平

数字服务平台正在成为连接国际贸易的重要纽带。通过整合商品信息、市场数据和贸易规则等资源，为企业提供便捷的交易环境和全球化的商业机会。海南自贸港应促进数字化贸易平台建设和提升服务水平，助力海南数字贸易企业深度融入全球供应链，包括数字服务贸易平台、数字货物平台以及服务平台等，为企业提供便捷的贸易、支付和物流服务。

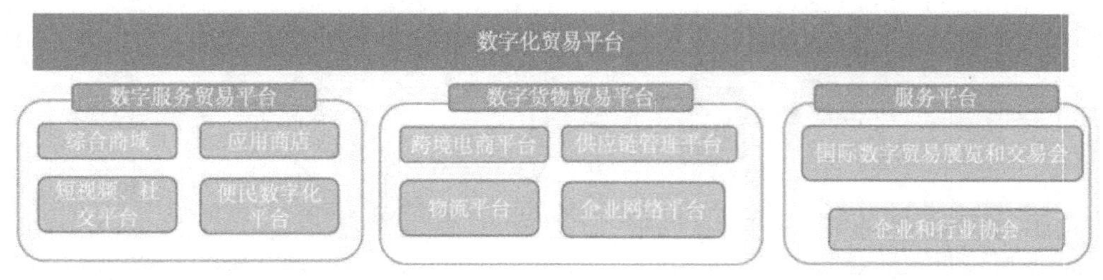

图2　建设海南数字化贸易平台网络

数字服务贸易平台包括建设综合数字服务商城，应用商店，短视频、社交平台，便民数字化平台等。其中尤其应注重短视频平台及社交平台建设，其已经成为全球互联网的新“蓝海”。国内如抖音、快手等短视频领军平台及小红书等社交平台基于国内市场研发经验，探索出算法驱动、用户生成、数据高效利用的新型数字服务形态，在国际市场显示出很强的市场竞争力，如tiktok等尤其受到海外“Z世代”群体青睐。

建设综合性的数字贸易便民平台，为数字贸易企业提供“一站式”服务，包括注册登记、资质认证、海关通关、物流配送等。简化企业办事流程，提高办事效率，降低企业运营成本。加强数字贸易平台的数据安全管理和隐私保护措施，确保用户数据的安全和隐私。采用先进的数据加密、身份认证和访问控制技术，保护用户数据的安全和隐私。为数字贸易企业提供多元化的金融服务，包括融资支持、保险服务、风险管理等。同时注重加强数字贸易平台用户的培训和支持，提供培训课程、在线教育和技术支持等。帮助用户熟悉和掌握平台的使用方法和功能，提高用户的满意度和忠诚度。

（三）推动数字贸易规则制定，拓展数字贸易合作机会

海南自贸港应积极参与国际组织和多边机构的数字贸易规则制定，如世界贸易组织（WTO）、亚太经合组织（APEC）等。通过对接《区域全面经济伙伴关系协定》（RCEP）、《全面与进步跨太平洋伙伴关系协定》（CPTPP）、《数字经济伙伴关系协定》（DEPA）等国际高标准经贸规则，重点对标现有承诺与DEPA 之间的差异条款，参与和引领国际规则制定，推动数字贸易规则的公平、开放和透明。上海的“临港方案”在推动自由贸易、金融创新、科技创新等方面取得了显著成效，包括税收优惠、金融创新、人才引进等对于海南自贸港的发展可以提供一些借鉴和启示。海南自贸港可以积极推动数字贸易规则的协调和互认，与其他自贸港和国际市场建立互信机制。通过互认数字贸易规则，降低贸易壁垒和交易成本，促进数字贸易的便利化和互联互通。海南自贸港应加强知识产权保护的法律和制度建设，加大执法力度，打击侵权行为，提升知识产权保护的效果和信誉度。

加强海南自贸港的国际合作与交流，拓展数字贸易合作机会，可以采取与其他国家和地区建立数字贸易合作机制，包括签署合作协议、建立合作平台等。通过合作机制，促进数字贸易政策的协调和互认，推动数字贸易的互联互通和共同发展；组织国际数字贸易峰会和展览会，邀请国内外的数字贸易企业和专家学者参与。通过峰会和展览会，促进国际数字贸易的交流与合作，拓展数字贸易的合作机会；加强与其他国家和地区的数字贸易人才交流，包括人才培训、学术交流和实践合作等。通过人才交流、分享经验和最佳实践，提升数字贸易人才的国际化和多元化发展。通过与其他国家和地区加强数字贸易规则的协调和互认，推动数字贸易规则的国际化和标准化。参与国际数字贸易规则的制定和修订，为海南自贸港的数字贸易发展争取更多的合作机会和发展空间。

参考文献：

[1] 赵睿 . 数字经济推动区域经济发展路径研究 [J]. 现代商业，2023，（16）：19–22.

[2] 王璐 . 数字贸易是我国贸易规模持续稳步增长的新动力 [N]. 金融时报，2024–02–26（6）.

[3] 萧枭 . 数字经济推动区域经济发展路径研究 [J]. 财讯，2023（23）：177–179.

[4] 浙江省人民政府办公厅关于印发浙江省数字经济发展“十四五”规划的通知 [J]. 浙江省人民政府公报，2021（Z9）：16–33.

[5] 国际贸易增长新亮点全球经济恢复新动能——中国数字贸易发展报告 2021[J]. 服务外包，2023（3）：14–20.

[6] 王晓旭，李钢 . 上海对接《数字经济伙伴关系协定》的对策研究 [J]. 科学发展，2023（6）：42–47.

[7] 丁一，李俊成 . 金融风险管理视角下的自贸区地方交易场所建设 [J]. 重庆社会科学，2021（1）：64–73.

[8] 李砚涵 . 数字贸易助力“双循环”新发展格局的机理与推进 [J]. 现代交际，2023（5）：70–78+123.

自贸试验区与自由贸易港企业高质量发展路径探索
——以海南自贸港为例

郭江涛[①]

摘要：党的二十届三中全会明确了进一步全面深化改革的方向与目标，自贸试验区与自由贸易港作为我国对外开放的前沿阵地，其企业的高质量发展对于提升我国开放型经济水平、推动经济高质量发展至关重要。本文聚集自贸试验区与自由贸易港背景下企业高质量发展路径，以海南自贸港为典型案例进行深入剖析。通过阐述海南自贸港企业发展机遇和面临的挑战，结合国内外成功案例，提出具有前瞻性、针对性和可操作性的发展路径，为推动自贸试验区与自由贸易港企业高质量发展提供理论依据和实践指导。

关键词：自贸试验区；自由贸易港；企业高质量发展；全面深化改革

在经济全球化的大背景下，自贸试验区与自由贸易港肩负着我国扩大对外开放、推动经济高质量发展的重要使命。企业作为经济活动的主体，其发展质量直接关系到自贸试验区与自由贸易港的建设成效。党的二十届三中全会审议通过的《中共中央关于进一步全面深化改革、推进中国式现代化的决定》明确了进一步全面深化改革的方向与目标，为自贸试验区与自由贸易港的发展注入了新动力，如何抓住机遇，实现企业高质量发展，成为当前亟待解决的问题。

一、自贸试验区与自由贸易港企业发展机遇

2018 年 4 月 13 日，党中央决定支持海南全岛建设自由贸易试验区，支持海南逐步探索，稳步推进中国特色自由贸易港建设，分步骤、分阶段建立自由贸易港政策和制度体系。这一决定对海南的发展具有极其重要的战略意义，为海南的未来发展指明了方向。2020 年 6 月 1 日，中共中央、国务院印发了《海南自由贸易港建设总体方案》，海南自贸试验区建设进一步深化，朝着自由贸易港的目标迈进。自 2020 年起，海南不断推进重点园区建设，11 个重点园区同时挂牌，这些园区成为推动海南自由贸易港建设的样板区和试验区。随着 2025 年海南自由贸易港封关运作的推进，届时海南将成为境内关外区域，实施“一线放开，二线管住，岛内自由”的政策，在后续发展中，相关的政策制度体系将会更加完善，对外开放水平将会进一步提升，逐步打造成为开放型经济新高地。

（一）国家政策红利持续释放

如税收政策不断优化，“零关税、低税率、简税制”的逐步实施、放宽外资准入限制、简化海关通关手续及行政审批流程、更加灵活的跨境金融创新政策等，为国内外企业入驻海南、降低成本、提高效率等方面提供了有利条件和有力支撑。

（二）开放平台优势凸显

自贸试验区和自由贸易港作为高度开放的平台，吸引了全球的资源要素集聚。企业可以充分利用这一平台拓展国际市场，加强与国内外企业的合作与交流，提升自身的国际化水平。同时，开放的市场环境也为企业带来了更多的创新机遇和发展空间。

① 郭江涛，山西省社会科学院（省政府发展研究中心）副研究馆员。研究方向：图书资料系列、经济学。

（三）创新驱动发展战略深入实施

国家大力实施创新驱动发展战略，鼓励企业加大研发投入，提高自主创新能力。自贸试验区和自由贸易港在创新方面具有得天独厚的优势，企业可以充分利用政策支持和开放平台，开展技术创新、管理创新和商业模式创新，提升核心竞争力。

二、自贸试验区与自由贸易港企业发展面临的挑战

（一）国际经济形势复杂多变

当前，全球经济形势复杂多变，贸易保护主义抬头，国际市场需求不稳定，给自贸试验区和自由贸易港企业的发展带来了较大的不确定性。企业面临着市场需求萎缩、贸易摩擦加剧等风险，需要不断调整经营策略，提高应对风险的能力。

（二）制度创新难度较大

自贸试验区和自由贸易港的核心任务是制度创新，但制度创新涉及多个领域和部门，需要突破现有的体制机制障碍，协调各方利益，难度较大。企业在适应制度创新的过程中，也面临着一定的成本和风险，需要不断加强自身的学习和适应能力。

（三）人才竞争日益激烈

人才是企业发展的核心竞争力，自贸试验区和自由贸易港对高端人才的需求尤为迫切。然而，目前人才竞争日益激烈，企业在吸引和留住人才方面面临着较大的压力。同时，人才短缺也制约了企业的创新发展和转型升级。

三、国内外自贸试验区与自由贸易港企业发展的成功案例

（一）迪拜自由贸易港

迪拜自由贸易港凭借其高效的物流服务、宽松的商业环境与完善的基础设施吸引众多企业入驻，企业在此可享有100%外资所有权、零关税、无外汇管制等优惠政策，还能借助优越的地理位置和发达的物流网络拓展中东、非洲和南亚市场，其政策优势为企业拓展国际市场、实现快速发展提供了有力支持。高效物流服务体系涵盖现代化港口、机场与物流园区等，物流企业可借此实现货物快速运输配送并获得个性化物流解决方案，以满足客户不同需求。宽松商业环境下政府干预较少，企业可自主经营，且有完善的法律制度与知识产权保护体系，企业能充分发挥自身优势并实现创新发展，如迪拜航空物流企业通过创新优化服务成为全球领先航空物流枢纽。

（二）中国广东自贸试验区

中国广东自贸试验区在制度创新、粤港澳合作、产业升级等方面取得了显著成效。企业在广东自贸试验区可以享受跨境人民币贷款、跨境双向人民币资金池等金融创新政策，以及与港澳地区更加紧密的合作机遇。例如，广东的智能制造企业通过与港澳地区的高校和科研机构合作，引进先进技术和人才，提升了自身的创新能力和竞争力。其在制度创新上大胆探索实践，推出证照分离改革、国际贸易单一窗口等举措，便利企业、降低制度性交易成本并提高运营效率；在粤港澳合作方面，凭借毗邻优势加强交流，企业借此引进先进技术、管理经验与人才资源提升自身竞争力，还可通过合作拓展国际市场实现互利共赢；积极推动产业升级，培育新兴产业，提升传统产业，企业能享产业扶持政策，加大研发投入以提高自主创新能力达成产业升级转型，且可利用开放平台加强国内外企业合作交流提升产业国际化水平。

（三）中国浙江自贸试验区

中国浙江自贸试验区以油气全产业链为特色，在油品贸易、储运、加工等方面进行了大胆探索和创新。企业在浙江自贸试验区可以享受保税油加注、原油非国营贸易进口等政策，同时可以利用其丰富的港口资源和完善的产业配套发展油气产业。例如，浙江的油气贸易企业通过创新贸易模式和金融服务，成为国内

重要的油气贸易中心。其政策支持有力地保障了油气企业发展，相关政策降低了企业运营成本，提升了其核心竞争力，助力企业拓展油气贸易业务；产业配套方面，丰富的港口资源和完善的产业配套为油气企业的发展提供了良好条件，实现企业油气贸易、储运、加工等业务一体化发展，增强协同与竞争效应；创新发展上，油气企业持续创新贸易模式与金融服务，为开展油品期货交易等业务提供个性化方案，加强国内外合作交流，携手推动油气产业创新发展。

四、促进自贸试验区与自由贸易港企业高质量发展的路径

（一）加强制度创新，优化企业发展环境

1. 持续推进贸易便利化改革，优化企业物流与通关效率

一方面，通过优化单一窗口功能，整合企业申报、审批、监管等诸多环节，构建“一站式”服务体系，让企业办事更加便捷高效。另一方面，积极推广智能化通关模式，借助智能识别、自动查验等前沿技术，大幅提高通关速度与准确性，减少人为误差与时间损耗。此外，注重加强海关与企业之间的深度合作，建立稳固的信任关系，基于此合理降低查验率，进一步提高通关效率，为企业营造宽松有利的制度环境。

2. 深化金融创新，驱动企业融资渠道与跨境服务

着力拓宽企业融资渠道并降低融资成本，为其提供便捷的跨境金融服务。应积极探索开展跨境人民币创新业务，例如跨境人民币贷款与债券发行等，从而构建多元化融资途径。同时，大力鼓励金融机构创新金融产品与服务，如供应链金融、知识产权质押贷款等，以此满足企业多样化融资需求。此外，加强金融监管创新不可或缺，通过建立健全跨境金融风险防范机制，切实保障企业资金安全，为企业在金融领域的稳定发展保驾护航。拓宽企业融资渠道，降低融资成本，为企业提供更加便捷的跨境金融服务。

3. 完善知识产权保护制度，激活企业创新创造活力

建立知识产权快速维权机制，显著提高侵权查处效率，为知识产权保驾护航；加强宣传培训，让企业的知识产权保护意识深入人心，筑牢创新根基；鼓励企业开展知识产权质押融资，开辟多元融资渠道。

（二）提升企业创新能力，增强其核心竞争力

1. 加大企业研发投入，开发自主创新潜能

为推动企业创新发展，需多管齐下。一方面，制定企业研发投入激励政策，激发企业建立研发中心的积极性；另一方面，支持企业引入高端人才，专注关键技术研发创新；此外，加强产学研合作，加速科技成果转化，助力企业技术水平提升，从而全面增强企业的核心竞争力与创新能力。

2. 加强产学研携手合作，共赴技术创新新征程

通过建立产学研合作平台，打破企业与高校、科研机构之间的信息壁垒，实现资源的互通共享；积极支持双方联合开展科研项目，整合优势力量，全力攻克关键技术难题；同时大力鼓励高校、科研机构的科技人员投身企业兼职或创业，加速科技成果从理论到实践的转化进程，形成产学研深度融合、协同发展，为科技创新与产业升级注入强劲动力。

3. 激励企业管理与商业模式创新，提高运营效率和市场竞争力

引导企业积极引入先进理念与方法，优化管理流程，同时支持其开展商业模式创新以探索新盈利途径，此外建立企业创新奖励机制，对创新成效显著的企业予以奖励，全方位激励企业创新。

（三）加强人才培养和引进，为企业发展提供智力支持

1. 加大教育投入，培养自贸试验区与自由贸易港企业适配的高素质人才

优化教育资源配置，推动职业教育和高等教育对接，培养兼具实践能力与创新精神的高素质人才；支持高校、职业院校开设自贸试验区和自由贸易港相关专业课程以培养专业人才；同时加强国际教育合作，引入国外优质教育资源，着力培养国际化人才。

2. 建立健全人才激励机制，诚邀自贸区高端人才与创新团队加盟

通过制定涵盖购房补贴、子女教育、医疗保障等方面的人才优惠政策提升人才待遇，设立人才发展专项资金助力人才的引进、培养与奖励，同时建立人才评价机制，对高端人才和创新团队开展评价认定，并给予相应奖励和支持，多举措吸引、留住人才，助力人才发展。

3. 深化校企研合作，定制化培育自贸英才

建立企业与高校、科研机构的合作机制，共同制定契合企业需求的人才培养方案，积极开展订单式人才培养，精准打造专业人才；同时，强化实习实训基地建设，为学生创造丰富实践机会，切实提升学生实践能力，全方位促进产教融合人才培育体系的构建与完善。

（四）推动企业国际化发展，拓展国际市场

1. 激励企业跨国发展，提升国际运营新高度

加强对企业"走出去"的政策扶持，通过财政补贴、税收优惠等举措，有效降低企业海外投资风险与成本；同步建立企业"走出去"服务平台，为其提供海外市场信息、法律咨询、风险评估等多元服务，助力企业顺利拓展海外业务；大力鼓励企业采用并购、合资等形式进军国际市场，以获取先进技术、知名品牌及广阔市场渠道，全方位提升企业国际竞争力。

2. 强化"一带一路"倡议实施合作纽带，共筑贸易投资双赢格局

依托自贸试验区与自由贸易港的开放优势，积极拓展与"一带一路"倡议实施共建国家和地区的经贸联系，实现互利共赢。一方面，大力加强贸易往来，产能合作，不断扩大贸易规模，促进商品的流通与交换；另一方面，鼓励企业在沿线投资建设产业园区、物流基地等，深入开展产能合作，助力产业转移与升级，优化区域产业布局。同时，强化金融合作，稳步推动人民币国际化进程，构建完善的金融服务体系，为企业在贸易投资中的资金运作、汇率管理等提供便捷、高效的支持，全方位提升在"一带一路"倡议下的经济合作质量与水平。

3. 助力企业跨国并购重组，赢取全球竞争优势资源

积极建立跨国并购和重组服务平台，为企业供应并购信息、法律咨询、财务顾问等多方面服务，助力企业平稳完成并购与重组；同时强化对企业跨国并购和重组的政策扶持，借助融资支持、税收优惠等举措，削减企业在此过程中的成本与风险；此外，大力鼓励企业借跨国并购和重组之机，整合全球资源，进而提升自身技术水平、品牌影响力以及市场占有率，以提升企业国际竞争力。

五、结论

自贸试验区与自由贸易港企业的高质量发展是我国全面深化改革和扩大对外开放的重要内容。在党的二十届三中全会精神的指引下，我们要充分认识到企业高质量发展的重要性，积极应对面临的挑战，借鉴国内外成功经验，加强制度创新、提升企业创新能力、加强人才培养和引进、推动企业国际化发展，为自贸试验区与自由贸易港企业的高质量发展创造良好的环境，为我国经济高质量发展和实现中华民族伟大复兴的中国梦做出更大的贡献。

参考文献：

[1] 梁宇轩 . 自贸试验区设立对我国出口贸易的影响研究 [J]. 山东师范大学，2023.5.

[2] 刘梦晓和彭青林 . 全力推进海南自贸港核心区和现代化国际化新海口建设 [N] 海南日报，2024.9.

[3] 李锋 . 以高质量充分就业助推海南自由贸易港高质量发展 [N] 中国组织人事报，2024.9.

[4] 王雯琳，彭兴智 . 自贸港建设背景下海洋文化高质量发展的路径研究 [J]. 对外贸易，2024.9.

[5] 张洪毓 . 以高质量的现代服务业发展助力海南自由贸易港建设 [J]. 中国质量万里行，2024.8.

[6] 王伟，潘世鹏 . 海南自贸港建设成型起势 [N]. 经济日报，2024.6.

文艺产业助力海南自贸港经济建设发展研究[①]

林栋婷　傅麒瑜　刘悦[②]

摘要：本文分析文艺产业在海南自贸港经济建设中的核心作用。自贸港政策下，文艺产业成新兴增长极，丰富文化底蕴，促经济结构升级。配套政策助产业蓬勃发展，激发创新活力。文艺产业满足多元文化需求，成经济增长动力，与旅游等行业联动，促经济社会全面发展。提升海南国际影响力，吸引游客与投资，注入发展新动力。

关键词：文艺产业；海南自贸港；经济建设；发展研究

一、海南自贸港经济建设概况

（一）海南自贸港的发展历程

海南自贸港建设始于 2018 年 4 月 13 日，党中央决定支持海南全岛建设自由贸易试验区，逐步探索中国特色自由贸易港。这一决策标志着海南改革开放的新阶段。近年来，海南自贸港建设经历了从“顺利开局”到“蓬勃展开”的发展阶段，核心政策包括“零关税、低税率、简税制”和“贸易投资自由化便利化”。

自贸港推进后，海南的贸易环境日益便利，进口货值和减免税额显著增加。投资环境透明，市场准入限制放宽，吸引了大量国内外企业和资本。金融服务实体经济的能力增强，FT 账户资金收付规模逐年扩大，涉外收支和人民币跨境收付快速增长。海南自贸港已成为中国对外开放的重要窗口与经济增长新引擎，经济建设正朝着更高水平发展，为文艺产业与经济深度融合提供广阔的机遇。

（二）海南自贸港经济建设的目标与定位

海南自贸港经济建设旨在打造具有世界影响力的特色自由贸易港，其目标与定位明确。首先，海南自贸港被定位为全面深化改革开放的试验区，通过制度创新探索新模式。其次，作为国家生态文明试验区，海南自贸港强调生态环境保护，实现绿色发展。同时，海南希望成为国际旅游消费中心，吸引全球游客，促进旅游市场繁荣。

海南自贸港设定了分阶段的发展蓝图。短期目标为优化营商环境、吸引外商投资、提升国际贸易便利化水平，形成法治化、国际化的营商环境。中长期目标则是打造国际竞争力的海关监管特殊区域，形成开放自由的贸易投资政策体系，推动经济高质量发展。

（三）海南自贸港经济建设现状与挑战

海南自贸港经济建设稳步推进，展现出蓬勃发展态势。在政策支持下，海南迎来了前所未有的发展机遇，自贸港政策为文化产业提供了税收、土地和金融支持，促进市场开放与国际化。目前，文化旅游和文化创意等产业成为新的增长点，文化产业增加值显著提升。

然而，海南自贸港经济建设也面临着挑战。首先，经济基础相对薄弱，产业结构需进一步优化，整体经济总量和人均 GDP 与发达省份存在差距，制约自贸港全面发展。其次，营商环境亟待改善，包括提高政府服务效率、简化审批流程和加强法治建设。此外，海南自贸港需加强与国际高标准经贸规则对接，提高国际化水平，以应对全球化带来的挑战。海南自贸港经济建设已取得显著成效，但仍需克服经济基础薄弱、

---

① 本文系海南省文旅融合产品设计和产业发展研究基地研究成果。

② 林栋婷（海南科技职业大学教育与音乐学院副院长，傅麒瑜，海南大学国际传播与艺术学院硕士研究生；刘悦，海南科技职业大学教师。

产业结构不合理和营商环境待改善等挑战，为文艺产业提供更广阔的发展空间。

二、文艺产业与海南自贸港经济建设的关联

（一）文艺产业的概念及特点

文艺产业，或称文化艺术产业是以艺术和文化创作、演出、发行等为主要经营内容的产业，涵盖舞台剧、音乐会、美术展览、电影制作和数字游戏等。文艺产业具备高度的创意性和艺术性，强调观赏性和文化价值，通过艺术表达传递情感与价值观，促使受众对美的追求和文化认同。

文艺产业的核心特点包括：①高度创意性：创意是产业的源泉，赋予作品独特的表现力，带来新颖体验；②多元化表现形式：涵盖绘画、雕塑、舞蹈等多种艺术形式，丰富观众的体验；③强烈的社会性和文化价值：记录社会历史，成为传承文化的重要途径；④高度依赖人才：需要艺术才华和专业技能的从业者，如艺术家和编剧。文艺产业以其独特性和多元性，成为推动经济与文化繁荣的重要力量，在海南自贸港经济建设中发挥着关键作用。

（二）文艺产业对海南自贸港经济建设的影响

文艺产业是海南自贸港经济建设的重要组成部分，对区域经济高质量发展具有显著影响。首先，文艺产业丰富了海南的文化内涵，提升自贸港的文化软实力，通过举办文化活动和引进优秀剧目，满足人民日益增长的精神文化需求，吸引国内外游客，促进文化旅游融合。

文艺产业还推动了相关产业链的延伸与拓展，从文化创意设计到艺术品交易等，形成多元化发展格局。这一过程中，促进了文化资源的整合与利用，带动设计、广告、传媒和旅游等行业协同发展，为区域经济创造更多增长点。此外，文艺产业也促进了海南自贸港的国际交流与合作，提升了其在国际文化交流中的地位。

（三）文艺产业与海南自贸港经济建设的相互促进关系

此外，文艺产业与海南自贸港经济建设之间存在显著的相互促进关系。文艺产业的发展为海南自贸港注入了独特的文化魅力，提升了区域文化软实力，通过各类文艺活动展示丰富的本土文化资源，吸引国内外游客和投资者，促进文化旅游和相关产业的繁荣。

同时，自贸港的经济建设为文艺产业提供了广阔的发展空间。随着政策实施，海南的文化市场变得活跃，文化消费需求增长，为文艺产业的创新发展提供了良好土壤。自贸港经济建设带动相关产业链的延伸，促进文艺产业与旅游、科技、金融等领域的深度融合，推动文艺产业的转型升级与高质量发展。文艺产业与海南自贸港经济建设形成良性互动，共同推动海南经济社会的全面发展。

三、文艺产业助力海南自贸港经济建设发展的路径

（一）加强文艺产业与旅游业的融合发展

在海南自贸港经济建设中，加强文艺产业与旅游业的融合至关重要。海南作为旅游胜地，其独特的自然风光与丰富的文化底蕴为文艺产业提供了广阔的舞台。深度融合不仅丰富了旅游产品的文化内涵，提升了游客体验，还有效延长了游客的停留时间，促进消费增长。

具体而言，海南应挖掘本土文艺资源，如琼剧、民族舞剧等，将其融入旅游线路和景区活动，打造具有地方特色的文艺旅游品牌。同时，引进优秀文艺作品和演出团体，举办各类节庆和展览活动，吸引游客参与。此外，还应推动文艺产业与旅游产业的深度融合，开发互动式、体验式文艺旅游产品，让游客在享受美景的同时，也能够感受到海南的文化魅力。

（二）推动文艺产业创新发展

在自贸港经济建设背景下，推动文艺产业创新是激活文化市场的重要路径。海南应利用独特的自然资源和文化底蕴，积极探索新模式、新业态。一方面，海南应加大对文艺创作的支持，通过设立专项基金和

举办赛事，激发创作者的积极性。同时，鼓励文艺作品与自贸港建设主题结合，创作出更多具有时代特色的精品，提升海南文化的国际影响力。

另一方面，海南应推动文艺产业与科技融合，利用数字科技和虚拟现实提升作品的呈现效果。例如，开发数字艺术展览和在线演艺平台，拓宽传播渠道和受众范围。此外，海南还应加强与国际市场的交流与合作，引进先进理念和管理经验，推动本土文艺作品走向世界，提升国际竞争力。

（三）优化文艺产业布局，提升产业链水平

优化文艺产业布局和提升产业链水平在海南自贸港经济建设中同样重要。首先，应立足海南独特的自然与文化资源，科学规划文艺产业的空间布局，形成差异化、特色化的发展格局。通过政策引导和市场机制，促进文艺产业在各地区的均衡发展，实现资源的高效配置。应加强文艺产业链上下游的协同合作，构建完整的产业链条。从创作、生产到市场运营，每个环节都应紧密相连，形成良性互动。通过引入先进技术和管理模式，提升产品质量和附加值，增强市场竞争力。

文艺产业应与旅游、科技、教育等产业深度融合，通过跨界合作，创新产品和服务形式，拓宽市场空间。此外，还应加强人才培养与引进，建立多层次的人才培养体系，通过政策支持和资金投入，吸引优秀人才投身文艺产业，为海南自贸港发展提供坚实保障。优化文艺产业布局、提升产业链水平是推动海南自贸港经济建设的重要路径。通过科学规划、协同合作和人才培养等措施，促进海南文艺产业的繁荣，将能够为自贸港经济建设贡献更大力量。

四、文艺产业助力海南自贸港经济建设的实证研究

（一）文艺产业在海南自贸港的发展现状

近年来，文艺产业在海南自贸港呈现出蓬勃发展的态势，成为经济转型升级的重要力量。海南凭借独特的地理位置、丰富的文化资源和优越的政策环境，吸引了大量文艺企业和项目，涵盖文化演出、广电传媒、出版印刷和创意设计等多个领域。以影视产业为代表的新兴业态，不仅带来了显著的经济效益，还提升了自贸港的文化软实力和国际影响力。多部影视作品在海南取景，展示了其自然美景与人文风情，促进了相关产业链的发展。

此外，海南自贸港积极推动文艺产业与旅游、科技等产业的深度融合，探索“文旅＋”和“科技＋”等新模式。通过打造具有海南特色的文化旅游项目，如东坡文旅大会和国际音乐节，丰富了游客的文化体验，促进了当地文艺产业的繁荣发展。展望未来，随着自贸港建设的不断深入，文艺产业将迎来更广阔的发展空间，政府将继续出台相关政策，支持文艺产业的创新发展，使其成为海南经济高质量发展的新引擎。

（二）文艺产业对海南自贸港经济建设的贡献分析

文艺产业在海南自贸港经济建设中发挥着重要作用，其贡献主要体现在两个方面。一是，文艺产业通过提升文化软实力，为海南自贸港树立独特的品牌形象。举办各类文化艺术活动，如首届中国（海南）东坡文旅大会和新编琼剧《路博德》，不仅丰富了海南文化内涵，还吸引了国内外游客，增强了海南的文化吸引力和国际影响力，为自贸港带来更多元化的经济机会。

二是，文艺产业的繁荣促进了海南旅游业的转型升级。艺术赋能旅游已成为文旅融合的新趋势，通过“观演旅游”等新业态的推广，将文艺演出与旅游观光紧密结合，为游客提供更丰富的体验，带动酒店、餐饮和交通等相关产业的发展，形成良好的经济效应。此外，文艺产业通过创意产业的孵化，为海南自贸港注入新的经济增长点。随着艺术市场的不断壮大，艺术品交易和文化创意设计等产业蓬勃发展，推动文化产业的快速增长，并带动相关产业链的协同发展，为海南经济的高质量发展提供支撑。

（三）海南自贸港文艺产业发展的问题与对策

尽管海南自贸港文艺产业在助力经济建设中取得了显著成效，但仍面临若干问题。首先，文艺作品创新性不足，缺乏国际影响力的原创作品，难以吸引全球观众。其次，文化产业链尚不完善，上下游企业的

协同合作不足，影响整体竞争力。再次，文化人才短缺，尤其缺乏具有国际视野和创新能力的高端人才，制约文艺产业的发展。最后，文艺产业的政策支持体系需优化，以便更好地适应自贸港开放发展的需求。

针对这些问题，提出以下对策：一是加强文艺创作的扶持力度，鼓励原创，推动作品在内容和形式上的创新，提升国际竞争力。二是完善文化产业链条，促进上下游企业合作，形成协同发展格局。三是加大文化人才的培养和引进力度，建立多元化的人才培养体系，吸引和留住高端文化人才。四是优化政策支持体系，出台更多有针对性和可操作性的政策，为文艺产业发展提供保障。同时，加强国际交流与合作，推动自贸港文艺产业走向世界，提升中华文化的国际影响力。通过这些措施，海南自贸港文艺产业将能够更好地助力经济建设，实现文化与经济的双赢。

五、结语

文艺产业在海南自贸港经济建设中发挥着重要作用。海南丰富的文化资源，如黎苗文化和海洋文化，为文艺创作提供了肥沃土壤，丰富了人民的精神生活，并提升了自贸港的国际形象，促进了旅游和文化贸易的发展。文艺产业以其高附加值和低能耗的特点，成为海南经济结构转型的重要方向。

未来应继续加大对文艺产业的支持力度，推动其高质量发展，为海南自贸港建设贡献力量。本研究尽力全面探讨文艺产业对自贸港经济建设的影响，但存在一定局限性，包括数据收集的不足与理论创新的薄弱。未来研究方向可包括：分析文艺产业细分领域的贡献度，运用大数据技术进行量化分析，借鉴国际成功经验，并关注文艺产业在提升海南国际形象中的独特作用，从而为自贸港建设注入更多文化活力与国际影响力。

参考文献：

[1] 陈明雄 . 海南自贸港建设背景下公共文化服务高质量发展研究 [J]. 新东方，2023（6）：12−17.

[2] 邱海东 . 论黎族传统文化元素在当代室内设计中的应用 [J]. 艺术百家，2011（27）：111−113.

[3] 石建勋，徐玲 . 新发展格局下海南自贸港建设与发展战略研究 [J]. 海南大学学报（人文社会科学版），2022，40（2）：84−91.

[4] 裴广一，黄光于 . 海南自贸港对接粤港澳大湾区：理论基础、战略构想与合作方向 [J]. 学术研究，2020（12）：98−104.

[5] 刘小波 . 新文艺群体与文化创意产业发展——以流行音乐产业为中心的考察 [J]. 四川戏剧，2019（4）：9−14.